Sammlung Metzler
Band 268

Gianni Vattimo

Nietzsche

Eine Einführung

Aus dem Italienischen übersetzt von Klaus Laermann

Verlag J. B. Metzler Stuttgart · Weimar

CIP-Titelaufnahme der Deutschen Bibliothek

Vattimo, Gianni:
Nietzsche : eine Einführung / Gianni Vattimo.
Aus dem Ital. übers. von Klaus Laermann.
– Stuttgart : Metzler, 1992
(Sammlung Metzler ; Bd. 268)
ISBN 978-3-476-10268-3
NE: GT

ISSN 0058-3667
ISBN 978-3-476-10268-3
ISBN 978-3-476-03969-9 (eBook)
DOI 10.1007/978-3-476-03969-9

SM 268

© 1992 Springer-Verlag GmbH Deutschland
Ursprünglich erschienen bei J. B. Metzlersche Verlagsbuchhandlung
und Carl Ernst Poeschel Verlag GmbH in Stuttgart 1992

EIN VERLAG DER SPEKTRUM FACHVERLAGE GMBH

Inhaltsverzeichnis

Siglenverzeichnis

Im Text beziehen sich die Zitate aus den Werken Nietzsches auf die deutschsprachige Ausgabe von G. Colli und M. Montinari. Es werden dabei Siglen benutzt, die auf folgende Schriften in den einzelnen Abteilungen und Bänden verweisen:

GdT	= Die Geburt der Tragödie: Abt. III, Bd. 1
UB	= Unzeitgemäße Betrachtungen (I bis IV): Abt. III, Bd. 1 (UB I bis III); Abt. IV, Bd. 1 (UB IV)
ÜWL	= Über Wahrheit und Lüge im außermoralischen Sinn: Abt. III, Bd. 2
MaM I	= Menschliches, Allzumenschliches: Abt. IV, Bd. 2
WS	= Der Wanderer und sein Schatten: Abt. IV, Bd. 3
M	= Morgenröthe: Abt. V, Bd. 1
FW	= Die fröhliche Wissenschaft: Abt. V, Bd. 2
Z	= Also sprach Zarathustra: Abt. VI, Bd. 1
JGB	= Jenseits von Gut und Böse: Abt. VI, Bd. 2
GdM	= Zur Genealogie der Moral: Abt. VI, Bd. 2
GD	= Götzen-Dämmerung: Abt. VI, Bd. 3
AC	= Der Antichrist: Abt. VI, Bd. 3
EH	= Ecce homo: Abt. VI, Bd. 3
NF	= Nachgelassene Fragmente

Den Siglen folgen meist zwei Ziffern: Die erste verweist auf das Kapitel oder den Aphorismus (die in allen Ausgaben gleich sind); die zweite verweist auf die entsprechende Seite in der Ausgabe von Colli und Montinari. Bei den Unzeitgemäßen Betrachtungen zeigt zusätzlich eine römische Ziffer von I bis IV an, um welche von ihnen es sich jeweils handelt. Bei manchen Werken (etwa bei der Götzen-Dämmerung) wird außerdem der Titel des jeweiligen Kapitels angegeben.

Die Nachgelassenen Fragmente werden nach der Zählweise von Colli und Montinari zitiert, die ihnen jeweils zwei Ziffern zuordnen. So bedeutet z.B.: »NF Juni–Juli 1879, IV, 3, 40 [7], 437«, daß verwiesen wird auf die Nachgelassenen Fragmente aus der genannten Zeit in Abt. IV, Bd. 3, auf die Nummern der Aphorismen 40 [7] und die S. 437.

I. Von der Philologie zur Philosophie

1. Wie Nietzsche zu lesen ist

Die Nietzsche-Forschung hat bisher zu einer Vielzahl von Perspektiven und Ergebnissen geführt. (Sie werden im Kapitel über Nietzsches Rezeptionsgeschichte am Ende des vorliegenden Bandes dargestellt.) Beeinflußt aber wurde die Nietzsche–Forschung der letzten Jahrzehnte vor allem durch Martin Heidegger, dessen Buch über den Philosophen zwischen 1936 und 1946 entstand, aber erst 1961 veröffentlicht wurde.[1] Es führte zu einer Wende in der Deutung von Nietzsches Werken. Nach Heideggers Auffassung sollte Nietzsche zu Aristoteles in Beziehung gesetzt werden.[2] Er sollte, anders gesagt, als ein im wesentlichen metaphysischer Denker betrachtet werden. Nietzsche galt nicht nur zu recht als Philosoph, sondern er war ein Philosoph auch im technischen Sinne des Wortes, weil er ins Zentrum seiner Aufmerksamkeit das älteste und grundlegendste Problem der Philosophie stellte, die Frage nach dem Sein.

Blickt man dagegen zurück auf die ältere Wirkungsgeschichte Nietzsches in Europa, also in die letzten Jahre des vorigen und in die ersten Jahrzehnte dieses Jahrhunderts, so sieht man unschwer, wie revolutionär Heideggers Deutung war. Denn die frühe Rezeption Nietzsches war in der Tat eher »literarisch«, »kulturkritisch« oder »ideologiegeschichtlich« als im engeren Sinn philosophisch bestimmt (vgl. Kap. V). Und auf den ersten Blick scheinen die Texte Nietzsches – vielleicht mit Ausnahme einiger Werke der Reifezeit und jenen postumen Fragmenten, die zunächst unter dem Titel *Der Wille zur Macht* herausgegeben wurden (vgl. Kap.III und die Bibliographie) – Heidegger unrecht zu geben und Nietzsches frühe Interpreten ins Recht zu setzen. Sowohl die in diesen Texten vorherrschende Form des Aphorismus wie auch ihre Inhalte (die Kritik der Moral, der religiösen Ideen, der Vorurteile insgesamt sowie die »Kulturkritik«) können kaum zur Rechtfertigung eines streng ontologischen und metaphysischen Ansatzes dienen, wie ihn Heidegger unterstellt. Sehr viel akzeptabler erscheint dagegen die Einschätzung, die Wilhelm Dilthey vom Werk Nietzsches in seiner Schrift *Das Wesen der Philosophie* (1907) gegeben hat. (Dieser

Schrift verdankt Heidegger im übrigen mehr, als er selbst ausdrücklich einräumt.) In ihr beschreibt Dilthey die Philosophie der zweiten Hälfte des 19. Jahrhunderts als eine »Philosophie des Lebens«. Freilich versteht er darunter keine vitalistische Metaphysik, die bald darauf diesen Begriff für sich beanspruchte, sondern eine Reflexion über die Existenz, die auf jeden »wissenschaftlichen« Anspruch auf Geltung und Begründung verzichtete. Dilthey stellte Nietzsche neben Carlyle, Emerson, Ruskin, Tolstoj und Maeterlinck (denen in anderen Epochen der europäischen Kulturgeschichte Männer wie Marc Aurel und Montaigne entsprachen), also neben philosophische Schriftsteller, die sich in einem unter anderem auch von Schopenhauer eröffneten Horizont bewegen.

> »Diese Gattung der Schriftstellerei ist darin der antiken Kunst der Sophisten und Rhetoren, welche Platon so scharf aus dem Bereich der Philosophie verwies, verwandt, daß an die Stelle des methodischen Beweises die Überredung tritt [...] Ihr Auge bleibt auf das Rätsel des Lebens gerichtet, aber sie verzweifeln daran, dieses vermittelst einer allgemeingültigen Metaphysik, auf Grund einer Theorie des Weltzusammenhangs aufzulösen; das Leben soll aus ihm gedeutet werden – das ist der große Gedanke, der diese Lebensphilosophen mit der Welterfahrung und mit der Dichtung verknüpft.«[3]

Ihre Erklärung des Lebens ist nicht »methodisch«, sondern expressiv und suggestiv. Diese These Diltheys, die im Gegenzug zum metaphysischen Ansatz Heideggers eine vor allem literarische Betrachtung der Werke Nietzsches zu rechtfertigen scheint, bietet jedoch zugleich die Voraussetzung, die beiden konträren Gesichtspunkte aufeinander zu beziehen: Denn auch für Heidegger ist Nietzsche zwar ein metaphysischer Denker, der im Hinblick auf das Problem des Seins zu lesen ist, aber er ist für ihn zugleich der letzte Denker aus der Geschichte der Metaphysik, die in ihm zu ihrem Ende gelangt. Wir dürfen daher legitimerweise unterstellen, daß dieses Ende seinem Denken in Inhalt und Stil eine besondere Eigenart verleiht. Vielleicht hatte Dilthey gerade das im Blick, als er Nietzsches Philosophie als eine »Philosophie des Lebens« bezeichnete. In der Tat ist auch für Dilthey diese Philosophie gebunden an die letzten Augenblicke der »Metaphysiken«, also jener großen Systementwürfe, die ihm zufolge periodisch in der Geschichte des okzidentalen Denkens auftreten.

Es geht uns selbstverständlich nicht darum, den Gegensatz der Interpretationen von Dilthey und Heidegger, die für die gesamte Wirkungsgeschichte Nietzsches exemplarische Bedeutung besitzen, aufzuheben. Wenn wir auf die Affinität beider verweisen, so wollen wir damit andeuten, daß es durchaus fruchtbar ist, Nietzsche, wie es Heidegger will, vor allem als einen Philosophen im vollen Sinne des Wortes zu lesen. Gleichzeitig aber suchen wir das Besondere seiner Position – als »abschließender« Denker der Metaphysik – gerade darin, daß er die Philosophie als »Literatur« oder als »Philosophie des Lebens« betrieb, und zwar in einem sehr viel wesentlicheren Sinn, als es Heidegger bei seiner Nietzscheinterpretation ausdrücklich einräumen wollte. Paradoxerweise ist das, was Heidegger bei Nietzsche nicht erkennt und was die besondere Verbindung des Denkens vom Ende der Metaphysik mit Poesie und Literatur ausmacht, gerade das, was er selbst in seinem Denken praktiziert. Denn dieses entwickelt sich über weite Strecken hinweg als Zwiesprache von Denken und Dichten in einer Weise, die Dilthey, vielleicht ohne zu zögern, derselben »Kategorie« zugeordnet hätte, die er Nietzsche zuweist. Es geht also, wie unschwer einzusehen ist, nicht nur um eine Lektüre Nietzsches, sondern auch um die Heideggers und allgemeiner noch: um die Lektüre der Philosophie jener Epoche, die im Denken Diltheys wie Heideggers in jeder (auch unterschiedlicher) Hinsicht als die Epoche des »Endes der Metaphysik« aufzufassen ist.

Wir wollen uns im folgenden auf den Versuch beschränken, Nietzsches Denken im Zusammenhang darzustellen. Obwohl wir nicht alle theoretischen Implikationen dieses Denkens entfalten können, können wir auch nicht darauf verzichten, es im Horizont jener allgemeineren philosophischen Probleme zu verorten, die durch seine bedeutendsten Interpreten bisher aufgeworfen worden sind. Zusammenfassend gesagt läuft dies darauf hinaus, daß wir zwar den Interpretationen Heideggers (in einem freilich über seine Absichten hinausgehenden Sinn) folgen und zu zeigen suchen, wie die Philosophie bei Nietzsche zu spezifisch ontologischen Ergebnissen gelangt (also, der eigensten Aufgabe der Metaphysik entsprechend, zu relevanten Aussagen über den Sinn des Seins). Aber der Weg, den sie dabei nicht zufällig und beiläufig beschreitet, führt über die Kulturkritik, über »moralistische« Reflexionen, über die Analyse von Vorurteilen zu einer psychologischen Beobachtung und Selbstbeobachtung – also über all jene Stationen, die aus Nietzsche einen »Philosophen des Lebens« im Sinne Diltheys machen. Mit anderen Worten: unsere Lektüre Nietzsches ist (ohne daß diese These hier weiter entwickelt werden kann[4]) Teil einer »hermeneutischen Ontologie«. Das ganz und gar offene, häufiger durch blanke Rhetorik beiseite gerückte als substanziell begründete Problem, welche Stellung Nietzsche im Rahmen der zeitgenössischen Philosophie zukommt (welcher Strömung, welcher Schule usw. er zuzuordnen wäre), kann endlich eine Lösung finden, wenn Nietzsche eine bedeutende Rolle in jener Richtung des Denkens zuerkannt wird, die, ausgehend von Schleiermacher, sich über Dilthey und den deutschen Historismus bis hin zu Heidegger und der nachheideggerschen Hermeneutik entwickelt (also bis hin zu Gadamer, Ricoeur und Pareyson, um hier nur die bedeutendsten Namen zu nennen). Diese philosophische »Schule« verfügt nicht über eine starke und in der Geschichtsschreibung als gesichert geltende Einheitlichkeit wie andere allgemein anerkannte Strömungen, etwa die Phänomenologie, der Existenzialismus oder der Neopositivismus. Das hat – so läßt sich vermuten – seinen Grund zum einen darin, daß die Hermeneutik nicht als technische Disziplin, sondern als philosophische Richtung erst seit Heidegger anerkannt worden ist, und zum anderen darin, daß sie sich gerade in dem Maße, in dem sie anderen philosophischen Schulen der Vergangenheit gegenüber innovativ ist, nie (auch nicht im Licht einer anderen und reiferen Geschichtsschreibung) im Hinblick auf ihre Methoden, Lehrsätze und Ergebnisse so einheitlich darstellen kann wie diese anderen Schulen.

Nietzsche ist unter diesem Aspekt eine mehr als emblematische Figur: Nichts ist in der Tat schwieriger, als in der zeitgenössischen Philosophie eine an ihm orientierte »Schule« nachzuweisen, auch wenn der Einfluß seines Denkens umfassend und überaus lebendig ist. Wahrscheinlich führt das Studium der Philosophie Nietzsches zu einer genaueren Festlegung jener besonderen Einheitlichkeit der »Hermeneutik« als philosophischer Richtung in der Kultur des 19. und 20. Jahrhunderts. Am Beginn der Darstellung von Nietzsches Werken soll unter den Begriffen »Hermeneutik« und »hermeneutische Ontologie« nur jene eigenartige Verbindung verstanden werden, die sich in seinem Denken herstellt zwischen einer »Kulturkritik«, einer Philosophie des Lebens oder dem Nachdenken über die Dekadenz einerseits (also jenem auf die Existenz in ihrer Konkretheit und Historizität gerichteten Denken) und einer Wiederaufnahme des Problems der Wahrheit und des Seins andererseits. Zumindest unter dem Aspekt jenes hermeneutischen Denkens, das die Werke Nietzsches ausdrücklich aufgreift und erörtert, steht die hier einstweilen nur als hypothetisch angedeutete Erkenntnis dieser Verbindung (also die hermeneutische Ontologie) im Zentrum der aktuellen Probleme der Philosophie und begründet die besondere theoretische Aktualität von Nietzsches Denken.

2. Von der Philologie zur Philosophie als Kulturkritik

a) Dionysos, das Tragische und die Dekadenz

Um das Denken Nietzsches und seine Bedeutung für eine hermeneutische »Lösung« der Probleme der Philosophie zu begreifen, ist es nötig, auf die von Dilthey in seinem Buch *Das Wesen der Philosophie* gegebenen Hinweise zurückzugehen. Dabei geht es nicht in erster Linie darum, die eigenartige Verbindung von Philosophie und »Literatur« bei Nietzsche zu erkennen. Grundlegender als diese Verbindung ist etwas, das die Philosophie Nietzsches an die Diltheys annähert und ihr eine Kontinuität zum Denken des frühen 20. Jahrhunderts verleiht. Es geht dabei um das Verhältnis von Philosophie und Philologie, das für die erste Phase von Nietzsches Werk kennzeichnend ist und sich in unterschiedlichen Formen im gesamten Verlauf seiner Entwicklung als Denker erhält. Dieses Verhältnis erlaubt es, die Stellung Nietzsches im Umkreis der Hermeneutik schärfer zu fassen und ihn in die Nähe von Dilthey und der philosophischen Problematik der Geschichtswissenschaft des frühen 19. Jahrhunderts zu rücken, obwohl seine Thesen den Anschein des Außergewöhnlichen, ja Revolutionären und mit der zeitgenössischen Geschichtswissenschaft ganz und gar Unvereinbaren erwecken. Wie für die gesamte bedeutendere Philosophie des 20. Jahrhunderts liegt auch für Nietzsche der Ausgangspunkt seiner Überlegungen in Reflexionen über die »Humanwissenschaften«, also allgemeiner gesagt: über die Geschichtsschreibung und das Wissen des Menschen von sich selbst. In diesem Licht gilt es, seine ersten Arbeiten zu betrachten.

Die frühe Philosophie Nietzsches entsteht während seiner Lehrtätigkeit in Basel und läßt in ihren charakteristischen Merkmalen sowohl seine Ausbildung als Philologe wie seine jugendliche Verehrung vor allem für Schopenhauer und Wagner erkennen. Sie enthält eine Reihe von Themen, die in späteren Ausarbeitungen zurücktreten oder an Bedeutung verlieren. Dennoch erscheint es legitim, von einer Philosophie des jungen

Nietzsche zu sprechen; denn wenn ihr auch jede Systematik fehlt (woraus Nietzsche im übrigen einen besonderen Denkstil entwickeln wird) und obwohl manche ihrer Aspekte einander widersprechen, stellt sich in ihr doch ein zentrales, originäres und charakteristisches Konzept dar, das als Leitfaden für eine Lektüre von Nietzsches Gesamtwerk dienen kann: der Gegensatz des Apollinischen und Dionysischen, der zunächst am Problem der Geburt und des Endes der griechischen Tragödie entwickelt wird, aber um sich alle wesentlichen Aspekte von Nietzsches frühem kulturkritischem Denken versammelt, die Metaphysik des Künstlers, die Lehre von der Sprache, die Polemik gegen den Historismus. Dieser Gegensatz bereitet zudem die spätere Entwicklung seiner Philosophie vor.

Als Nietzsche sich 1869 mit der Antrittsvorlesung *Homer und die klassische Philologie* (II, 1, 247–269) sowie mit den Vorträgen von 1870 über *Das griechische Musikdrama* (III, 2, 3–22) sowie über *Sokrates und die Tragödie* (III, 2, 23–41) in Basel vorstellt, zeigt er, daß er seine Arbeit als Philologe nicht der herrschenden akademischen Philologie entsprechend auffaßt. Stattdessen nähert er sich der Philosophie (oder zumindest dem, was er unter dem Einfluß Schopenhauers darunter versteht). Im übrigen hat er schon, als er den Ruf nach Basel erhält, ausdrücklich Zweifel an seiner Berufung zum Philologen. Bereits seit 1868 hatte er sich gemeinsam mit Rhode dem Studium naturwissenschaftlicher, etwa chemischer Texte zugewandt.[5] Die Briefe an Rhode aus seinen ersten Baseler Jahren belegen eindeutig diese Zweifel. Ihretwegen lebt Nietzsche »in einer übermütigen Entfremdung« von der Philologie, »die sich schlimmer gar nicht denken läßt« (Briefe II, 1,90). Was sind die Ursachen für diese frühe innere Distanzierung von der Philologie, zu der Nietzsche gelangt war, nachdem er schon gegen Ende seines zweiten Semesters in Bonn die Idee fallengelassen hatte, sich der Theologie zu widmen? Hatte er diese Idee nie wirklich ernstgenommen, sondern zu Beginn seines Studiums nur zum Schein akzeptiert, um den Erwartungen seiner Mutter und Schwester entgegenzukommen?[6] Wenn der Verzicht auf die Theologie nur nach außen hin, also in seinem Verhältnis zur Familie ein Problem darstellte, erwies sich die innere »Distanzierung« von der Philologie als sehr viel komplizierter. Vor allem sollte sie nicht so ausgelegt werden, als habe sich Nietzsche als Professor für Griechisch in Basel nur aus ökonomischen oder karrieristischen Gründen seiner Arbeit gewidmet, obwohl er sie insgesamt unerträglich fand. Denn an seiner Berufung zum Pädagogen hatte Nietzsche zu dieser Zeit keine Zweifel. Und als Grundlage der Erziehung – seiner selbst wie der anderen – galt ihm, nachdem eine theologische Laufbahn als berufliche Alternative ausgeschlossen war, die klassische Bildung und mithin die Philologie. Die aber unterlagen Zweifeln in zweierlei Hinsicht: Zum einen erscheinen diese Zweifel radikal in der mehrfach wiederholten Absicht (die Nietzsche in Basel zumindest durch seine Lektüre verwirklichte), sich den Naturwissenschaften zuzuwenden. Damit wurde eine mögliche Verlagerung des Schwerpunkts seiner *Bildung* angedeutet oder mythisiert, ohne daß sie zu diesem Zeitpunkt durch genauere theoretische Positionsbestimmungen wie in den Schriften nach *Menschliches, Allzumenschliches* dargestellt worden wäre. Zum anderen bestand ein zweites Motiv für die innere Distanzierung von der Philologie, das sich mit dem ersten vermischte, obwohl Nietzsche es auch gesondert zum Ausdruck brachte, in der Unerträglichkeit der *akademischen* Philologie. Dieses Motiv erschien einerseits enger gefaßt. (Das Studium der Antike war nach seiner Auffassung zu einer rein antiquarischen Arbeit geworden, die zu einer unerträglichen Distanz zwischen dem Philologen und seinen Gegenständen führte, also zu einer Kluft zwischen der Schönheit der griechischen Welt und der erzwungenen geistigen Deformation jener Forscher, die uns an sie erinnern sollten.[7]) Andererseits wird dieses Motiv allgemeiner formuliert: Unter diesem zweiten Gesichtspunkt erscheint die klassische Philologie wie ein Verrat am Geist der Klassik insofern, als sie nicht mehr fähig ist, die Antike als ein der Nachahmung wertes Modell zu betrachten, sondern sie nur noch als eine Sammlung von wissenschaftlichen Untersuchungsobjekten sieht. Das schließt offensichtlich ein umfassenderes Urteil einerseits über die Gesellschaft ein, in der die Beziehung zur Antike zu einem Beruf und zu philologischer Fleißarbeit geworden ist, sowie andererseits über die Art und Weise, in der das Vorbild der Antike so weit heruntergekommen ist, daß sie zu einem rein akademischen Forschungsobjekt wurde. Nietzsches Unzufriedenheit mit der Philologie beginnt also mit einer Kritik daran, daß sie professionell betrieben wird und sich eine ebenso positive wie »objektive« Erforschung der Antike zum Ziel setzt.[8] Sie wird dann zu einer Kritik a) an einer Welt, die eine Beziehung zur Antike nur in dieser Form herzustellen vermag und sich jedem tieferen Verständnis der Antike als *Vorbild* verschließt, sowie zu einer Kritik b) der Art und Weise, in der das Bild der Antike einer solchen Welt übermittelt und schließlich auf deren Niveau reduziert wird. Das Interesse dafür, wie das klassische Altertum einem modernen Bewußtsein überliefert wird, tritt in den philologischen Arbeiten des jungen Nietzsche durchgängig hervor. Das gilt sowohl für seine Untersuchung über die Quellen des Diogenes Laertius, die er 1868 in Leipzig abschloß und in der er nachwies, wie das Bild der antiken Philosophie entstand, das dieser Autor der Nachwelt übermittelte, wie auch für seine Baseler Antrittsvorlesung über *Homer und die klassische Philologie*, die ihrerseits die Geschichte eines geschichtswissenschaftlich–philologischen Bildes im Wechsel der Zeiten nachzeichnet. Und auch die Untersuchungen über *Das griechische Musikdrama* sowie *Die Geburt des tragischen Gedankens* (in: III, 2, 71–91) oder über *Die dionysische Weltanschauung* (in: III, 2, 43–69), die in *Die Geburt der Tragödie* Eingang fanden, sind zwar Arbeiten über festumrissene »Gegenstände« des philologischen Studiums, zielen aber über diese »Gegenstände« hinaus auf ihre Überlieferung in den Traditionen der europäischen Kultur.

Die Gesamtheit dieser Probleme, die sich zwar um die Philologie zentrieren, aber über ihre Grenzen als akademische Disziplin ebenso hinausgehen wie über die allgemeineren Grenzen einer Erforschung der Vergangenheit (in die Richtung einer Kritik der zeitgenössischen Kultur) bezeichnet Nietzsche in jenen Jugendjahren in Basel als Philosophie. Auch die Begegnung mit dem Werk Schopenhauers, dessen *Die Welt als Wille und Vorstellung* er 1865 liest, führt ihn nicht von der Philologie hin zur Philosophie, wenn man darunter die Metaphysik, die Lehre vom Sein oder etwas ähnliches versteht. Sie stellt vielmehr für ihn ein neues Verhältnis zur Philologie her. Das wird gerade an seinem ersten philosophisch orientierten Hauptwerk deutlich: *Die Geburt der Tragödie aus dem Geiste der Musik oder Griechentum und Pessimismus* (das im Dezember 1871 veröffentlicht wurde). Einer der Hauptreize dieses unübertrefflichen Werks besteht vielleicht gerade in seiner eigentümlichen Mischung von Philologie und Philosophie, die in ihrem Ausmaß und in ihren Ergebnissen selbst in der großen Philologenphilosophie der Romantik (etwa Creuzers oder der Gebrüder Schlegel), auf die Nietzsche sich gleichwohl bezieht, nicht ihresgleichen hat.[9] *Die Geburt der Tragödie* ist gleichzeitig eine Neuinterpretation des Griechentums, eine philosophische und ästhetische Revolution, eine Kritik der zeitgenössischen Kultur sowie ein Programm zu deren Erneuerung. Sie kreist um die Entdeckung der beiden Begriffe des *Apollinischen* und *Dionysi-*

schen, die freilich nur insofern als Entdeckung anzusehen ist, als Nietzsche diesen in der Tradition schon mehrfach dargestellten Begriffen eine neue Bedeutung verleiht.[10]

Das Bild Griechenlands, das sich in der europäischen Tradition lange erhalten hat, wurde beherrscht von den Ideen der Harmonie, der Schönheit, des Gleichgewichts, des Maßes, also von all jenen Merkmalen, die als *klassisch* gelten. Dieses Bild konzentriert sich nach Nietzsche auf einen bestimmten Moment der griechischen Geschichte, das Athen des 5. Jahrhunderts, sowie auf bestimmte Kunstgattungen, vor allem die Architektur und die Plastik. Zu dieser Stereotypisierung unseres Griechenlandbildes hat in erster Linie das Christentum beigetragen, durch das unser Wissen von der antiken Kultur überliefert worden ist. Die Rolle des Christentums bei der Bestimmung dieser Überlieferung war so eindeutig, daß es in den Notizen, die Nietzsche für den Entwurf einer fünften *Unzeitgemäßen Betrachtung* gemacht hat, zuweilen so scheint, als müsse mit dem Nachlassen oder Verschwinden des christlichen Glaubens in der Moderne uns auch jede Möglichkeit eines Zugangs zur klassischen Antike abhanden kommen. Wenn das Christentum die Antike in ihren klassischen Zügen festgehalten hat, dann handelte es sich bei ihnen bereits um Zeichen der Dekadenz, weil sie nicht mehr einem im vollen Sinn lebendigen geschichtlichen Augenblick entsprachen. Die lebendigen Wurzeln, die in der klassischen Form der antiken Kultur verborgen sind oder verschwinden – die Grundlagen des olympischen »Zauberbergs« (GdT 3, 31) treten zutage, sobald man sich auf jene Bestandteile der antiken Tradition beruft, die uns nur marginal erhalten geblieben sind. Das betrifft unter den Künsten nicht so sehr Architektur und Plastik, sondern vielmehr die Musik. Und außerhalb der Künste weniger literarische und philosophische Texte, als vielmehr manche Elemente der Volksweisheit, die sich nur schwer aus den schönen Bildern der Heroen Winckelmanns herauslesen lassen. So etwa ein Wort des Silen (einer zutiefst in den Traditionen des griechischen Volkes verwurzelten mythologischen Figur, die halb Mensch, halb Tier und der Lehrer des Dionysos ist). Ihm zufolge wäre es für den Menschen das beste, nicht geboren zu werden, und wenn er einmal geboren ist, bald zu sterben. Dieses Wort enthüllt eine Auffassung der menschlichen Existenz, die sich jeder klassizistischen Deutung entzieht. (Der Klassizismus von Winckelmann und Schiller bis hin zu Hegel hatte vor allem die Auffassung vertreten, die Griechen hätten schöne Werke hervorzu-

9

bringen vermocht, weil sie selbst schön, harmonisch und heiter waren.) Wenn wir dagegen neben solche »marginalen«, aber in der Volksweisheit fest verwurzelten Fragmente die tragischen Mythen und weiter die Aufzeichnungen halten, die wir über die Verbreitung orgiastischer Kulte in der griechischen Welt besitzen,[11] dann »müssen wir jenes kunstvolle Gebäude der apollinischen Cultur gleichsam Stein um Stein abtragen« (GdT 3, 30), um unter ihm ein anderes Prinzip zu entdeken, eben das dionysische. Das Apollinische und das Dionysische stellen eine Zweiheit dar, die für den griechischen Geist zutiefst bestimmend ist:

> »Der Grieche kannte und empfand die Schrecken und Entsetzlichkeiten des Daseins: um überhaupt leben zu können, mußte er sich vor sich hin die glänzende Traumgeburt der Olympischen stellen. Jenes ungeheure Misstrauen gegen die titanischen Mächte der Natur [...] wurde von den Griechen durch jene künstlerische *Mittelwelt* der Olympier fortwährend von Neuem überwunden, jedenfalls verhüllt und dem Anblick entzogen.« (GdT 3, 31f.)[12]

Die olympischen Götter sind das Mittel, mit dem die Griechen eine Existenz ertrugen, deren Hinfälligkeit sie erlebt hatten, deren schmerzhafte Verstrickung von Leben und Tod sie kannten und an der sie aufgrund ihrer verzweifelten Sensibilität zutiefst litten. »So rechtfertigen die Götter das Menschenleben, indem sie es selbst leben« (GdT 3, 32), weil sie es in einem Licht ohne Schatten leben und außerhalb der angstauslösenden Drohung des Todes. Selbst die Natur erzeugt zur Erreichung ihrer Absichten eine solche Illusion (vgl. GdT 3, 33). In den olympischen Göttern konnten die Menschen ihr Leben »in einer höheren Sphäre wiedersehn, ohne dass diese vollendete Welt der Anschauung als Imperativ oder als Vorwurf wirkte.« (GdT 3, 33f.) Und dies nicht in einem normativ metaphysischen Sinn, wie er für die Welt der platonischen Ideen galt.

Die Welt der olympischen Götter ist eine Welt, die vom apollinischen Trieb hervorgebracht worden ist. Die Erfahrung des Chaos, des Verlusts aller bestimmten Formen im unaufhörlichen Fluß des Lebens, das selbst immer wieder der Tod ist, entspricht ihrerseits dem dionysischen Trieb. Wie der apollinische Trieb bestimmbare Bilder, harmonische und verläßliche Formen hervorzubringen strebt, die Sicherheit verleihen, so besitzt der dionysische nicht nur eine Sensibilität für das Chaos jeder Existenz, sondern drängt dazu, in dieses Chaos einzutauchen, sich dem *principium individuationis* zu entziehen.

Die Anspielung auf das *principium individuationis* zeigt neben vielen anderen ausdrücklichen Hinweisen in der *Geburt der Tragödie* die Abhängigkeit der Thesen Nietzsches von der Metaphysik Schopenhauers – auch wenn Nietzsche, wie er später im Vorwort zur Neuausgabe von 1886 bemerkt, schon in diesem noch in der Sprache Schopenhauers abgefaßten Werk der Askese und mithin dem fortdauernden Platonismus Schopenhauers von Grund auf entgegenarbeitete. Nietzsches apollinische Welt der olympischen Götter ist zwar, entsprechend den *Ideen* Schopenhauers, eine Gesamtheit der dem Lebenswillen entzogenen Vorstellungen, aber das Verhältnis der olympischen Götter zum dunklen Grund des anfänglich Einen ist nicht wie bei Schopenhauer nur ein Gegensatz. Für Schopenhauer entziehen sich die Gestalten der Kunst (welche die Ideen darstellen) dem Willen zum Leben, der das irrationale Wesen der Welt begründet. Für Nietzsche dagegen gelangen schon in der *Geburt der Tragödie* (und später mit immer anderen Begriffen) die Gestalten der olympischen Götter nur dann zu ihrer von Schuld befreienden Bedeutung, wenn sie in engem Kontakt mit dem Dionysischen bleiben, also mit der Welt des Chaos, der sie uns zu entfliehen helfen. Wo Nietzsche sich über Wagners Oper *Tristan und Isolde* äußert, in der er die geistige Wiedergeburt der griechischen Tragödie sieht, heißt es: »Dionysus redet die Sprache des Apollo, Apollo aber schließlich die Sprache des Dionysus.« (GdT 21, 136) Es entspricht gewiß nicht dem Geist Schopenhauers, wenn Nietzsche von dem Grausen schreibt, das den Menschen befällt, sobald er das *principium individuationis* zerbrechen sieht. Zu diesem Grausen, von dem Schopenhauer spricht, müssen wir, Nietzsche zufolge, »die wonnevolle Verzückung hinzunehmen, die bei demselben Zerbrechen des principii individuationis aus dem innersten Grunde des Menschen, ja der Natur emporsteigt« (GdT 1, 24).

> Dieses Entzücken verspüren wir, denn »unter dem Zauber des Dionysischen schließt sich nicht nur der Bund zwischen Mensch und Mensch wieder zusammen: auch die entfremdete, feindliche oder unterjochte Natur feiert wieder ihr Versöhnungsfest mit ihrem verlorenen Sohne, dem Menschen [...] Jetzt ist der Sclave freier Mann, jetzt zerbrechen alle die starren, feindseligen Abgrenzungen, die Noth, Willkür oder ›freche Mode‹ zwischen den Menschen festgesetzt haben.« (GdT 1, 25)

Dieses Verhältnis von Apollinischem und Dionysischem erstreckt sich nicht zuletzt bis in das Kräfteverhältnis in jedem einzelnen Menschen. Nietzsche vergleicht es zu Beginn seines

Werks mit den Zuständen des (apollinischen) Traums und der (dionysischen) Trunkenheit. In der Entwicklung einer Kultur spielt es ebenso eine Rolle wie bei der Erhaltung der Art in der Zweiheit der Geschlechter. Die gesamte menschliche Kultur ist die Frucht des dialektischen Spiels dieser beiden Triebe, die, näher bestimmt, auch als jene Kunsttriebe wirken (vgl. GdT 2, 26), denen gegenüber der Künstler nur nachahmend tätig wird. Das Apollinische und das Dionysische definieren also nicht nur eine Zivilisations- und Kulturtheorie, sondern auch eine Lehre von der Kunst. Bekanntlich war die Beziehung zwischen künstlerischer Schöpfung und Entstehung der Götter vor allem in der griechischen Mythologie ein oft behandelter Gegenstand romantischen Denkens. Indem Nietzsche eine »Ästhetik« entwarf, die zugleich und vor allem eine allgemeine Theorie der Kultur war, bezog er sich offensichtlich auf diese Vorläufer. Im engeren Rahmen einer Theorie der Kunst gestattete es die Zweiheit von Apollinischem und Dionysischem, die verschiedenen Entwicklungsphasen der griechischen Kunst im Verhältnis zum Kampf zwischen dionysischem und apollinischem Trieb zu lesen. Dieser Kampf entfaltete sich auch als Konflikt zwischen unterschiedlichen Völkern in der Abfolge von Invasionen und Friedensregelungen, welche die Geschichte des archaischen Griechenlands bestimmten. So läßt sich die dorische Kunst nur als Ergebnis eines Widerstands des Apollinischen gegen Angriffe erklären, bei denen es sich um konkrete Attacken eindringender Völker, also des Dionysischen und der orgiastischen Kulte barbarischen Ursprungs handelte. Auf diese Weise zerfällt »die ältere hellenische Geschichte, im Kampf jener zwei feindseligen Principien, in vier grosse Kunststufen« (GdT 4, 38). Nietzsche zeigt,

> »wie aus dem ›erzenen‹ Zeitalter, mit seinen Titanenkämpfen und seiner herben Volksphilosophie, sich unter dem Walten des apollinischen Schönheitstriebes die homerische Welt entwickelt, wie diese ›naive‹ Herrlichkeit wieder von dem einbrechenden Strome des Dionysischen verschlungen wird, und wie dieser neuen Macht gegenüber sich das Apollinische zur starren Majestät der dorischen Kunst und Weltbetrachtung erhebt.« (GdT 4, 37f.)

Mit der Vorherrschaft des einen oder des anderes Triebs sind auch, ohne daß dies streng zu schematisieren wäre, die verschiedenen Künste verbunden: Wenn die Musik eine überwiegend dionysische Kunst ist, dann sind die Plastik und die Architektur ebenso wie das Epos apollinisch. Weder unter zivilisatorischem

Gesichtspunkt noch unter dem künstlerischer Reife ist jedoch die dorische Welt der Gipfel des Griechentums. Diesen Gipfel stellt die attische Tragödie dar, die sich als die vollkommenste Synthese beider Triebe erweist (GdT 4, 38). Hinsichtlich ihres Ursprungs greift Nietzsche eine schon in der Überlieferung vorhandene Vorstellung auf, der zufolge die Tragödie aus dem tragischen Chor hervorgegangen sein soll (vgl. GdT 7, 48). Aber er bringt eine neue Interpretation dieser Vorstellung, indem er sie auf die Begriffe des Apollinischen und Dionysischen bezieht. Der Chor, aus dem die Tragödie geboren wird, ist der Chor der Satyrn, also die heilige Prozession, deren Teilnehmer sich in »fingirte *Naturwesen*« verwandeln (GdT 7, 51). Ihre Welt ist jedoch »keine willkürlich zwischen Himmel und Erde hineinphantasirte Welt; vielmehr eine Welt von gleicher Realität und Glaubwürdigkeit wie sie der Olymp sammt seinen Insassen für den gläubigen Hellenen besass.« (GdT 7, 51) Im Zustand der Erregung, der den Zug der tanzenden und singenden Satyrn beherrscht, wirft der wieder zum Naturwesen gewordene Mensch einen Blick in das Mysterium des anfänglich Einen und bringt in Grausen und Ekstase phantasierte Bilder hervor. In der dionysischen Erregung geschieht mit dem Chor der Satyrn »das *dramatische* Urphänomen: sich selbst vor sich verwandelt zu sehen und jetzt zu handeln, als ob man wirklich in einen andern Leib, in einen andern Charakter eingegangen wäre.« (GdT 8, 57) Auch hieran ist ein wesentlicher Aspekt von Nietzsches Antiplatonismus zu erkennen; denn die Durchbrechung der Identifizierung, das Sich–EinFühlen in andere, der Verlust einer Kontinuität mit sich selbst waren die ausschlaggebenden Gründe dafür, daß Platon die Kunst des Dramas ablehnte. Nietzsche sieht darin dessen Ursprung und bewertet ihn genau entgegengesetzt. Er betont sogar die sozialen Voraussetzungen des Dramas:

> »der dithyrambische Chor ist ein Chor von Verwandelten, bei denen ihre bürgerliche Vergangenheit, ihre sociale Stellung völlig vergessen ist: sie sind die zeitlosen, ausserhalb aller Gesellschaftssphären lebenden Diener ihres Gottes geworden [...] In dieser Verzauberung sieht sich der dionysische Schwärmer als Satyr [da die Prozession der Satyrn ursprünglich zu Ehren des Dionysos stattfindet, G.V.] *und als Satyr wiederum schaut er den Gott* d.h. er sieht in seiner Verwandlung eine neue Vision ausser sich, als apollinische Vollendung seines Zustandes. Mit dieser neuen Vision ist das Drama vollständig.« (GdT 8, 57f.) Wir müssen die griechische Tragödie daher »als den dionysischen Chor [...] verstehen, der sich immer von neuem wieder in einer apollinischen Bilderwelt entladet.« (GdT 8, 58)

Diese Ausführungen Nietzsches erschienen vor allem als philologische Hypothesen über die Entstehung der griechischen Tragödie (und wurden als solche von den Philologen der Zeit, vor allem von Wilamowitz-Moellendorff diskutiert und kritisiert[13]). Aber trotz ihrer keineswegs »historiographischen« und auf Objektivierbarkeit zielenden Ansprüche besteht ihre Bedeutung darin, daß sie einen neuen Zugang zum klassischen Altertum eröffneten, der zugleich eine radikal kritische Einstellung zur Gegenwart mit sich brachte. Denn Nietzsche legte hier, allgemeiner gesagt, die Grundlagen jener um den Begriff der Interpretation zentrierten »Ontologie«, die später in den Werken der Reifezeit und in den Fragmenten des *Willens zur Macht* ausgearbeitet wird. Das Zusammenspiel des Apollinischen und Dionysischen sowie der zweideutige Sinn der Tragödie einer Befreiung *vom* und *zum* Dionysischen[14] im schönen Bild des Apollinischen bleiben entscheidende Elemente für die gesamte spätere Entwicklung in Nietzsches Denken und bilden die Grundlage seiner theoretischen Aktualität.

Die Konsequenzen aus den Überlegungen zur *Geburt der Tragödie* für eine Theorie und Kritik der Kultur erarbeitet Nietzsche ausgehend vom Problem, wie und warum die attische Tragödie gestorben ist. Im Unterschied zu anderen literarischen Gattungen der Antike, die eines »natürlichen« Todes gestorben sind, also überflüssig wurden und keine Leere hinterlassen haben, ist sie durch Selbstmord gestorben (vgl. GdT 11, 71). Urheber dieses Selbstmords der Tragödie war Euripides, der den »Zuschauer [...] auf die Bühne gebracht« hat und damit einen Prozeß in Gang setzte, welcher der neuen attischen Komödie schließlich ein Ende bereitet hat, in der »die entartete Gestalt der Tragödie« fortlebte (GdT 11, 72). Euripides hat den tragischen Mythos in eine Folge von rational verketteten und verständlichen, wesentlich realistischen Schicksalen verwandelt.

Man darf sich fragen, ob diese Auffassung der Rolle des Euripides in der Geschichte der griechischen Tragödie historisch begründet ist.[15] Doch Nietzsche ging es um mehr als um die Feststellung der Verantwortung des Euripides, nämlich um die Demaskierung dessen, der den Selbstmord der Tragödie letztlich inspiriert hatte. Euripides gestaltete den tragischen Mythos realistisch und rational, um den Anforderungen eines bestimmten Zuschauers entgegenzukommen, des Sokrates. Sokrates hatte im griechischen Denken eine rationale Auffassung der Welt und der menschlichen Schicksale begründet, der zufolge dem Gerechten kein Leid geschehen kann, weder im Diesseits noch im Jenseits. Der Realismus der euripideischen Tragödie ist eine Konsequenz des theoretischen Optimismus des Sokrates, der auf der Bühne die rationale Struktur des Lebens dargestellt sehen wollte. Da diese keine Emotionen weckte – unter anderem deshalb, weil Euripides mit der Einführung des Prologs, der die Handlung schon vor ihrem Beginn erklärt, der Tragödie jede »epische Spannung« und »anreizende Ungewissheit« nimmt (GdT 12, 81) – muß die gesamte Handlung sich in großen rhetorisch-lyrischen Szenen ausdrücken, die im Zuschauer jenes Pathos hervorriefen, das sonst nicht mehr entstehen konnte. Und da alles nach einem vorausgesetzten rationalen Schema vor sich gehen mußte, wurde auch die Notwendigkeit eines *deus ex machina* einsichtig. Was sich im Intervall zwischen Prolog und Epilog, die beide episch sind, ereignete, geschah in einer dramatisch-lyrischen Gegenwart. Die tragische Synthese von Epos und Lyrik, von Musik und Darstellung einer Handlung, von Apollinischem und Dionysischem, war verschwunden. Doch war dies nicht aufgrund einer inneren Dynamik der literarischen Form geschehen, sondern um den neuen geistigen Anforderungen im Zusammenhang mit der Selbstbehauptung des theoretischen Optimismus von Sokrates zu entsprechen – also der Entstehung der klassischen griechischen Philosophie.

Wenn es eine rationale Struktur des Universums gibt, wie Sokrates glaubte und lehrte, dann hatte das Tragische keinen Sinn mehr. Und zwar nicht nur in jener eingeschränkten Bedeutung, der zufolge es in einer rational geordneten Welt keine Unsicherheit, Erregung, Spannung oder Zweideutigkeit geben kann. Die Entgegensetzung des Sokratismus und des Tragischen wirft ein Licht auf das, was Nietzsche mit den Begriffen des Apollinischen und Dionysischen in Wahrheit verfolgte und was er späterhin als den Platonismus der europäischen Kultur bestimmte, den er überwinden wollte. Die apollinischen Bilder der olympischen Götter und dann die attische Tragödie waren Formen der Erlösung der Existenz, die keinerlei Hypostasierung von Wesenheiten oder metaphysischen Strukturen mit sich führten. Diese entstanden (wie Nietzsche später ausdrücklich seit *Menschliches, Allzumenschliches* erklärte), aus einem Beruhigungsbedürfnis, aus der Notwendigkeit, sich das Chaos des Lebens in einer bestimmten Weise erträglich zu machen, mit dem unaufhaltsamen Kreislauf von Geburt und Tod fertigzuwerden. Doch Nietzsche zufolge war die metaphysische Beruhigung, die in den Wesenheiten und in der rationalen Struktur des Universums gesucht wurde, ein Kennzeichen einer geschwächten und dekadenten Kultur. Wenn Nietzsche schreibt, »nur als *aesthetisches Phänomen* ist das Dasein und die Welt ewig *gerechtfertigt*« (GdT 5, 43), so sucht er damit nicht mehr und nicht weniger als eine Alternative zu der (von ihm als Sokratismus oder Platonismus bezeichneten) Metaphysik, die in allen ihren Formen stets Beruhigung in wesenhaften Strukturen erstrebte, in einer »vollendeten Welt«, die anders als die Welt der olympischen Götter sofort »als Imperativ oder als Vorwurf« in Gegensatz zur Welt der Erfahrung trat (GdT 3, 34) und mithin jene Schwermut des Lebens hervorbrachte, aus der die Dekadenz bestand, die mit dem sokratischen wie (platonisch)-christlichen Rationalismus verbunden war.

Die Implikationen des Begriffs der Dekadenz im Zusammenhang mit dem sokratischen Rationalismus, der sich in der Metaphysik, in der Moral und in der »christlichen« Kultur des Okzidents ausdrückte, wurden von Nietzsche in den Werken entfaltet, die auf seine Schrift über die Tragödie folgen. In der *Geburt der Tragödie* ging es um die negative Abgrenzung vom Sokratismus, der die Möglichkeit einer tragischen Sicht der menschlichen Existenz ausgeschaltet hatte (und zwar sowohl im Sinne einer Präsenz des Mythos und des Mysteriums wie im Sinne der ästhetischen Rechtfertigung einer Existenz, die sich, wie immer undeutlich, einer metaphysischen Begründung entzog). Nietzsche verwies auf den Sokratismus im Bewußtsein seiner Unzulänglichkeit, die klar und deutlich im Augenblick der letzten Krise der Metaphysik bei Kant und Schopenhauer hervortrat (bei denen eine durch und durch dionysische Weisheit zum Ausdruck gelangte; vgl. GdT 19, 124). Damit wird auch eine Wiederkehr der Kultur des Tragischen möglich, die sich Nietzsche, zumindest in jenen Jahren vom Musikdrama Richard Wagners erhoffte. Vom sokratischen Rationalismus in die Welt gesetzt,

»eilt die Wissenschaft, von ihrem kräftigen Wahne angespornt, unaufhaltsam bis zu ihren Grenzen, an denen ihr im Wesen der Logik verborgener Optimismus scheitert. Die Peripherie des Kreises der Wissenschaft hat unendlich viele Punkte, und während noch gar nicht abzusehen ist, wie jemals der Kreis völlig ausgemessen werden könnte, so trifft doch der edle und begabte Mensch, noch vor der Mitte seines Daseins und unvermeidlich auf solche Grenzpunkte der Peripherie, wo er in das Unaufhellbare starrt. Wenn er hier zu seinem Schrecken sieht, wie die Logik sich an diesen Grenzen um sich selbst ringelt und endlich sich in den Schwanz beisst – da bricht die neue Form der Erkenntniss durch, *die tragische Erkenntnis*, die, um nur

ertragen zu werden, als Schutz und Heilmittel die Kunst braucht.«
(GdT 15, 97)

Die Wiederkehr der tragischen Kultur ist mithin, wie dieses Zitat zeigt, nicht einfach eine Wiederkehr des Mythos. Sie ist vielmehr die extreme Entwicklung des Rationalitätsbedürfnisses des wissenschaftlichen Denkens, das – gemäß einer »Logik«, welche die vom »Tode Gottes« ankündigt, von der Nietzsche in der *Fröhlichen Wissenschaft* spricht – gerade durch sein Sicherheitsbedürfnis in jenen verzweifelten Skeptizismus umkippt, der für die Lehre Kants und später Schopenhauers charakteristisch ist. Auch hier allerdings ist eine Zweideutigkeit und ein Selbstmißverständnis des jungen Nietzsche festzustellen, die Begeisterung für Wagner, die die gesamte Schrift über die Tragödie beherrscht, hatte zur Folge, daß diese Schrift wie eine Predigt von der Wiederkehr des Mythos erschien und gerade das über weite Strecken wohl auch war. Die Passagen über die »dionysische Weisheit« der Kantschen Philosophie, so etwa die eben zitierte Textstelle, lassen jedoch eine andere Lösung des Problems einer Wiederkehr des Tragischen als möglich erkennen, die nicht unbedingt eine irrationalistische Remythologisierung im Stile Wagners impliziert. Diese andere Lösung sucht Nietzsche ausgehend von seiner Schrift *Menschliches, Allzumenschliches*, in der einige der grundlegenden Thesen der Arbeit über die Tragödie erhalten bleiben, befreit allerdings vom Glauben an Wagner, der seine ersten Jahre in Basel bestimmte.

Die paradoxe Mischung von Kant und Wagner in den Schlußpassagen der Schrift über die Tragödie ist nur *ein* Aspekt der allgemeineren Schwierigkeit, eindeutig festzustellen, was sich Nietzsche konkret unter einer Wiederkehr der tragischen Kultur vorstellte. Ohne definitive Lösungen dieses Problems zu bieten, liefern die übrigen Schriften aus jenen Jahren einige Hinweise. Es handelt sich dabei im wesentlichen um den zu Nietzsches Lebzeiten unveröffentlichten Text *Über Wahrheit und Lüge im außermoralischen Sinn* (ÜWL, 2, 367–84), in dem Nietzsche einen spezifisch »philosophischen« Theoriebildungsversuch unternimmt, den er jedoch unvollendet läßt – sowie vor allem um die zweite und dritte der *Unzeitgemäßen Betrachtungen*. Die Distanzierung von Wagner, die mit *Menschliches, Allzumenschliches* abgeschlossen ist, sich aber bereits in der vierten *Unzeitgemäßen Betrachtung* und in den Notizen und Briefen jener Zeit vorbereitet, ist zunächst durch psychologische und persönliche Gründe zu erklären.[16] Verständlich wird sie, wenn man bedenkt, daß Nietzsche zwar nicht generell, zumindest nicht ausdrücklich auf den Traum von einer Wiedergeburt der tragischen Kultur (wie er sie jetzt nennt) verzichtet hat, daß sie ihm aber immer weniger in Verbindung mit einem Phänomen wie der Musik Wagners und vielleicht der Kunst überhaupt vorstellbar erscheint. Es wäre aber wohl falsch anzunehmen, Nietzsches Ungenügen an einer »ästhetischen« Lösung klinge auch nur entfernt an Hegels Vorstellung vom »Tod der Kunst« an. Nietzsches Unzufriedenheit mit einer Lösung des Problems der Dekadenz durch die Kunst darf nicht so verstanden werden, als sei die Kunst etwas nur »Vorläufiges« (obwohl manche seiner Texte Deutungen dieser Art zulassen; vgl. »Die Kunst der Kunstwerke« in: FW, 89, 122). Generell ist Nietzsche jedoch nicht der Auffassung, daß eine Erneuerung der tragischen Kultur durch eine Art ästhetischer Befreiung der gesamten Existenz zu bewerkstelligen sei, die letztlich ein Ende der Kunst als eines separaten Bereichs mit sich brächte. Das Ungenügen an einer ästhetischen Lösung des Problems der Dekadenz wird vielmehr in *Menschliches, Allzumenschliches* in Verbindung gebracht mit einer geschichtlich-psychologischen Unzeitgemäßheit der Kunst für den modernen Menschen, für den die Geistesfreiheit und der dionysische Trieb sich eher in der Wissenschaft als in der Kunst entfalten.

Dagegen scheint die Kunst in den Jugendwerken (von der *Geburt der Tragödie* bis zu den *Unzeitgemäßen Betrachtungen* und dem aus dem Nachlaß veröffentlichten Text *Über Wahrheit und Lüge im außermoralischen Sinn*) das Dasein insgesamt auch (und vielleicht vor allem) im Rahmen einer sokratischen Kultur zu rechtfertigen. Eine der faszinierenden, aber auch beunruhigenden Eigenarten der Schrift *Über Wahrheit und Lüge* besteht darin, daß Nietzsche zeigt, wie die gesellschaftlich etablierte Sprache mit ihren Regeln und kognitiven Funktionen genetisch nur als zufällige Verhärtung eines bestimmten Systems von Metaphern entsteht (die aber, zumindest in der Perspektive der *Genealogie der Moral* an Herrschaftsbeziehungen gebunden sind). Ein bestimmtes System von Metaphern, das wie jedes andere Metaphernsystem frei erfunden ist, hat sich dann als das einzig öffentlich geltende durchgesetzt. Nur mit ihm soll die Welt zu beschreiben sein. Ursprünglich ist jede Sprache metaphorisch, eine Verweisung auf Sachen durch zunächst beliebig erscheinende Klänge, die an sich mit den Sachen selbst nichts zu tun haben. Die Gesellschaft entsteht, wenn *ein* System von Metaphern sich gegen die anderen durchsetzt und zur öffentlich vorgeschriebenen und akzeptierten Art und Weise wird, die Dinge metaphorisch zu bezeichnen (d.h. zu lügen). Von diesem Moment an werden die übrigen Metaphernsysteme der Vergangenheit und der Zukunft auf das Niveau der »Dichtung« reduziert, also als Lügen erkennbar. Diese »genetische«, wenn auch idealisierte Darstellung der Sprache führt jedoch bei Nietzsche nicht zur Idealisierung des Zustands einer freien metaphorischen Erfindungsfähigkeit, die durch ihre Kanonisierung in einem einzigen Metaphernsystem verlorengehen würde. Im Gegenteil, »innerhalb dieses Würfelspiels der Begriffe heisst [...] ›Wahrheit‹ – jeden Würfel so zu gebrauchen, wie er bezeichnet ist« (ÜWL 1, 376), d.h. ihn in einer hierarchischen Ordnung abstrakter Begriffe zu verwenden, die nicht nur von den Sachen, sondern von den intuitiven Eindrüken der einzelnen Beteiligten entfernt sind. Erst dadurch unterscheidet der Mensch sich vom Tier, das ganz in den Bilderfluß seiner Wahrnehmungen eingetaucht bleibt. Um die eigene rationale Menschlichkeit zu begründen, die auf der Fähigkeit beruht, »in einem für alle verbindlichen Stile zu lügen« (ÜWL 1, 375), muß »der Mensch sich als Subjekt und zwar als *künstlerisch schaffendes* Subjekt« vergessen (ÜWL 1, 377). An keiner Stelle dieser Schrift aber insistiert Nietzsche auf der Notwendigkeit, eine Welt freien metaphorischen Erfindungsreichtums ohne kanonisierte Regeln und letztlich ohne Gesellschaft und Menschheit wiederherzustellen. Man darf wohl eine der Ursachen dafür, daß er diesen Aufsatz unvollendet ließ und nicht veröffentlichte, in seiner eigenen Unsicherheit und in der Problematik seiner Schlußfolgerungen vermuten. Einerseits gibt es gute Gründe dafür, die Schrift *Über Wahrheit und Lüge* in Verbindung zu bringen mit den Thesen aus der *Geburt der Tragödie* über die Wiedergeburt einer tragischen Kultur durch die Wiedergewinnung des vom Sokratismus verdrängten dionysischen Elements (und mithin durch die Wiedereinsetzung der freien künstlerischen Kreativität als der »Herrschaft der Kunst über das Leben«, ÜWL 2, 383). Andererseits betreibt die Verhärtung eines Systems von Metaphern zu einer kanonisierten Sprache der Wahrheit im Grunde nichts anderes als eine Fortsetzung der Tendenz zur »Lüge«, zur Durchsetzung von Namen und Bezeichnungen, Bildern und Metaphern gegenüber jener »Wirklichkeit« der Dinge, in der ein ursprünglicher Trieb zur Metaphernbildung fortbesteht. Für Nietzsche müßte ein Widerspruch darin liegen, die Abstraktion und die in Regeln fixierte öffentliche Begrifflichkeit der Sprache im Namen einer größeren »Treue zur Wirklichkeit«

auf seiten der freien Metaphernbildung zu verurteilen. Darüber hinaus ist auch der Antrieb zur Lüge und zur Schaffung von Illusionen in einem Sicherheitsbedürfnis verwurzelt, das sich im Naturzustand durch einen unablässigen Kampf zwischen den Individuen und zwischen ihren privaten Metaphern geltend macht. Der gesellschaftliche Zustand dagegen reagiert auf dasselbe Bedürfnis gerade durch eine Institutionalisierung von Regeln, mit denen sich verbindlich lügen läßt. Viele Passagen der kurzen Abhandlung zeigen, daß Nietzsche in der Tat die emanzipatorische Bedeutung nicht unterschätzt hat, die die Entstehung einer regulierten Sprache und eines für alle gleichen Systems von Metaphern für die Menschen besessen hat. Zwar schreibt er: »Der Intellekt, jener Meister der Verstellung, ist so lange frei, und seinem sonstigen Sklavendienste enthoben«, wie er »mit schöpferischem Behagen« die Metaphern durcheinanderwirft und »die Gränzsteine der Abstraktion« verrückt; doch es handelt sich dabei um die Wonnen des Sklaven während der Saturnalien, also während einer augenblickshaften Suspendierung der Gesetze, bei denen »er täuschen kann, ohne zu *schaden*« (ÜWL 3, 382).

Da dieser Text unter systematischen Gesichtspunkten philosophisch ambitionierter ist, taucht hier die Problematik der Schlußfolgerungen aus der Schrift über die Tragödie in komplizierterer Weise wieder auf: Wie soll man die Wiedergeburt einer tragischen Kultur denken? Handelt es sich dabei tatsächlich um die Wiederherstellung des Griechentums, also einer »Herrschaft der Kunst über das Leben« (ÜWL 2, 383)? Und scheint sie nicht im Lichte der Schrift *Über Wahrheit und Lüge* auch das Risiko eines Rückfalls in einen Naturzustand mit sich zu bringen, in dem der Preis für die künstlerische Freiheit in einer äußersten Lebensunsicherheit besteht? Oder ist die Wiedergeburt des Tragischen durch die Fiktionen der Kunst jener »Erregung« vorbehalten, mit der der Intellekt seine Saturnalien feiert, ohne zu *schaden*, bei der er also gebunden bleibt an die Voraussetzungen der Sicherheit, aus denen heraus das System der Abstraktionen entstanden ist und deretwegen es aufrechterhalten wird?

b) Der Unzeitgemäße

Gerade in diese zuletzt angedeutete Richtung scheint sich das Denken Nietzsches in den ersten Jahren in Basel zu bewegen.

Menschliches, Allzumenschliches, mit dem seine zweite, die reife Zeit seiner Philosophie beginnt (und das die Distanzierung von Wagner und Schopenhauer deutlich macht), stellt also keine plötzliche und unvorhergesehen Wendung dar. In diesem Buch spricht er von einem kulturspezifischen »Doppelgehirn«. Jede höhere Kultur müsse dem Menschen »gleichsam zwei Hirnkammern geben, einmal um Wissenschaft, sodann um Nicht–Wissenschaft zu empfinden: neben einander liegend, ohne Verwirrung trennbar, abschliessbar: es ist diess eine Forderung der Gesundheit.« (MAM I, 251, 213) Diese Auffassung wird, wenn auch weniger ausdrücklich, bereits in der Schrift *Über Wahrheit und Lüge* entwickelt.

Die Wiedergeburt einer tragischen Kultur, an die Nietzsche in seinen Jugendschriften denkt, soll sich mithin in Form einer »Revolution« vollziehen, bei der die Kunst eine entscheidende Funktion übernimmt. Während sie jedoch in der Schrift über die Tragödie noch nicht ausreichend bestimmt wird, erscheint sie in den Werken der Jahre unmittelbar darauf an die Funktion einer *Kritik* der Kultur gebunden. Diese kritische Einstellung der Kultur gegenüber einer Zivilisation der sokratischen Dekadenz führt jedoch nicht zur Hypothese eines revolutionären Umsturzes. Sie sucht sich vielmehr begrifflich anders zu definieren, und gerade darin besteht die Aufgabe der *Unzeitgemäßen Betrachtungen*. Der Begriff des Unzeitgemäßen, auf dem ihr Titel insistiert, verweist auf die Problematik dieses Verhältnisses. Der unzeitgemäße Denker, als den sich Nietzsche begreift, arbeitet nicht unmittelbar an der Grundlegung einer anderen Kultur, in der seine Thesen »zeitgemäß« werden könnten. Er arbeitet vielmehr »gegen die Zeit und dadurch auf die Zeit und hoffentlich zu Gunsten einer kommenden Zeit« (UB II, Vorwort 243). Doch daß eine kommende Zeit wirklich die Position des Kulturmenschen gegenüber der Gesellschaft verändert, erscheint bei Nietzsche ganz und gar unabsehbar: Sowohl in der zweiten *Unzeitgemäßen Betrachtung* wie vor allem in jenem Manifest über die Beziehungen von Kultur und Gesellschaft, also der dritten Betrachtung *Schopenhauer als Erzieher*, erscheinen die Begriffe *Kultur* und *Zivilisation* als eine radikale Alternative. Beide Begriffe hat Nietzsche in den Notizen seiner letzten Jahre einander ausdrücklich entgegengesetzt (vgl. z.B. NF 1888–1889, VIII, 3, 16 [10], 281f.). Er benutzt sie entsprechend der Bedeutung, die sie später in der deutschen *Kulturkritik* zu Beginn des 20. Jahrhunderts annehmen sollten.[17] Sowohl die zweite wie auch die dritte *Unzeitgemäße Betrachtung* enden nicht mit dem Entwurf einer *Zivilisation*, die im Gegensatz stünde zu jener uns bekannten dekadenten, sondern mit einem Aufruf an die Kräfte der *Kultur*, die *in* dieser *Zivilisation* »kritische« Momente repräsentieren. Es sind dies jene »überhistorischen« oder ewigen Mächte, von denen am Schluß der zweiten *Unzeitgemäßen Betrachtung* die Rede ist (UB II, 10, 327), oder die Figuren des Heiligen, des Künstlers und des Philosophen, von denen Nietzsche in *Schopenhauer als Erzieher* spricht. Diese Figuren stellen – zusammen mit der Kunst Wagners, von der sich Nietzsche später distanziert – die einzigen Möglichkeiten einer Wiedergeburt der tragischen Kultur in der zeitgenössischen Welt dar. In ihnen allen verwirklicht sich zwar die in der *Geburt der Tragödie* entworfene »Metaphysik des Künstlers«, aber sie beginnt zugleich auch schon, sich aufzulösen und zu verschwinden. Die zweite und dritte der *Unzeitgemäßen Betrachtungen* sind weniger wegen ihrer theoretischen »Konstruktionen« als vielmehr unter folgenden zwei Gesichtspunkten für das Schaffen des jungen Nietzsche von Bedeutung: Zum einen nähern sie sich der Auflösung der ursprünglich konzipierten »Metaphysik des Künstlers«, indem sie nachweisen, daß sie sich nur in einer Theorie der *Kultur* als Kritik eher, denn als Alternative zur *Zivilisation* fortentwickeln läßt. Zum anderen verdeutlichen sie die Ziele dieser Kritik, indem sie die Grundlagen der Entwicklung von Nietzsches reifem Denken in einem »dekonstruktiven« Sinn legen.

Die zweite *Unzeitgemäße Betrachtung* aus dem Jahre 1874 *Vom Nutzen und Nachteil der Historie für das Leben* ist besonders faszinierend, obwohl sie (stärker vielleicht noch als andere Schriften Nietzsches) mehr Probleme und Fragen aufwirft und stellt, als sie löst und beantwortet. Ihre Faszination läßt sich vor allem an ihrem Einfluß auf das europäische Denken des 20. Jahrhunderts ablesen (wenn man nur an Martin Heidegger und Walter Benjamin denkt[18]). Nietzsche geht es in dieser Schrift um eine Kritik des Historismus; also um ein keinesfalls marginales Phänomen; denn offensichtlich setzt sich die große Philosophie dieses Jahrhunderts oft polemisch mit dem Historismus auseinander. Die zweite *Unzeitgemäße Betrachtung* ist im Rahmen der Werke Nietzsches insofern problematisch, als sie sich nur schwer als Endpunkt einer Entwicklung oder als Vorbereitung späterer Thesen – etwa der Lehre von der ewigen Wiederkehr – begreifen läßt, mit der man sie jedoch eigentlich in Verbindung bringen müßte. Es erscheint dagegen zumindest ebenso wahrscheinlich, daß Nietzsche in den folgenden Werken nach und nach die antihistoristischen Thesen der *Unzeitgemäßen Betrachtung* über die Historie zurückgenommen hat. Möglicherweise ging er dabei so weit, daß die Behauptung in einem seiner verwirrten Briefe (aus Turin vom 6. oder 5. Januar 1889), »daß im Grund jeder Name in der Geschichte ich bin«, als logischer Schluß auf dem Weg zur Wiederaufnahme jenes Historismus interpretiert werden kann, der 1874 zum Ziel seiner Polemik wurde.

Unabhängig von diesen Entwicklungen, auf die später einzugehen sein wird, erscheint die zweite *Unzeitgemäße Betrachtung* als erste grundsätzliche Kritik einer der vorherrschenden Geistesrichtungen der Kultur des 19. Jahrhunderts (neben dem naturwissenschaftlichen Positivismus, den Nietzsche bereits in der *Geburt der Tragödie* angegriffen hatte). Der Historismus war nicht so sehr in seiner metaphysischen, der Hegelschen Form, sondern vielmehr in Form der Geschichtsschreibung charakteristisch für die Bildung der Menschen des 19. Jahrhunderts. Nietzsche geht aus von der Feststellung, daß ein Mensch oder eine Kultur, die sich der Geschichtlichkeit ihrer Handlungen voll und ganz bewußt wären, über keinen Antrieb und keine Fähigkeit mehr verfügten, etwas Neues in der Geschichte hervorzubringen. Geschichtlich ist in der Tat, was sich aus einem zuvor Gewesenen »ergibt« und den Platz freimacht, für etwas Kommendes. Geschichtlich ist mithin einfach jeder Punkt auf einer Linie, der sich allein aus der Beziehung zu anderen Punkten bestimmen läßt. Während diese Beziehung ihn konstituiert, löst sie ihn zugleich auch wieder auf. Wenn das Wissen von der Geschichte ein Individuum oder (wie im 19. Jahrhundert) eine Kultur beherrscht, nehmen deren schöpferische Kräfte ab. Denn es erscheint unsinnig und unnütz, sich dem Entwurf dessen zu widmen, was über kurz oder lang im unaufhaltbaren Lauf der Geschichte ohnehin verschwinden muß. Und diese Geisteshaltung bezeichnet Nietzsche als historische Krankheit.

Diese historische Krankheit hängt, auch bei Hegel, mit der Entwicklung der christlichen Weltsicht zusammen. Das *memento mori* der mittelalterlichen Religiosität konkretisiert sich in der Geschichtsschreibung des 19. Jahrhunderts im diffusen Bewußtsein eines Epigonentums, das nicht glaubt, unter der Sonne könne je etwas Neues geschehen, das vielmehr denkt, alles werde unaufhaltsam geboren und zunichte (vgl. UB II, 8, 301f.). Der Vorsehungsglaube Hegels ist, Nietzsche zufolge, nichts anderes als ein Umkippen dieses Epigonentums in die Behauptung, sich nicht am Ende, sondern auf dem Gipfel des Geschichtsprozesses zu befinden. Dieser erscheint dann als ein rational bestimmbarer Verlauf von Ereignissen (auch im Sinne von Sokrates, der die Möglichkeit eröffnet hat, die Welt wie die Geschichte als rationale Gesamtheit zu betrachten); ferner erscheint er gemäß der Bestimmung Benjamins, der sich auf Nietzsche bezieht, definitiv als die »Geschichte der Sieger«.[19] Das skeptische Epigonentum und der (hegelianische, positivistische, evolutionistische) Anspruch (der Europäer des 19. Jahrhunderts), der Endpunkt des historischen Prozesses zu sein, vermischen sich ununterscheidbar im Bewußtsein dieses Jahrhunderts. Ein wesentlicher Faktor für die Durchsetzung dieser geistigen Einstellung ist das enorme Anwachsen des positiven Wissens über die vergangene Geschichte gerade im 19. Jahrhundert. Den Menschen dieser Zeit steht mehr Erkenntnismaterial über die Vergangenheit zur Verfügung, als sie aufnehmen oder verdauen können. Dieser Stoff liegt ihnen im Magen und führt zu jenem »Mangel an Stil«, aus dem ihre Dekadenz im Grunde besteht. Wenn nämlich das Wissen über die Vergangenheit nicht aufgenommen und verdaut wird, entsprechen Inneres und Äußeres einander nicht mehr. Die Formen, die die Menschen des 19. Jahrhunderts ihren Hervorbringungen in den einzelnen Künsten verleihen, indem sie sie einer Vergangenheit entlehnen, die sie wie eine Art Vorratskammer oder Theaterfundus behandeln, haben dann keine organische, notwendige Beziehung mehr zu ihrem Inneren. Der Überschuß an historischen Kenntnissen und Wissensbeständen führt zur Unfähigkeit, neue Formen hervorzubringen und zu dem noch schlimmeren »Heilmittel« dieses Übels und dieser Unfähigkeit, zum historischen Eklektizismus.

Aber nicht nur das Übermaß an Geschichtsschreibung hat zur Entstehung dieser Situation beigetragen. Die Vorherrschaft der Geschichte im Erziehungswesen hat sich auch direkt auf die Ausbildung von Arbeitskräften ausgewirkt:

> »Die Menschen sollen zu den Zwecken der Zeit abgerichtet werden, um so zeitig als möglich mit Hand anzulegen; sie sollen in der Fabrik der allgemeinen Utilitäten arbeiten, bevor sie reif sind, ja damit sie gar nicht mehr reif werden – weil dies ein Luxus wäre, der ›dem Arbeitsmarkte‹ eine Menge von Kraft entziehen würde [...] Der junge Mensch wird durch alle Jahrtausende gepeitscht: Jünglinge, die nichts von einem Kriege, einer diplomatischen Action, einer Handelspolitik verstehen, werden der Einführung in die politische Geschichte für würdig befunden. So aber wie der junge Mensch durch die Geschichte

läuft, so laufen wir Modernen durch die Kunstkammern, so hören wir Concerte.« (UB II, 7, 295)

Neben diesen Aufgaben bei der raschen Ausbildung von Arbeitskräften entwickelt die Geschichtsschreibung auch etwas Spektakuläres, das der modernen, durch ein Übermaß an historischem Bewußtsein geschwächten Persönlichkeit immer neue Reize verschafft.

Der moderne Mensch, so schreibt Nietzsche, läßt

»sich fortwährend das Fest einer Weltausstellung durch seine historischen Künstler bereiten [...] Er ist zum genießenden und herumwandelnden Zuschauer geworden [...] Noch ist der Krieg nicht beendet, und schon ist er in bedrucktes Papier hunderttausendfach umgesetzt, schon wird er als neuestes Reizmittel dem ermüdeten Gaumen der nach Historie Gierigen vorgesetzt.« (UB II, 5, 275)

Damit sieht Nietzsche ein charakteristisches Zeichen der Massenkultur voraus, die sich im 20. Jahrhundert entwickeln wird.

All das sind die Schäden, die ein Übermaß an Geschichtsschreibung in einer Gesellschaft anrichtet. In der Tat braucht das Leben ein »Vergessen", einen umgrenzten Horizont, einen bestimmten Grad an Unbewußtheit. Das aber soll nicht heißen, daß ein Bewußtsein der Vergangenheit keinerlei Nützlichkeit für das Leben besäße. Denn gerade diese Nützlichkeit tritt in drei »positiven« Formen in Erscheinung, in denen Nietzsche ein Studium der Geschichte für möglich hält: in der monumentalen, der antiquarischen und der kritischen Geschichtsschreibung. Keine dieser drei Formen, und das gilt es festzuhalten, fällt mit der Einstellung zusammen, welche die Geschichtsschreibung des 19. Jahrhunderts beherrscht. Denn keine von ihnen sucht in der Vergangenheit nach einem »logischen Verlauf« der Ereignisse, dessen Erkenntnis zur Rechtfertigung der Gegenwart diente, zur Ausbildung von Arbeitskräften oder zur Kultivierung jenes Sinns für den unaufhaltsamen Fluß aller menschlichen Dinge (das *memento mori*).

»In dreierlei Hinsicht gehört die Historie dem Lebendigen: sie gehört ihm als dem Thätigen und Strebenden, ihm als dem Bewahrenden und Verehrenden, ihm als dem Leidenden und der Befreiung Bedürftigen.« (UB II, 2, 254)

Auf diesen drei Erfordernissen gründen sich die drei dem Leben nützlichen Arten der Historie. Sie bringen auch Gefährdungen mit sich, die dadurch zu bekämpfen sind, daß jede der drei Arten durch den Eingriff der beiden anderen begrenzt wird. Aber

neben diesen drei nicht schädlichen Arten, sich durch Geschichtsschreibung mit der Vergangenheit in Beziehung zu setzen (die die Grundlage der späteren »Wiederaufnahme« des *Historismus* durch Nietzsche bilden, auf die wir bereits verwiesen
haben), kann die zeitgenössische Kultur zur Genesung von der
historischen Krankheit und der Dekadenz nur von den überhistorischen oder ewigen Mächten der Kunst und der Religion
Hilfe erwarten (vgl. UB II, 10, 326ff.). Der Rückgriff auf diese
Mächte wird jedoch in Nietzsches Schrift theoretisch nicht ausdrücklich vollzogen. Es handelt sich bei ihm um einen bloßen
Appell. Eindeutig soll dagegen die Dekadenz verlassen werden
durch die Herstellung einer vitalen Beziehung zur Vergangenheit – sei sie nun antiquarisch, monumental oder kritisch –, die
zur Reife des Individuums, statt zu dessen Reduktion auf eine
Arbeitskraft in der Fabrik oder auf einen Konsumenten von
Festveranstaltungen beitragen soll. Doch angesichts der Klarheit und Eindeutigkeit der destruierenden Bestimmungen erscheinen die konstruktiven Aspekte der Schrift über die Historie bestenfalls als eine Sammlung von Forderungen, die weithin
unbestimmt bleiben.

Im Sinne einer Kultur, die wesentlich eher als Kritik statt ausdrücklich als alternatives Ideal zur *Zivilisation* aufgefaßt wird,
spricht auch die dritte *Unzeitgemäße Betrachtung* (die gegen
Ende des Jahres 1874 erschien) über *Schopenhauer als Erzieher*.
Wie der Titel erkennen läßt, handelt es sich nicht um eine Darstellung von Schopenhauers Philosophie, sondern dieser wird
als Denker und – wie wir sagen würden – als exemplarische Gestalt eines Intellektuellen aus Nietzsches eigener Zeit vorge-
stellt. Gesehen wird Schopenhauer vor allem im Gegensatz zu
den gelehrten Staatsfunktionären, jenen besoldeten Universi-
tätsprofessoren, die keine Philosophie lehren dürfen, welche
die Ruhe des Staates stören könnte. Aber eine im wahrsten
Sinne des Wortes kultivierte Philosophie ist den Institutionen
gegenüber notwendig kritisch eingestellt; sie bringt jedenfalls
keine Bürger hervor, die den Zielen des Staates unterwürfig ent-
gegenkämen. Folglich ist die einzige »Philosophie«, die an den
Universitäten unterrichtet werden darf, eine Geschichte der
philosophischen Lehrmeinungen der Vergangenheit, die bei
den Studenten Ungenügen und Langeweile weckt und sich jeder
Erziehungsfunktion im Sinne einer Kritik des Bestehenden ent-
schlägt. Die Schrift über Schopenhauer greift also aus auf eine
allgemeine Darstellung des Verhältnisses der Kultur zu den Institutionen, also nicht nur zum Staat, sondern auch zur Welt der

Wirtschaft und der Wissenschaft, die insgesamt zu den Feinden der Kultur zählen. Sie nähert sich damit den Positionen von Jacob Burckhardt, den Nietzsche in Basel persönlich gekannt hat und von dem er zweifellos beeinflußt worden ist.[20] Deutlich ist jedoch, daß diese Position mit den Voraussetzungen der *Geburt der Tragödie* in Verbindung steht; sie löst deren Ansprüche und zugleich die der zweiten *Unzeitgemäßen Betrachtung* ein. Ausdrücklicher als die Arbeit über den *Nutzen und Nachteil der Historie* betont die Schrift über *Schopenhauer als Erzieher*, daß für Nietzsche die Wiedergeburt einer tragischen Kultur sowohl etwas zu tun hat mit einer Wiedergeburt der Kunst (und wohl auch des Mythos und der Religion) als auch mit einer Steigerung der *Kritik*fähigkeit gegenüber dem Bestehenden. Wie Nietzsches Verherrlichung der Gestalt des Philosophen neben der des Künstlers und des Heiligen zeigt, entfaltet sich diese Kritik als andächtige Suche nach der *Wahrheit*, auch wenn es sich dabei nicht um die Wahrheit des Wissenschaftlers handelt. Denn von ihm unterscheidet sich ein Philosoph durch die Fähigkeit, die Nietzsche für dessen wesentliches Kennzeichen hält, sich nicht auf die Anhäufung partikularen Wissens zu beschränken, sondern stattdessen eine »Intuition des Ganzen« zu besitzen, eine Art von wissender »Weisheit«, welche die gesamte Existenz im Blick hält.

Wenn das kritische Element für die Wiedergeburt einer tragischen Kultur zentrale Bedeutung besitzt, so entfernt sich damit das Ideal einer solchen Wiedergeburt von dem der dionysisch-apollinischen Schönheit, die im zweiten Abschnitt *Über Wahrheit und Lüge* beschrieben wird. Die dritte *Unzeitgemäße Betrachtung* bezeichnet »eine milde Abendmüdigkeit« als »das, was die Menschen ›die Schönheit‹ nennen«. Sie ruht auf dem Gesicht derer, die eine »grosse *Aufklärung* über das Dasein« erfahren haben (UB III, 5, 376). Diese Schönheit, die zweifellos nicht die des überschäumenden Lebens eines wiedergefundenen dionysischen Elements ist, ist darum aber auch noch nicht die eines nostalgischen Blicks zurück. Aufschlußreich sind in diesem Zusammenhang jene Seiten der dritten *Unzeitgemäßen Betrachtung*, auf denen Nietzsche folgendes schreibt:

»Es giebt drei Bilder des Menschen, welche unsre neuere Zeit hinter einander aufgestellt hat und aus deren Anblick die Sterblichen wohl noch für lange den Antrieb zu einer Verklärung ihres eignen Lebens nehmen werden: das ist der Mensch Rousseau's, der Mensch Goethe's und endlich der Mensch Schopenhauer's.« (UB III, 4, 365)

Der erste appelliert impulsiv an unsere eigene Natur; er will alle Fesseln und Ketten sprengen und uns zu Revolutionen antreiben. Der Mensch Goethes dagegen »hasst jedes Gewaltsame, jeden Sprung – das heisst aber: jede That; und so wird aus dem Weltbefreier Faust gleichsam nur ein Weltreisender.« (UB III, 4, 366) Er ist »der beschauliche Mensch im hohen Stile, der nur dadurch auf der Erde nicht verschmachtet, dass er alles Grosse und Denkwürdige, was je da war und noch ist, zu seiner Ernährung zusammen bringt« (UB III, 4, 366f.). Wenn der Mensch Rousseaus immer Gefahr läuft, ein »Catilinarier« zu werden, dann läuft der Goethes Gefahr, zum »Philister« zu werden (UB III, 4, 367). »*Der Schopenhauerische Mensch*« dagegen »*nimmt das freiwillige Leiden der Wahrhaftigkeit auf sich*« (UB III, 4, 367). Er darf zu recht als kritischer Geist bezeichnet werden, der sich zwingt, »alles zu erkennen« wie der Mensch Goethes, aber mit einer heroischen Wahrheitsliebe, die ihn auch zwingt, sich selbst zu opfern.

Wie schon am Ende der *Geburt der Tragödie* und der zweiten *Unzeitgemäßen Betrachtung* wird auch hier das »positive« Ideal, obwohl es asketisch und heroisch aufgeladen erscheint, nicht systematisch definiert. Neben der nachdrücklichen Konfrontation der Philosophie mit jeder Form von Institutionalisierung und neben der Polemik gegen die Wissenschaft als Angelegenheit von Spezialisten ohne umfassende Weltsicht wird schon hier gerade auch der Wissenschaft jene Aufmerksamkeit zuteil, die in *Menschliches, Allzumenschliches* verstärkt auftritt. Im Gegensatz zur Leere, zum Dogmatismus und zur Unverständlichkeit der akademischen Philosophie behauptet Nietzsche: »Ohne Zweifel ist man jetzt auf der Seite der einzelnen Wissenschaften logischer, behutsamer, bescheidner, erfindungsreicher, kurz es geht dort philosophischer zu als bei den sogenannten Philosophen« (UB III, 8, 416). Obwohl es sich hier um nicht mehr als einen Hinweis handelt, scheint Nietzsche zu bemerken, daß die Gegner, mit denen die Philosophie zu rechnen hat (und zwar die gute vielleicht nicht weniger als die schlechte Philosophie), die Naturwissenschaften und die Geschichtswissenschaft sind. Trotz aller Vorbehalte ihnen gegenüber setzt Nietzsche sich in der Periode seines Schaffens, die mit *Menschliches, Allzumenschliches* beginnt, mit ihnen auseinander. Sie interessieren ihn sowohl als Formen des Wissens wie auch im Hinblick auf ihre Implikationen für die Organisation der Gesellschaft, und er ist bereit, die eigene Auffassung von den Aufgaben der Philosophie im Verhältnis zu beiden Bereichen neu zu definieren.

II. Die Dekonstruktion der Metaphysik

1. Kunst und Wissenschaft in »Menschliches, Allzumenschliches«

Wir haben bereits darauf hingewiesen, daß vor allem nach 1961, dem Jahr der Veröffentlichung von Heideggers Buch über Nietzsche, die Nietzsche-Forschung sich insbesondere auf das Spätwerk konzentriert hat sowie auf jene postum veröffentlichten Fragmente, die Nietzsche selbst, zumindest vorübergehend, in einem Werk unter dem Titel *Der Wille zur Macht* hatte versammeln wollen. In diesen Schriften kündigen sich die großen ontologische Thesen Nietzsches an, die Heidegger als dessen *Haupttitel* bezeichnet.[1] Doch eine gewisse Distanzierung von Heideggers Interpretation hat die Nietzsche-Literatur der letzten Jahre veranlaßt, die Probleme in einem anderen Licht zu sehen. Denn die philosophischen Thesen Nietzsches (auch die, denen Heideggers besondere Aufmerksamkeit galt) gewinnen, wie sich zeigt, ihren Sinn zum einen aus Nietzsches intellektueller Biographie, zum anderen aus jenem Bild von ihm, das wir uns als Leser nur vor dem Hintergrund seiner »Kulturkritik« machen können. Diese Kulturkritik entfaltet Nietzsche in den Werken, die gewöhnlich seiner »mittleren« Schaffensperiode zugerechnet werden (vgl. Kap. III). Die »philologischen« Anfänge von Nietzsches Karriere wirkten sich nämlich nicht nur oder vor allem auf »methodischem« Gebiet aus. (Noch wenn der späte Nietzsche meint, »mit dem Hammer zu philosophieren«, so klingt darin seine philologische Ausbildung nach. Denn es soll dabei nicht darum gehen, Idole zu zerschlagen, sondern sie vielmehr auf die Probe zu stellen, sie gleichsam auszukultieren und den Hammer wie eine Stimmgabel zu verwenden: GD VI, 3, Vorwort 51.) Vor allem aber hat sich Nietzsches philologische Ausbildung in einer engen Verbindung seiner philosophischen Thesen mit seiner Kulturkritik niedergeschlagen. Diese Verbindung – die wohl als charakteristisches Merkmal eines Großteils der Philosophie und insbesondere des hermeneutischen Denkens in unserem Jahrhundert gelten darf – findet ihren besonderen Ausdruck in der Idee des *Nihilismus*, der eine der »metaphysischen« Auffassungen des späten Nietzsche ist und zugleich ein unverkennbares Deutungsmuster in der Geschichte des europäischen Denkens darstellt. Die Werke Nietzsches aus den letzten Jahren in Basel und den ersten Jahren seines Herumziehens als »Ruheständler« – also seit dem ersten Band von *Menschliches, Allzumenschliches* bis zum Beginn der Arbeit am *Zarathustra* – beschäftigen sich in einer eigentümlich dichten Verknüpfung philosophischer Deutungen sowohl mit der allmählichen Entwicklung ontologischer Thesen wie mit einer Kritik der Kultur. Daher läßt sich auch mit guten Gründen die Auffassung vertreten, daß die in der Philosophie vorherrschende Konzentration auf die Schriften des späten Nietzsche übertrieben sein mag und Gefahr läuft, sich manche Besonderheiten von Nietzsches Philosophie entgehen zu lassen, die in der immer neu zu erforschenden Verbindung von Reflexionen über die Entwicklung der europäischen Kultur und dem Denken über das Sein bestehen. Diese Verbindung von Philosophie und Kulturkritik war schon eindeutig in den Jugendwerken Nietzsches vorhanden, wie sich am Dualismus von Dionysischem und Apollinischem in der *Geburt der Tragödie* ablesen läßt. Doch in den Werken seiner zweiten Schaffensperiode erreicht die Philosophie Nietzsches einen besonderen Gehalt, der in den Jugendschriften fehlt oder zumindest noch wenig sichtbar ist. Denn in ihnen zeichnet sich eine vollständige Abhängigkeit von der Metaphysik Schopenhauers ab sowie eine gewisse, noch nicht aufgelöste Uneinheitlichkeit miteinander unvereinbarer Positionen.[2] *Menschliches Allzumenschliches* bezeichnet eindeutig den Übergang zu einer neuen Schaffensphase. Symptomatisch dafür ist, daß in dieser Schrift der Bruch Nietzsches mit Wagner vollzogen wird.

Was Wagner an diesem Werk sofort beeindruckte und was auch dem heutigen Leser im Vergleich zu den vorhergehenden Schriften Nietzsches unmittelbar auffällt, ist die neue Einstellung Nietzsches zur Kunst. Zwar gibt es auch hier schon, wie wir gesehen haben, Vorwegnahmen in den Arbeiten aus Nietzsches ersten Baseler Jahren. Doch es handelt sich dabei um eher marginale Elemente, und noch die dritte *Unzeitgemäße Betrachtung* begreift die Wissenschaft als einen der großen Feinde jeder wahren Kultur. In *Menschliches, Allzumenschliches* dagegen scheint sich das Bild umzukehren. Es gibt hier keine »Metaphysik des Künstlers« mehr, keine Hoffnung, daß die Kunst uns aus der Dekadenz herauszuführen vermöchte. Selbst der Begriff der Dekadenz wird problematisch wie im übrigen auch das globale Verdammungsurteil über die moderne Zivilisation.

In *Menschliches, Allzumenschliches*, dem in der Erstausgabe eine Widmung an Voltaire vorangestellt ist, zeigt Nietzsche ein allgemein »aufklärerisches« Engagement, auch wenn sich bei näherem Hinsehen (vor allem in Bezug auf den Fortschrittsglauben) Gründe für eine Distanzierung von der Aufklärung finden lassen.

Zur Bestimmung dieser neuen Positionen trugen entscheidend Nietzsches neue Bekanntschaften, seine Lektüre während der Baseler Jahre und das Erlebnis der Musik Richard Wagners bei. Dieses Erlebnis hat er am umfassendsten und nicht frei von kritischen Spitzen in der vierten *Unzeitgemäßen Betrachtung*, die 1876 erschien, *Richard Wagner in Bayreuth*, dargestellt. Durch seine Beziehungen zu Wagner und dessen Anhängern entdeckte Nietzsche, daß das Projekt einer Wiedergeburt der tragischen Kultur auf der Grundlage von Wagners Opernschaffen praktisch nicht zu verwirklichen war. Das Erlebnis der Bayreuther Festspiele, die Wagner 1876 zur besseren Darstellung seiner Opern im eigenen Festspielhaus durchführte, machte Nietzsche die Grenzen eines derartigen Unternehmens als einer »ästhetischen Revolution« deutlich.[3] Doch das Erlebnis des sozusagen »wahren Wagnertums« mit all seinen persönlichen und mehr als persönlichen Aspekten war nur ein Element im Reifungsprozeß seiner Baseler Jahre. Daneben (und fast noch wichtiger) sind Nietzsches neue Freundschaften und kulturellen Interessen. Da ist einmal die enge Verbindung mit dem Historiker und Theologen Franz Overbeck, dem anhänglichsten und treuesten Freund Nietzsches bis hin zu den Tagen seiner geistigen Erkrankung. (Es war Overbeck, der 1889 Nietzsche in Turin aufsuchte, als dessen Erkrankung ausgebrochen war, und der ihn zurückbrachte in die Schweiz.) Zu nennen ist ferner die persönliche Bekanntschaft mit Jacob Burckhardt, der ohne Zweifel entscheidenden Einfluß sowohl auf die Thesen der zweiten *Unzeitgemäßen Betrachtung* wie auf Nietzsches Zurücknahme seiner Hoffnung auf die Wiedergeburt einer tragischen Kultur hatte. In Basel hatte Nietzsche auch Gelegenheit zu intensiverem Kontakt mit den Naturwissenschaften durch die Lektüre einschlägiger Schriften. Seine Biographen haben sein lebhaftes Interesse an naturwissenschaftlichen Werken in jener Zeit dokumentiert. Zwischen 1873 und 1874 entlieh er aus der Bibliothek mehrmals die *Naturphilosophie* von Boscovich sowie geschichtliche Darstellungen der Chemie und physikalische Abhandlungen. Ferner las er von Johann Karl Friedrich Zöllner dessen 1871 erschienenes Buch *Über die Natur der*

Kometen. Beiträge zur Geschichte und Theorie der Erkenntnis
schon im Jahre 1872 sowie die Schriften von Ludwig Rütimeyer, eines neo-lamarckianischen Paläontologen, der ebenfalls an der Universität Basel lehrte.[4] Von Bedeutung für das Denken Nietzsches seit *Menschliches, Allzumenschliches* ist auch jene Lektüre, die ein Interesse an einer »positiven« Analyse des Menschen und der Kultur erkennen läßt. Sie reicht von Edward Burnett Tylors *Primitive culture: researches into the development of mythology, philosophy, religion, art and custom* (einem der Werke, mit denen die Kulturanthropologie am Ende des 19. Jahrhunderts beginnt und das Nietzsche 1875 vier Jahre nach seinem Erscheinen las) bis zu den großen französischen Moralisten, Montaigne, La Rochefoucauld, Chamfort, Fontenelle und Pascal.[5]

Was Nietzsche aus diesen Anregungen gewinnt, findet seinen Niederschlag in den Arbeiten der folgenden Jahre, von *Menschliches, Allzumenschliches* über *Morgenröte* bis hin zur *Fröhlichen Wissenschaft*. Schematisch läßt es sich zusammenzufassen als Ende der »Metaphysik des Künstlers«, als Problematisierung des Konzepts der Dekadenz, als neue Darstellung der Beziehungen von Kunst, Wissenschaft und Kultur sowie als Verzicht auf das Ideal einer Wiedergeburt der tragischen Kultur.

Die Kunst hat, so schreibt Nietzsche in *Menschliches, Allzumenschliches*, den Nachteil, eine »überwundene« Phase der Bildung der Menschheit darzustellen. Diese Bildung wird als ein Aufklärungsprozeß gedacht, in dem heute der Wissenschaft eine beherrschende Rolle zukommt:

>*Die Kunst als Todtenbeschwörerin.* Die Kunst versieht nebenbei die Aufgabe zu conserviren, auch wohl erloschene, verblichene Vorstellungen ein Wenig wieder aufzufärben; sie flicht, wenn sie diese Aufgabe löst, ein Band um verschiedene Zeitalter und macht deren Geister wiederkehren. Zwar ist es nur ein Scheinleben wie über Gräbern, welches hierdurch entsteht, oder wie die Wiederkehr geliebter Todten im Traume, aber wenigstens auf Augenblicke wird die alte Empfindung noch einmal rege und das Herz klopft nach einem sonst vergessenen Tacte. Nun muss man wegen dieses allgemeinen Nutzens der Kunst dem Künstler selber es nachsehen, wenn er nicht in den vordersten Reihen der Aufklärung und der fortschreitenden *Vermännlichung* der Menschheit steht: er ist zeitlebens ein Kind oder ein Jüngling geblieben und auf dem Standpuncte zurückgehalten, auf welchem er von seinem Kunsttriebe überfallen wurde; Empfindungen der ersten Lebensstufen stehen aber zugestandenermaassen denen früherer Zeitläufte näher, als denen des gegenwärtigen Jahrhunderts.

Unwillkürlich wird es zu seiner Aufgabe, die Menschheit zu verkindlichen; diess ist sein Ruhm und seine Begränztheit.« (MaM I, 147, 144f.)

Ähnlich spricht der vorangegangene Aphorismus 146 bei der Erkenntnis der Wahrheit dem Künstler »eine schwächere Moralität« zu als dem Denker. Um die Voraussetzungen der Wirksamkeit seiner Kunst zu bewahren, muß er das Leben im wesentlichen mythisch deuten, also an dessen Emotionalität, am Sinn für das Symbolische und an einer Öffnung zum Phantastischen festhalten. Wenn er diese Sicht des Lebens auf Dauer stellen will, wird sie für ihn »wichtiger, als die wissenschaftliche Hingebung an das Wahre in jeder Gestalt, erscheine diese auch noch so schlicht.« (MaM I, 146, 144) Diese regressive Einstellung des Künstlers hängt nicht so sehr oder nicht ausschließlich mit dem Umstand zusammen, daß die Kunst notwendig die Wahrheit der Dinge durch das »Symbolische« verdecken muß. Sie ist vielmehr darauf zurückzuführen, daß die Kunst zu ihrer eigenen Entfaltung eine bestimmte Welt und eine bestimmte Kultur nötig hat. Denn die Zeiten und Welten, in denen die Kunst besonders üppig blüht, sind die heftiger Emotionen, eines Glaubens an Götter und Geister, den die Wissenschaft nicht teilt (MaM I, 159, 151). Was die Kunst unzeitgemäß macht (und gewiß denkt Nietzsche hier an die Kunst Wagners) ist nicht so sehr ihr abstrakter Gegensatz zur Wissenschaft als der Form einer wahreren und umfassenderen Erkenntnis, sondern die Veränderung ihrer allgemeinen Voraussetzungen in der Gesellschaft. Durch diese Veränderung, die mit der Selbstbehauptung der Wissenschaft zusammenhängt, entsteht eine Situation, in der die Kunst als ein Faktum der Vergangenheit erscheint. Von dieser Veränderung der Gesellschaft spricht auch eine Stelle im zweiten Band von *Menschliches, Allzumenschliches*, der Aphorismus 170 aus *Der Wanderer und sein Schatten* über »Die Kunst in der Zeit der Arbeit«. Dort ist die Rede von der allgemeinsten »Thatsache, durch welche die Stellung der Kunst zum Leben verändert ist« (WS 170, 261). Zurückzuführen ist sie auf die Durchsetzung einer auf Arbeit gegründeten gesellschaftlichen Organisation, in der die Kunst nur der »Freizeit« vorbehalten bleibt, die zugleich die Zeit der Müdigkeit und der Zerstreuung ist. Daher ergibt sich für die Kunst die Notwendigkeit, sich zu vergröbern und sich mit dem Volk gemein zu machen. Selbst die große Kunst muß, um die Aufmerksamkeit des Publikums zu wecken, das ihr nur die Abendstunden widmen kann, zurückgreifen auf Erregungen, »Betäubungen, Berauschungen, Erschütterungen, Thränenkrämpfe« (WS 170, 261f.). Viele dieser Bestimmungen tauchen in späteren Schriften Nietzsches als Vorwürfe gegen Wagners Opern wieder auf.

Auch wenn es in bezug auf die Ergebnisse seiner Überlegungen keinen großen Unterschied macht, bleibt es doch bemerkenswert, daß Nietzsche sich nicht aus rein erkenntnistheoretischen Gründen auf die Seite der Wissenschaft gegen die Kunst schlägt (wobei dann die Wissenschaft die Dinge zu erkennen, die Kunst sie zu symbolisieren und zu phantasieren hätte). Unter dem Gesichtspunkt der »Kulturkritik« dürfen wir sagen: Die Kunst braucht, um auf den Geist der Menschen zu wirken, eine Welt, die nicht mehr die unsere ist. Wenn sie sich in unserer Welt am Leben erhalten will, muß sie die Vergangenheit beschwören und heute artifiziell erneut jene Voraussetzungen schaffen, die ihr in anderen Epochen Aktualität verliehen haben. Diese Voraussetzungen lassen sich nicht so sehr als größere oder geringere Objektivität ihres Wissens beschreiben, sondern durch die Gewalt ihrer Leidenschaften, durch die Wandelbarkeit ihrer Stimmungen, durch ihre kindliche Heftigkeit und Unbilligkeit (vgl. MaM I, 151).

Folglich beurteilt Nietzsche in *Menschliches, Allzumenschliches* auch die Wissenschaft nicht als objektive Erkenntnis der Wirklichkeit, sondern bewertet sie aufgrund der geistigen Einstellungen, die sie mit sich bringt. Sie ist die Grundlage einer reiferen, letztlich weniger leidenschaftlichen und gewalttätigen Kultur. Auf keiner Seite von *Menschliches, Allzumenschliches* schreibt Nietzsche ihr die Fähigkeit zu, eine objektive Erkenntnis der Dinge zu liefern. So beschreibt etwa der Aphorismus 19 die Irrtümer und willkürlichen Annahmen, auf denen die Möglichkeiten des Zählens und Rechnens beruhen (und mithin die mathematische Struktur der Naturwissenschaften). Die Geltung naturwissenschaftlicher Annahmen wird damit jedoch nicht in Zweifel gezogen, denn die Irrtümer, auf denen unsere Berechnungen beruhen, bleiben mehr oder weniger konstant. Nietzsche beruft sich hier auf Kant, den er radikal phänomenalistisch interpretiert, indem er die transzendentalen Strukturen drastisch auf eine »Aufsummirung einer Menge von Irrthümern des Verstandes« reduziert (MaM I, 19, 37). Auf diese Irrtümer gründet sich die Vorstellung der Welt, die wir haben und mit der auch die Wissenschaft arbeitet:

»Das, was wir jetzt die Welt nennen, ist das Resultat einer Menge von Irrthümern und Phantasien, welche in der gesammten Entwickelung der organischen Wesen allmählich entstanden [...] Von dieser Welt der Vorstellung vermag uns die strenge Wissenschaft thatsächlich nur in geringem Maasse zu lösen – wie es auch gar nicht zu wünschen ist –, insofern sie die Gewalt uralter Gewohnheiten der Empfindung nicht wesentlich zu brechen vermag.« (MaM I, 16, 33)

Sie kann uns also nicht, über die Erscheinungen hinaus, zum Ding an sich führen, das aus eben diesem Grund, wie Nietzsche gegen Schopenhauer und Kant glaubt, »eines homerischen Gelächters werth ist« (MaM I, 16, 34). Die Wissenschaft kann nur »die Geschichte der Entstehung jener Welt als Vorstellung ganz allmählich und schrittweise aufhellen – und uns wenigstens für Augenblicke über den ganzen Vorgang hinausheben« (MaM I, 16, 33 f.).

Wenn sich daher auch die Wissenschaft nur im Bereich der Vorstellungen bewegt, also innerhalb jener durch die Geschichte der Lebewesen und des Menschen konsolidierten Irrtümer, dann ist ihr Unterschied zur Kunst nicht in ihrer größeren Objektivität und Wahrheit zu suchen. Schon in *Menschliches, Allzumenschliches* und noch eindeutiger in der *Morgenröte* und der *Fröhlichen Wissenschaft* erscheint sie eher als Modell und methodisches Ideal. Sie gilt als eine Tätigkeit, die eine bestimmte psychische Einstellung herbeizuführen vermag, die unabhängig von ihren im engeren Sinn erkenntnisbezogenen Ergebnissen geschätzt wird. Wahrscheinlich gilt auch für den Mann der Wissenschaft, was Nietzsche in den Aphorismen 501 und 547 der *Morgenröte* schreibt. Daß die Erkenntnis für uns wie für künftige Generationen nicht mehr als etwas zu denken ist, von dem das Heil unserer Seele abhinge, auf das wir verpflichtet sind. Damit ist der Weg frei zu einer großen Gemeinschaftsarbeit der Wissenschaft und zur Aufmerksamkeit auf die kleinen Dinge und Nuancen – d.h. für all jene Phänomene, von denen die Entwicklung der positiven und spezialisierten Wissenschaften abhängt. »›Was liegt an mir!‹ – steht über der Thür des künftigen Denkers.« (M 547, 322) Der Glaube an die Unsterblichkeit der Seele, der vergangenen Epochen teuer war, machte von der Erkenntnis der Wahrheit der Dinge das ewige Seelenheil abhängig. Heute dagegen, wo dieser Glaube überwunden ist, darf das Rätsel der Wirklichkeit nicht voreilig von jedem gelöst werden. Die Menschheit als ganze kann »jetzt Aufgaben von einer Grossartigkeit in's Auge fassen, welche früheren Zeiten als Wahnsinn und Spiel mit Himmel und Hölle erschienen sein würden.« (M 501, 298)

Zum Horizont dieser Gedanken und Erwartungen gehört auch der letzte Teil des ersten Bandes von *Menschliches, Allzumenschliches* (wobei wir insbesondere an den Aphorismus 635 denken). Deutlich wird hier, daß Nietzsche sich von der Wissenschaft kein wahreres Bild der Welt erwartet, sondern eher ein Denkmodell, das nicht fanatisch ist, sich auf methodische Verfahren einläßt sowie nüchtern und »objektiv« in dem Sinn verfährt, daß es außerhalb des unmittelbaren Drucks der Interessen und Leidenschaften urteilsfähig bleibt. Dieses Denkmodell bezeichnet er auch als das eines »freien Geistes«.

All das jedoch läßt die Rede von der Kunst als einer Erscheinung der Vergangenheit ein wenig zweideutig werden und bringt Bewegung in das »aufklärerische« Bild der Erkenntnistheorie in diesen Werken Nietzsches. Ihre Zweideutigkeit läßt sich an einer Reihe von Themen nachweisen, die in *Menschliches, Allzumenschliches* auftauchen und in späteren Schriften eine größere Rolle spielen. Gezeigt wird in der Tat, wie Kunst und Wissenschaft sich nicht deshalb voneinander unterscheiden, weil die eine reines Spiel der Phantasie, die andere dagegen kalte Erkenntnis der Dinge an sich wäre. Sie unterscheiden sich vielmehr darin, daß in der Wissenschaft eine größere Freiheit, Ausgeglichenheit und Nüchternheit des Menschen der Welt gegenüber zutage tritt. Doch diese Aspekte sind auch für die ästhetische Einstellung wichtig. So heißt es z.B. am Ende des Aphorismus 16 in *Menschliches, Allzumenschliches*, die Wissenschaft könne sich nicht aus der Welt der Vorstellungen befreien, dem Ergebnis einer langen Geschichte von Irrtümern, die dem Menschen zur zweiten Natur geworden seien. Sie könne uns nur helfen, »uns wenigstens für Augenblicke über den ganzen Vorgang« hinauszuheben und uns zu der Entdeckung verhelfen, daß »das Ding an sich eines homerischen Gelächters werth ist« (MaM I, 16, 34). Dieses Gelächter dessen, der sich für Augenblicke über all jene Irrtümer zu erheben vermag, aus denen die Welt unserer Vorstellungen entsteht, ist dasselbe, von dem später im Aphorismus 213 die Rede ist. Dort wird das Lachen hervorgerufen durch die augenblickliche Freude am Unsinn, die die Kunst bereitet, wenn sie für einen Moment die ehernen Gesetze der gewohnten Vorstellungen von der Welt außer Kraft setzt. Von hier aus läßt sich Nietzsches Behauptung verstehen, der zufolge »der wissenschaftliche Mensch [...] die Weiterentwicklung des künstlerischen ist« (MaM I, 222, 188), auch wenn im Kontext dieses Aphorismus die These in ihrer Geltung ausdrücklich enger gefaßt ist: Die Kunst, so heißt es dort, hat uns gelehrt, »Lust am Dasein zu haben und das Menschenleben wie ein Stück Natur, ohne zu heftige Mitbewegung, als Gegenstand gesetzmässiger Entwickelung anzusehen« (MaM I, 222, 187). Gerade diese Einstellung kehrt im Bedürfnis des wissenschaftlichen Menschen nach Erkennis wieder. In entwickelterer Form lebt in ihm das Interesse und das Vergnügen erneut auf, das uns die Kunst über Jahrhunderte hinweg gelehrt hat, das Leben in all seinen Erscheinungsformen zu betrachten. Gerade dieses Interesse und Vergnügen bringen wir der Entwicklung von Irrtümern entgegen, aus denen die Welt der Vorstellungen entsteht, wenn wir uns für einen Augenblick über sie erheben. Diese lange Erziehung durch die Kunst hat die Wissenschaft und den freien Geist vorbereitet, und beide müssen der Kunst dafür dankbar sein.

»*Unsere letzte Dankbarkeit gegen die Kunst.* – Hätten wir nicht die Künste gut geheissen und diese Art von Cultus des Unwahren erfunden: so wäre die Einsicht in die allgemeine Unwahrheit und Verlogenheit, die uns jetzt durch die Wissenschaft gegeben wird – die Einsicht in den Wahn und Irrthum als in eine Bedingung des erkennenden und empfindenden Daseins –, gar nicht auszuhalten. Die *Redlichkeit* würde den Ekel und den Selbstmord im Gefolge haben. Nun aber hat unsere Redlichkeit eine Gegenmacht, die uns solchen Consequenzen ausweichen hilft: die Kunst, als den *guten* Willen zum Scheine. Wir verwehren es unserm Auge nicht immer, auszurunden, zu Ende zu dichten; und dann ist es nicht mehr die ewige Unvollkommenheit, die wir über den Fluss des Werdens tragen – dann meinen wir, eine *Göttin* zu tragen und sind stolz und kindlich in dieser Dienstleistung. Als ästhetisches Phänomen ist uns das Dasein immer noch *erträglich*, und durch die Kunst ist uns Auge und Hand und vor Allem das gute Gewissen dazu gegeben, aus uns selber ein solches Phänomen machen zu *können*. Wir müssen zeitweilig von uns ausruhen, dadurch, dass wir auf uns hin und hinab sehen und, aus einer künstlerischen Ferne her, *über* uns lachen oder *über* uns weinen; wir müssen den *Helden* und ebenso den *Narren* entdecken, der in unsrer Leidenschaft der Erkenntniss steckt, wir müssen unsrer Thorheit ab und zu froh werden, um unsrer Weisheit froh bleiben zu können! Und gerade weil wir im letzten Grunde schwere und ernsthafte Menschen und mehr Gewichte als Menschen sind, so thut uns Nichts so gut als die *Schelmenkappe*: wir brauchen sie vor uns selber – wir brauchen alle übermüthige, schwebende, tanzende, spottende, kindische und selige Kunst, um jener *Freiheit über den Dingen* nicht verlustig zu gehen, welche unser Ideal von uns fordert. Es wäre ein *Rückfall* für uns, gerade mit unserer reizbaren Redlichkeit ganz in die Moral zu geraten und um der überstrengen Anforderungen willen, die wir hierin an uns stellen, gar noch selber zu tugendhaften Ungeheuern und Vogelscheuchen zu werden. Wir sollen auch *über* der Moral stehen *können*: und nicht nur stehen, mit der ängstlichen Steifigkeit eines Solchen, der jeden Augenblick auszugleiten und zu fallen fürchtet, sondern auch über ihr schweben und spielen! Wie könnten wir dazu der Kunst, wie des Narren entbehren? – Und so lange ihr euch noch irgendwie vor auch selber *schämt*, gehört ihr noch nicht zu uns!« (FW 107, 140f.)

Hier taucht neben anderen ein Thema wieder auf, das schon in der *Geburt der Tragödie* von zentraler Bedeutung war: die Kunst erscheint als einzige Macht, die fähig ist, das Leben erträglich zu machen. Doch die Bedeutung dieses Themas ist hier eine ganz andere: Es geht hier nicht mehr, dem Vorbild Schopenhauers folgend, darum, dem Chaos des Willens in eine Welt abgeschlossener Formen zu entfliehen, die insgesamt dem Kampf um das Leben entzogen ist, der die Welt der Vorstellungen beherrscht, Es geht vielmehr darum, sich das Wissen von der Unvermeidlichkeit jener Irrtümer erträglich zu machen, auf die das Leben und die Erkenntnis gegründet sind, und dabei anzuerkennen, daß dies die einzige Quelle der Schönheit und des Reichtums unserer Existenz ist. Der *ganzen* Welt der Vorstellungen und nicht bloß der Welt der Kunst kommt jetzt die »Positivität« jener künstlerischen Vorstellungen zu, von denen die *Geburt der Tragödie* sprach. Paradoxerweise führt diese Generalisierung der Erscheinungen (»dass das Ding an sich eines homerischen Gelächters werth ist«) zu einem Bündnis von Wissenschaft und Kunst. Die Wissenschaft hat die Aufgabe, zum einen die Welt der Vorstellungen methodisch zu erkennen und zum anderen den Prozeß zu erkennen, durch den diese Welt sich konstituiert (mithin auch das Bewußtsein ihrer Irrtümer). Die Kunst dagegen hat die Aufgabe, den Helden und Narren in uns am Leben zu halten und der Wissenschaft dabei behilflich zu sein, das Bewußtsein unserer notwendigen Irrtümer zu ertragen. Dieses Irrtumsbewußtsein unterscheidet Nietzsches Konzeption der Wissenschaft von der des Positivismus. Mehr noch als die Einzelergebnisse unserer Erkenntnis stellt es die Bedeutung der Wissenschaft für den menschlichen Fortschritt dar. Die Wissenschaft ist gerade darum reifer als die Kunst, weil sie deren Erbe antritt und fortentwickelt. Das Verhältnis von Wissenschaft und Kunst, wie es Nietzsche in *Menschliches, Allzumenschliches* und in den folgenden Werken jener Zeit konzipiert, erscheint im Bild des »Doppelgehirns«: Ihm zufolge

»muss eine höhere Cultur dem Menchen ein Doppelgehirn, gleichsam zwei Hirnkammern geben, einmal um Wissenschaft, sodann um Nicht-Wissenschaft zu empfinden: neben einander liegend, ohne Verwirrung, trennbar, abschliessbar; es ist diess eine Forderung der Gesundheit. Im einen Bereiche liegt die Kraftquelle, im anderen der Regulator: mit Illusionen, Einseitigkeiten, Leidenschaften muss geheizt werden, mit Hülfe der erkennenden Wissenschaft muss den bösartigen und gefährlichen Folgen einer Ueberheizung vorgebeugt werden.« (MaM I, 251, 213)

Es handelt sich hier (wie in den oben zitierten Texten) nicht um eine Trennung von Bereichen oder unterschiedlichen »Arten«, sich der Wirklichkeit anzunähern. Kunst und Wissenschaft sind einander in der Einstellung eines reifen Menschen zur Welt komplementär. Und wenn sie unter dem Gesichtspunkt ihrer Gleichzeitigkeit und Aktualität einmal als Kraftquelle und das anderemal als Regulator erscheinen, so ist ihr engster Zusammenhang durch ihren gemeinsamen Ursprung gegeben, aufgrund dessen die Wissenschaft nur eine spätere, reifere Fortentwicklung jenes Triebs ist, dem schon die Kunst ihren Ursprung verdankt. Wie sich binnen kurzem zeigen wird, hat der strukturelle Gesichtspunkt für Nietzsche eine unvergleichlich geringere Bedeutung als ein genealogischer oder genetischer.

2. Die Selbstunterdrückung der Moral

Auch wenn, wie wir gesehen haben, der Gegensatz von Wissenschaft und Kunst nicht einmal in *Menschliches, Allzumenschliches* so vollständig und radikal ist, wie es auf den ersten Blick erscheinen mag, hofft Nietzsche nun nicht mehr auf die Wiedergeburt einer tragischen Kultur, die sich auf die Kunst und in gewisser Weise auch auf eine Wiederaufnahme des Mythos gründet. Von den Figuren, die Nietzsche in *Schopenhauer als Erzieher* als mögliche »Erlöser« der Kultur genannt hatte, treten der Heilige und der Künstler jetzt entschieden in den Hintergrund, während der Philosoph, der mit einer dem Wissenschaftler geläufigen Methode in dessen Geist arbeitet, eine zentrale Stellung einzunehmen beginnt. Wenn Nietzsche mit *Menschliches, Allzumenschliches* in einem bestimmten Sinn zur tragischen Epoche der Griechen zurückzukehren beabsichtigt, dann will er dabei doch eine »*Chemie der Begriffe und Empfindungen*« entwerfen (wie es in der Überschrift des ersten Aphorismus dieses Werks

heißt). Die philosophischen Probleme nehmen für ihn jetzt
»dieselbe Form der Frage an, wie vor zweitausend Jahren: wie
kann Etwas aus seinem Gegensatz entstehen, zum Beispiel Ver-
nünftiges aus Vernunftlosem, Empfindendes aus Todtem, Logik aus Unlogik, interesseloses Anschauen aus begehrlichem
Wollen, Leben für Andere aus Egoismus, Wahrheit aus Irrthümern?« (MaM I, 1 19) Gerade dies hatten die ältesten Philosophen noch vor der Entstehung der Metaphysik zu bestimmen
versucht, als sie nach den einfachen Elementen der Dinge frag-
ten, durch die ihre Unterschiedlichkeit und Vielgestaltigkeit
aufgrund ihrer jeweils anderen Zusammensetzung erklärt werden konnten. Die Metaphysik, die sich dann in der europäischen Kultur durchsetzte, leugnete, daß die Dinge aus ihrem
Gegenteil abzuleiten seien. Sie nahm z.B. an, daß die als »höher« eingeschätzten Werte nur von oben oder aus einem ge-
heimnisvollen »Ding an sich« kommen konnten.

> »Die historische Philosophie dagegen, welche gar nicht mehr ge-
> trennt von der Naturwissenschaft zu denken ist, die allerjüngste aller
> philosophischen Methoden, ermittelte in einzelnen Fällen (und ver-
> muthlich wird diess in allen ihr Ergebniss sein), dass es keine Gegen-
> sätze sind ausser in der gewohnten Übertreibung der populären oder
> metaphysichen Auffassung [...] nach ihrer Erklärung giebt es, streng
> gefasst, weder ein unegoistisces Handeln, noch ein völlig interesselo-
> ses Anschauen, es sind beides nur Sublimirungen, bei denen das
> Grundelement fast verflüchtigt erscheint und nur noch für die feinste
> Beobachtung sich als vorhanden erweist.« (MaM I, 1, 19f.)

Die »historische« Philosophie, die mit der Methode der »Chemie« arbeitet, ist jenes Wissen, das, wie es im Aphorismus 16
von *Menschliches, Allzumenschliches* heißt, »die Geschichte der
Entstehung jener Welt als Vorstellung ganz allmählich und
schrittweise aufhellen« kann, um sich »wenigstens für Augenblicke über den ganzen Vorgang hinauszuheben.« (MaM I, 16,
33f.) Auch wenn nur die *Morgenröte* im Untertitel »die moralischen Vorurteile« ausdrücklich erwähnt, geht es bei der gesamten chemischen »Dekonstruktion«[6] in den Werken dieser Zeit
vor allem um die Moral. Diese wird in einem globalen Sinn als
Unterwerfung des Lebens unter jene vorgeblich transzendenten
Werte verstanden, die jedoch ihre Wurzeln im Leben selbst haben. Zu einem so weit gefaßten Begriff der Moral gehören auch
die Irrtümer der Metaphysik und Religion, ja selbst die Kunst
erscheint – wie schon gezeigt wurde – in *Menschliches, Allzumenschliches* zutiefst mit jener Welt der Moral verbunden,
die es zu dekonstruieren gilt.

Der Gebrauch der Kategorie der Moral zur Bezeichnung aller »höheren« geistigen Formen ergibt sich jedoch nicht nur aus einer weiten und unbestimmten Verwendung dieses Beriffs. An der Wurzel aller, auch der religiösen und metaphysischen Vorurteile steht für Nietzsche das Problem des »praktischen« Verhältnisses des Menschen zur Welt, und in diesem Sinn hat alles Geistige mit der Moral als Praxis zu tun. Diese Reduzierung und Vereinheitlichung ist im übrigen eine Voraussetzung und zugleich das Ergebnis der »chemischen« Analyse von *Menschliches, Allzumenschliches* und der übrigen Werke aus jener Zeit. Die Analysen Nietzsches, die oft unter Verwendung sehr verschiedenartiger Materialien durchgeführt werden, zeigen, daß nach Nietzsches Auffassung die Wahrheit selbst nichts weiter ist als eine Art von Stütze und Verstärkung einer bestimmten Lebensform. Der einleitende Aphorismus von *Menschliches, Allzumenschliches* unternimmt den ersten Schritt und macht die allgemeine Richtung von Nietzsches Kritik der Moral deutlich: Alles, was sich als überlegen und transzendent ausgibt, alles schließlich, was wir als wertvoll bezeichnen, ist nichts weiter als ein durch Sublimierung entstandenes Produkt »menschlich allzumenschlicher« Faktoren. Und dies nicht in dem Sinn, daß die moralischen Werte und die Handlungen, die sich aus ihnen ergeben, nur bewußte Lügen jener wären, die diese Werte predigen und ihnen entsprechend handeln. In ihnen treten vielmehr Irrtümer zutage, zu denen man sich auch guten Glaubens bekennen kann (vgl. M 103, 89f.). Sowohl als System von Vorschriften wie als ein durch Werte inspirierter Komplex von Handlungen und Verhaltensweisen wie schließlich generell als Weltanschauung ist die Moral auf »Irrtümern« aufgebaut. Gerade darin zeigen sich die Ergebnisse von Nietzsches »chemischer« Analyse, daß ausgerechnet diese Irrtümer der Welt und dem Dasein des Menschen Reichtum und Tiefe verliehen haben.

Der erste und grundlegende Irrtum der Moral besteht in dem Glauben, es könne *moralische Handlungen* geben. Denn dies setzt vor allem voraus, daß das Subjekt ein ausreichendes Bewußtsein davon hat, was denn sein Handeln ist. Selbst Schopenhauer, der uns doch die Welt der Vorstellungen als »Schleier der Maja«, als eine Gesamtheit von Erscheinungen zu sehen gelehrt hat, die ein nicht-darstellbares Ding an sich verbergen, hat geglaubt, Handlungen könnten angemessen erkannt und beurteilt werden. Doch was für die Welt der Erscheinungen, für die äußeren Dinge gilt, gilt auch für die Innenwelt des Subjekts. Tatsache ist, daß das intellektuelle Bewußtsein einer Handlung und

41

sogar des Werts, den sie für uns hat, niemals genügt, um sie auszuführen. Unzweideutig zeigt uns das unsere Erfahrung. Mithin kommen bei einer Handlung andere Faktoren ins Spiel, die nicht Gegenstand unserer Erkenntnis sein können.

> »Wir haben so viel Mühe gehabt, zu lernen, dass die äusseren Dinge nicht so sind, wie sie uns erscheinen, – nun wohlan! mit der inneren Welt steht es ebenso! Die moralischen Handlungen sind in Wahrheit ›etwas Anderes‹, – mehr können wir nicht sagen: und alle Handlungen sind wesentlich unbekannt.« (M 116, 107)

Wenn diese phänomenalistische Bemerkung jedes mögliche Urteil in ein zweifelhaftes Licht rückt, so kann sie doch nicht die Herrschaft der Moral insgesamt treffen: Denn auch die Religionsethik des Christentums akzeptiert prinzipiell die Vorstellung, daß Handlungen nicht abschließend zu bewerten sind – es sei denn von Gott. Die übrigen Aspekte von Nietzsches Kritik der Moral lassen sich nicht durchweg zu einer systematischen Gesamtheit verbinden, sondern sind eher ungeordnet zusammengestellt, auch wenn sie weitere wichtige Punkte moralischer Irrtümer berühren. Denn nicht nur läßt sich ein Handeln niemals bewerten, weil es nicht zu erkennen ist, sondern selbst die Möglichkeit einer moralischen Bewertung unterstellt, daß ein Handeln frei gewählt wird, was ja gerade nicht geschieht oder sich zumindest nicht beweisen läßt. Die Leugnung einer Willensfreiheit, die in den Texten dieser Zeit häufig wiederkehrt, ergibt sich einigermaßen logisch aus der Negation der Erkennbarkeit von Handlungen. Es zeigt sich darin nur die andere Seite desselben Phänomens. Wenn nicht einmal der Handelnde ein klares Bewußtsein dessen hat, was sein Handeln begründet, dann ist seine Entscheidung für dieses Handeln niemals voll und ganz frei. Wenn sich andererseits das Handeln in seinen vielfältigen Faktoren der Bewußtseinsherrschaft des Subjekts entzieht, dann ist dies nur eine Konsequenz aus dem Umstand, daß es sich ihm tatsächlich entzieht. In die Handlungen eines Menschen spielen Elemente hinein, die seinem Bewußtsein entgehen, weil sie außerhalb seiner Kontrolle liegen und umgekehrt (vgl. hierzu MaM I, 107, 101ff.).

Die »historische Philosophie«, welche die Geschichte der moralischen Empfindungen rekonstruiert, enthüllt die Moral als Irrtum. (Sie ist das Thema des zweiten Teils von *Menschliches, Allzumenschliches*, der mit dem bereits zitierten Aphorismus 107 schließt.) Diese Geschichte zeigt Nietzsche zufolge, daß der Mensch insgesamt motiviert ist »durch den Trieb der

Erhaltung oder, noch genauer, durch die Absicht auf Lust und Vermeidung der Unlust« (MaM I, 99, 93). Zu recht ließe sich hier einwenden, daß diese These möglicherweise gegen das Prinzip der Unerkennbarkeit von Handlungen verstößt; denn sie scheint ein durchaus erkennbares Motiv von Handlungen zu unterstellen, eben den »Trieb der Erhaltung« oder »die Absicht auf Lust und Vermeidung der Unlust«. Es fällt schwer, diesen »Widerspruch« in der Philosophie Nietzsches aufzuheben oder zu entkräften. Sowohl der »Trieb der Erhaltung« wie »die Absicht auf Lust und Vermeidung der Unlust« bleiben in der Folge bei der Untersuchung einzelner Phänomene so formal (fast »transzendental«), daß sie sich nicht mit irgendeinem spezifischen Inhalt füllen lassen. Auch sie bleiben also grundsätzlich unerkennbar. Dann aber würde es darum gehen, festzustellen, bis zu welchem Grad die Unerkennbarkeit von Handlungen für ein handelndes Subjekt – woraus die Unmöglichkeit einer freien Entscheidung und mithin ein moralischer Determinismus folgen – sozusagen eine Unerkennbarkeit zweiten Grades impliziert, die den Philosophen daran hindert, von Moral zu sprechen. Wir können also zugeben, daß hier für den Zusammenhang und die Folgerichtigkeit von Nietzsches Denken ein Problem besteht, dessen Tragweite jedoch nicht überschätzt werden darf.

Im übrigen stellt der Determinismus durchaus nicht den Endpunkt von Nietzsches Kritik der Moral dar. Immer deutlicher wird mit der Entwicklung dieser Kritik, worum es hier nach Nietzsches Auffassung der »Wissenschaft« geht. Ihr Problem ist nicht, sich aus der Welt der Erscheinungen zu befreien, um ein letztes Prinzip zu erreichen (und damit eine möglicherweise »wahre« Beschreibung der Mechanismen des Handelns), sondern einen Gesichtspunkt zu erlangen, von dem aus der Gesamtprozeß zu überblicken ist, in dem sich die Erscheinungen konstituieren, zur Geltung bringen und entwickeln. Im Hinblick auf dieses Programm besitzt Nietzsches Denken, wie groß seine Widersprüche auch immer sein mögen, unleugbar einen Zusammenhang und eine Folgerichtigkeit. Am Grund der Moral etwas auszumachen wie einen »Trieb der Erhaltung« oder die »Absicht auf Lust«, bedeutet keineswegs, die Quelle eines moralischen Werts in stabilen, *nicht gewordenen* Strukturen des Seins selbst anzugeben – also in jenen Strukturen, die seit jeher der traditionellen, metaphysischen oder religiösen Moral zur Rechtfertigung ihrer Systeme von Vorschriften gedient haben. Der »Trieb der Erhaltung« und die »Absicht auf Lust« sind formbare Kräfte, die es gerade gestatten, die Moral als Verlauf und Prozeß zu betrachten. Vor allem aber eröffnen sie die Möglichkeit, auch moralische Werte als »geworden« anzusehen. Und genau darauf kann die von einer »historischen Philosophie« gespeiste »Chemie« (eines Wissens von der Vielfältigkeit der menschlichen Kulturen) nicht verzichten. Die »Wissenschaft« beruht in *Menschliches, Allzumenschliches* gerade auf der Anstrengung, den Prozeß, ja die vielfältigen Prozesse zu rekonstruieren, die zur Entstehung und Entwicklung einer moralischen Welt mit all ihren Nuancen und Täuschungen (die Nietzsche bei den französischen Moralisten so meisterhaft geschildert findet) geführt haben, ausgehend allein vom »Trieb der Erhaltung« sowie von der »Absicht auf Lust und Vermeidung der Unlust«. In diesem (und nur in diesem) Sinn braucht auch bei Nietzsche die Wissenschaft ein vereinheitlichendes Prinzip. Es funktioniert jedoch nicht als Fundament, auf das sich etwas »gründet« und das uns deshalb beruhigt, weil es uns glaubwürdig bekräftigt, wie die Dinge sind. Es funktioniert vielmehr als Ausgangspunkt eines Prozesses, der sich in seiner Vielgestaltigkeit und in seinem wachsenden Reichtum nur dem zu erkennen gibt, der sich mit ihm bewegt (vgl. M 44, 47f.).

Die moralische Welt gestaltet sich ausgehend von dem einzigen Prinzip der Erhaltung und der Lust über eine Vielzahl von Mechanismen, die Nietzsche in seinen Aphorismen auf immer neue Weise beschreibt. Die Sublimierung, aufgrund derer man vom »Trieb der Erhaltung« und der »Absicht auf Lust« wie der Flucht vor dem Schmerz zu heroischem Handeln, zum Selbstopfer, zum Altruismus, also zu all jenen Handlungen gelangen kann, die Schopenhauer wie Wunder erschienen, weil sie »unmöglich und doch wirklich« sind, diese Sublimierung ist möglich aufgrund einer »Selbstzertheilung des Menschen«, der, um die Ziele seiner Selbsterhaltung und Lust noch stärker verfolgen zu können, sie als autonome Gegenstände unabhängig von sich konstituiert.

»*Moral als Selbstzertheilung des Menschen.* – Ein guter Autor, der wirklich das Herz für seine Sache hat, wünscht, dass Jemand komme und ihn selber dadurch vernichte, dass er dieselbe Sache deutlicher darstelle und die in ihr enthaltenen Fragen ohne Rest beantworte. Das liebende Mädchen wünscht, dass sie die hingebende Treue ihrer Liebe an der Untreue des Geliebten bewähren könne. Der Soldat wünscht, dass er für sein siegreiches Vaterland auf dem Schlachtfeld falle: denn in dem Siege seines Vaterlandes siegt sein höchstes Wünschen mit. Die Mutter giebt dem Kinde, was sie sich selber entzieht, Schlaf, die

beste Speise, unter Umständen ihre Gesundheit, ihr Vermögen. –
Sind das Alles aber unegoistische Zustände? Sind diese Thaten der
Moralität *Wunder*, weil sie, nach dem Ausdrucke Schopenhauer's,
›unmöglich und doch wirklich‹ sind? Ist es nicht deutlich, dass in all
diesen Fällen der Mensch *Etwas von sich*, einen Gedanken, ein Verlangen, ein Erzeugniss mehr liebt, als *etwas Anderes von sich*, dass er
also sein Wesen *zertheilt* und dem einen Theil den anderen zum Opfer
bringt? Ist es etwas *wesentlich* Verschiedenes, wenn ein Trotzkopf
sagt: ›ich will lieber über den Haufen geschossen werden, als diesem
Menschen da einen Schritt aus dem Wege gehn?‹ – Die *Neigung zu Etwas* (Wunsch, Trieb, Verlangen) ist in allen genannten Fällen vorhanden; ihr nachzugeben, mit allen Folgen, ist jedenfalls nicht ›unego-
istisch‹. – In der Moral behandelt sich der Mensch nicht als individuum, sondern als dividuum.« (MaM I, 57, 74)

Doch diese Spaltung, die auch eine Wurzel des religiösen Empfindens darstellt[7] und auf die sich auch alle späteren Kompli-
kationen der Moral, die wir als sado-masochistisch bezeichnen
würden, zurückführen lassen, ist nicht der einzige Mechanis-
mus, den Nietzsche bei der Konstituierung von Werten ausmacht. Ebenso wichtig für die Konstituierung des Ich als Viel-
heit von Individuen, die sich in der Moral zueinander wie
Fremde verhalten, ist die zeitliche Überlagerung und Schich-
tung von Erfahrungen und Gewohnheiten. Wenn diese dem
Einzelnen oder der Gattung im Kampf um die Existenz einmal
nützlich waren, haben sie später zwar ihre Funktion verloren,
sind aber dennoch erhalten geblieben. Der grundlegende Me-
chanismus ist dabei derselbe, den Nietzsche in der Schrift *Über
Wahrheit und Lüge* als den Ursprung der Sprache aus den Metaphern beschrieben hat. Auch hier vergißt ein Individuum entweder, daß etwas nur ein Teil von ihm ist (so kategorisch im Fall
seiner Spaltung) oder, daß bestimmte von der Moral empfoh-
lene Handlungen nur aufgrund eines Zwecks eingefordert werden. (Kant würde hier von »hypothetischen Imperativen« sprechen.)

»*Die Bedeutung des Vergessens in der moralischen Empfindung.* –
Die selben Handlungen, welche innerhalb der ursprünglichen Gesellschaft zuerst die Absicht auf gemeinsamen *Nutzen* eingab, sind später
von anderen Generationen auf andere Motive hin gethan worden: aus
Furcht oder Ehrfurcht vor Denen, die sie forderten oder anempfahlen,
oder aus Gewohnheit, weil man sie von Kindheit an um sich hatte
thun sehen, oder aus Wohlwollen, weil ihre Ausübung überall Freude
und zustimmende Gesichter schuf, oder aus Eitelkeit, weil sie gelobt
wurden. Solche Handlungen, an denen das Grundmotiv, das der

Nützlichkeit, *vergessen* worden ist, heissen dann *moralische*: nicht etwa, weil sie aus jenen *anderen* Motiven, sondern weil sie *nicht* aus bewusster Nützlikeit gethan werden. – Woher dieser *Hass* gegen den Nutzen, der *hier* sichtbar wird, wo sich alles lobenswerthe Handeln um des Nutzens willen förmlich abschliesst? – Offenbar hat die Gesellschaft, der Heerd aller Moral und aller Lobsprüche des moralischen Handelns, allzu lange und allzu hart mit dem Eigen-Nutzen und Eigen-Sinne des Einzelnen zu kämpfen gehabt, um nicht zuletzt *jedes andere* Motiv sittlich höher zu taxiren, als den Nutzen. So entsteht der Anschein, als ob die Moral *nicht* aus dem Nutzen herausgewachsen sei: während sie ursprünglich der Gesellschafts-Nutzen ist, der grosse Mühe hatte, sich gegen alle die Privat-Nützlichkeiten durchzusetzen und in höheres Ansehen zu bringen.« (WS 40, 208f.)

Doch entsprechend dem, was über das keineswegs eindeutige und durchaus nicht reduktionistische Prinzip der Erhaltung und der Lustsuche gesagt wurde, gilt es daran zu erinnern, daß auch die moralische Welt vielfarbig ist. Denn sie umfaßt zusätzlich die Religion und die Metaphysik, welche ihrerseits »Welten« von Werten repräsentieren, die sich der Welt der Alltagserfahrung entgegenstellen oder auf sie reagieren. Auch die moralische Welt hat noch andere Quellen als die Selbstzerteilung des Ich und die Schichtungen hypothetischer Imperative, deren ursprünglich rein nützliche Bedeutung später vergessen wurde. Ein wesentlicher Aspekt des Prinzips der Erhaltung und der Lustsuche ist das Bedürfnis nach Sicherheit und Verläßlichkeit, das zur Entstehung der Grundauffassungen der Metaphysik beiträgt. Aus ihnen entwikelt sich, wie das Beispiel der Kausalität zeigt, auch die Wissenschaft. *Menschliches, Allzumenschliches* führt die beiden Grundbegriffe der Metaphysik, also die Idee der Substanz und die des freien Willens, auf die Empfindungen von Lust und Schmerz zurück. Sie sind die Elementarbegriffe, mit denen ein lebender Organismus seine Beziehung zur Umwelt regelt (vgl. Aphorismus 18, in MaM I, 18, 34ff.). Demselben Sicherheitsbedürfnis entspricht auch das abstrakte und verallgemeinernde Denken sowie die Anstrengung, die Dinge »objektiv« zu sehen.

»Desshalb lernen die Thiere sich berherrschen und sich in der Weise verstellen, dass manche zum Beispiel ihre Farben der Farbe der Umgebung anpassen [...] So verbirgt sich der Einzelne unter der Allgemeinschaft des Begriffes ›Mensch‹ oder unter der Gesellschaft [...] Auch jenen Sinn für Wahrheit, der im Grunde der Sinn für Sicherheit ist, hat der Mensch mit dem Thiere gemeinsam: man will sich nicht täuschen lassen, sich nicht durch sich selber irre führen lassen, man hört dem Zureden der eigenen Leidenschaften misstrauisch zu, man bezwingt sich und bleibt gegen sich auf der Lauer; diess Alles versteht das Thier gleich dem Menschen, auch bei ihm wächst die Selbstbeherrschung aus dem Sinn für das Wirkliche (aus der Klugheit) heraus. Ebenfalls beobachtet es die Wirkungen, die es auf die Vorstellung anderer Thiere ausübt, es lernt von dort aus auf sich zurückblicken, sich ›objectiv‹ nehmen« (M 26, 32f.).

Der Idee eines ›objektiven‹ Wissens entspricht auch die Forderung, das *Wesen* von Dingen und Sachverhalten zu erfassen. Die Illusion, zeitlose Wesen und ewige Strukturen zu begreifen, verleiht Sicherheit, weil sie von einer Art Fixpunkt ausgeht, auf den man sich zu stellen vermag (vgl. WS 16, 188f.).

Am Ursprung der anderen Form des moralischen Irrtums, den die Religion darstellt, herrscht nicht nur das Bedürfnis, zu einem festen Punkt zu gelangen, wie etwa zu den von äußeren Umständen getrennten Wesenheiten, sondern zu einer Stabilität, die dem Menschen überlegen ist und mithin höhere Garantien bietet: »Man *bekräftigt* eine Meinung vor sich dadurch, dass man sie als Offenbarung empfindet, man streicht damit das Hypothetische weg, man entzieht sie der Kritik, ja dem Zweifel, man macht sie heilig.« (M 62, 58) Darüber hinaus besteht für eine primitive Geisteshaltung, welche Naturereignisse nicht als die Wirkung einzelner Ursachen anzusehen vermag, die erste Form der Sicherheit darin, alles, was geschieht, als Manifestation eines, *des* göttlichen Willens anzusehen, zu dem man auf irgendeine Weise in Beziehung treten kann (vgl. MaM I, 111, 112–116).

Wenn all diese Mechanismen größtenteils auf einen Trieb der Erhaltung zurückgeführt werden können, so gibt es doch andere, die eher mit der Lustsuche in Verbindung zu stehen scheinen. Die läßt sich, Nietzsche zufolge, definieren als »Gefühl der eignen Macht, der eignen starken Erregung« (MaM I, 104, 99). Dieses zweite Motiv der Sublimierungsprozesse führt zu einer neuen Serie vielfältigerer und noch unbestimmterer moralischer Phänomene, bei denen Moral, Metaphysik, Religion und Kunst nicht mehr als Instrumente der Absicherung in einer ersten Weltorientierung fungieren, sondern als Lustquellen einer Inszenierung und Dramatisierung des Innenlebens.

»Das gewöhnlichste Mittel, welches der Asket und Heilige anwendet, um sich das Leben doch noch erträglich und unterhaltend zu machen, besteht im gelegentlichen Kriegführen und in dem Wechsel von Sieg und Niederlage. Dazu braucht er einen Gegner und findet ihn in dem sogenannten ›inneren Feinde‹. Namentlich nützt er seinen Hang zur

Eitelkeit, Ehr- und Herrschsucht, sodann seine sinnlichen Begierden aus, um sein Leben wie eine fortgesetzte Schlacht und sich wie ein Schlachtfeld ansehen zu dürfen« (MaM I, 141, 134; vgl. FW 353, 271f.)

Eine Dramatisierung des Innenlebens hat darüber hinaus auch ernsthafte negative Konsequenzen, die von den moralischen Mechanismen nicht zu trennen sind. »Wie viel überflüssige Grausamkeit und Thierquälerei ist von jenen Religionen ausgegangen, welche die Sünde erfunden haben!« (M 53, 53)

Die Arbeit einer Dekonstruktion der Ergebnisse von Moral, Metaphysik und Religion löst schließlich auch jenen Ort möglicher Sicherheiten auf, den das menschliche Innere darstellt. Das Bewußtsein ist ein Gebiet, auf dem sich unterschiedliche »Teile« des Ich bekämpfen – ohne daß gesagt werden kann, welches dieser verschiedenen Ichs das authentische ist. Wurde erst einmal der Glaube an die letzte Unmittelbarkeit und Einheit des Ich untergraben, erscheint all das, was der Mensch mit diesem Namen bezeichnet, in einem zweifelhaften Licht. Das Ich ist dann nur noch die Bühne, auf der sich das Drama eines moralischen Lebens abspielt, in dem sich unterschiedliche und einander entgegengesetzte Antriebe bekämpfen. Die Kämpfe, von denen wir meinen, daß sie *unsere* moralischen Entscheidungen heranreifen lassen, führen dazu, daß »man sich endlich für das mächtigste entscheidet – wie man sagt (in Wahrheit aber, bis das mächtigste Motiv über uns entscheidet).« (MaM I, 107, 102) Das Vorhandensein moralischer Imperative in uns, das unsere Persönlichkeit zerteilt, ist nur eine Spur der verschiedenen Schichten unserer Kultur (vgl. den bereits zitierten Aphorismus WS 40). Sogar das Bild von sich, das jeder als Kriterium und Bezugspunkt des eigenen Ich vor Augen hat, wird zumeist von anderen beherrscht:

»Die Allermeisten, was sie auch immer von ihrem ›Egoismus‹ denken und sagen mögen, thun trotzdem ihr Lebenlang Nichts für ihr ego, sondern nur für das Phantom von ego, welches sich in den Köpfen ihrer Umgebung über sie gebildet und sich ihnen mitgetheilt hat« (M 105, 90f.).

Damit wird die angebliche Unmittelbarkeit und »Letztgültigkeit« des Bewußtseins, auf das sich schließlich jede Moral gründet, unhaltbar. Auch das Bewußtsein ist »gemacht« und hervorgebracht, mithin keine letzte Instanz (vgl. FW 335, 240–44, wo Nietzsche eine noch komplexere Argumentation entfaltet, die viele seiner Thesen gegen die »Letztgültigkeit« des Bewußtseins im moralischen Sinn wieder aufnimmt).

Aus all dem aber ergibt sich, daß die chemische Arbeit Nietzsches nicht zu einem ihrer Methode entsprechenden Ergebnis gelangt. Sie schließt nicht mit der Ermittlung letzter Bestandteile und einfacher Komponenten der unterschiedlichen Erscheinungsweisen der Moral. Weder das Bewußtsein noch das Ich, welche das »Subjekt« des Triebs der Erhaltung und der Lustsuche sein sollten, sind letzte, unmittelbare, einfache Elemente. Die »Chemie« erweist sich eher als eine Methode, die es Nietzsche gestattet, »historisch« das Werden von Moral, Metaphysik und Religion zu rekonstruieren. Eine solche Rekonstruktion wird, gerade aufgrund der Ergebnisse dieser Analyse, zu deren einzigem Sinn. Darauf verweist der bereits angeführte Aphorismus aus der *Morgenröte* über »Ursprung und Bedeutung« (M 44, 47f.). Die »Chemie« führt nicht auf Ursprungselemente, sondern diese erweisen sich immer erneut als bereits »zusammengesetzt«. Aber die Verfahren der Zusammensetzung, der Transformation, der Reichtum der Farben und Nuancen, die das geistige Leben der Menschheit – die Irrtümer von Moral, Metaphysik und Religion bis hin zu den Inszenierungen einer religiösen Askese – ausmachen, sind nur zu verstehen, wenn man die Methode einer »chemischen« Analyse anwendet und auf ihre wie immer problematischen Wurzeln zurückgeht. (Das freilich bringt ebenfalls eine besondere Art von Inszenierung mit sich, bei der man sich für einen Augenblick über den Vorgang hinaushebt.) Die Auflösung der Idee der Begründung und eines ersten Prinzips gerade im Verlauf jenes Prozesses, der auf ein solches Prinzip zurückzugehen sucht, bezeichnet Nietzsche als *Selbstunterdrückung der Moral*. Diese Aufgabe überträgt er der *Morgenröte* in der Vorrede von 1886. Allerdings wird sie dem Werk nicht von außen angetragen, ergibt sich also nicht aus neuen Positionen, die Nietzsche während der letzten Jahre eingenommen hatte. Sie bezeugt vielmehr getreulich die Ergebnisse jener Arbeit, die mit der »chemischen« Analyse in *Menschliches, Allzumenschliches* begonnen wurde.

Die Selbstunterdrückung der Moral verweist auf jenen Prozeß, in dem »der Moral das Vertrauen gekündigt« wird – aber »*aus Moralität*!« (M Vorrede 4, 8) Auf der Grundlage der Verpflichtung zur Wahrheit, den die metaphysische und dann die christliche Wahrheit stets gepredigt hat, werden die »Wirklichkeiten«, an die diese Moral geglaubt hat – also Gott, Tugend, Wahrheit, Gerechtigkeit, Nächstenliebe – als unhaltbare Irrtümer erkannt. Weil »*auch wir noch fromm sind*«, so heißt es in einem langen Aphorismus der *Fröhlichen Wissenschaft*, beherrscht uns der Glaube,

»dass auch wir Erkennenden von heute, wir Gottlosen und Antimeta-
physiker, auch *unser* Feuer noch von dem Brande nehmen, den ein
Jahrtausende alter Glaube entzündet hat, jener Christen–Glaube, der
auch der Glaube Plato's war, dass Gott die Wahrheit ist, dass die
Wahrheit göttlich ist ... Aber wie, wenn dies gerade immer mehr un-
glaubwürdig wird, wenn Nichts sich mehr als göttlich erweist, es sei
denn der Irrthum, die Blindheit, die Lüge, – wenn Gott selbst sich als
unsre längste Lüge erweist?« (FW 344, 256 und 259)

Damit freilich ist gerade jener Punkt der Selbstunterdrückung
der Moral erreicht, der zu dem Satz führt: »Gott ist todt«. Verkündet wird dieser Satz zuerst in der *Fröhlichen Wissenschaft*
(FW 108, 145 sowie 125, 158ff.). Getötet worden ist Gott von
den religiösen Menschen aus Frömmigkeit und Andacht (vgl.
FW 357–282).[8] Die Selbstunterdrückung der Moral und der
Tod Gottes tragen bereits Züge jenes Prozesses, den Nietzsche
später auf einer Seite der *Götzendämmerung* zusammenfaßt in
der Überschrift »Wie die ›wahre Welt‹ endlich zur Fabel
wurde« (GD 74; vgl. hierzu weiter unten S. 68/69).

Es handelt sich hier um einen Vorgang, den Nietzsche in Verbindung sieht mit einer Art inneren Logik des moralisch-metaphysischen Diskurses. Aber er hat auch eine »äußere« – Grundlage in der Veränderung der allgemeinen Lebensbedingungen,
die, gerade aufgrund einer durch die Moral eingeführten Disziplin, sich so ändern, daß die Moral schließlich unnütz wird und
daß dabei ihre Überflüssigkeit zutage tritt. Unter anderem
darum kommt bei Nietzsche die Verkündung »Gott ist todt«
nicht einfach nur einer metaphysischen Leugnung seiner Existenz gleich. Denn es handelt sich nicht um eine Aussage über
die »wahre Struktur« der Wirklichkeit, in der Gott nicht existiert, während man ihn für existent hielt. Vielmehr haben sich
die Lebensbedingungen geändert und eine Fabel überflüssig
werden lassen, die in anderen Epochen nützlich und von entscheidender Bedeutung war. Die neuen Voraussetzungen er-
möglichen andere »Fabeln«, ja sogar ein ausdrücklicheres und
seiner selbst bewußteres Fabulieren (vgl. FW 54, 90f. über ein
»Weiterträumen« trotz eines »Bewußtseins vom Scheine«). Die
Selbstunterdrückung der Moral hat nach außen hin das Ziel, die
Existenzunsicherheit innerhalb der Gesellschaft oder in einer
durch die Arbeitsteilung und die Entwicklung der Technik ge-
schaffenen Umwelt zu reduzieren. »Bei einem *weniger gewaltsamen* Charakter des socialen Lebens verlieren die letzten Entscheidungen (über sogenannte ewige Fragen) ihre Wichtigkeit.
Man bedenke, wie selten schon jetzt ein Mensch etwas mit ihnen

zu thun hat.« (NF Juni–Juli 1879, IV, 3, 40 [7], 437) Heute sind »Metaphysik und Philosophie [...] Versuche, sich *gewaltsam* der fruchtbarsten Gebiete zu bemächtigen.« (NF Juni-Juli 1879, IV, 3, 40 [21], 441) Wie gezeigt wurde, hängt im allgemeinen die Entstehung des Glaubens an Gott, an eine Substanz oder an die Willensfreiheit, ja sogar an den Imperativ der Wahrheit mit Gewalt und Unsicherheit zusammen. (Dieser Glaube ist im Bedürfnis verwurzelt, sich im Kampf um das Leben gegen die von den Leidenschaften ausgehenden Täuschungen und Selbsttäuschungen zu schützen.) In einem noch späteren Fragment schreibt Nietzsche:

> »Wir stehen anders zur ›Gewißheit‹. Weil am längsten die Furcht dem Menschen angezüchtet worden ist, und alles erträgliche Dasein mit dem ›Sicherheits-Gefühl‹ begann, so wirkt das jetzt noch fort bei den Denkern. Aber sobald die äußere ›Gefährlichkeit‹ der Existenz zurückgeht, entsteht eine Lust an der Unsicherheit, Unbegrenztheit der Horizont–Linien. Das Glück der großen Entdecker im Streben nach Gewißheit könnte sich jetzt in das Glück verwandeln, überall die Ungewißheit und das Wagniß nachzuweisen. Ebenso ist die Ängstlichkeit des früheren Daseins der Grund, weshalb die Philosophen so sehr die Erhaltung (des ego oder der Gattung) betonen und als Princip fassen; während thatsächlich wir fortwährend Lotterie spielen gegen dies Princip.« (NF 1884, VII, 2, 26 [280], 221f.)

Auch wenn die Freiheit, mit den Erscheinungen zu spielen, sich noch in der Kunst als ein Moment der Festlichkeiten erhält (also beispielsweise der »Saturnalienfeste«, von denen in MaM I, 213, 176 die Rede ist) und wenn der Künstler in uns »den *Helden* und ebenso den *Narren*« nur neben der Weisheit zum Leben erweckt, die sich stattdessen in der Wissenschaft entfaltet (vgl. FW 107, 140), so sind wir in bezug auf den Ernst des Lebens heute in einer anderen Position als frühere Generationen dank der größeren Sicherheit, welche die Organisation der Gesellschaft uns nach und nach durch die auf metaphysisch–moralischen Grundlagen beruhende »Wissenschaft« garantiert. Auch wenn der Glaube an einen notwendigen Fortschritt der Menschheit als metaphysisches Dogma nicht zu akzeptieren ist, können wir die *Möglichkeit* eines Fortschritts durch eigene Erfahrung bezeugen; er zeigt sich nicht zuletzt in einer Verbesserung der äußeren Lebensbedingungen (vgl. MaM I, 24, 41). Und unter diesen neuen Bedingungen einer (zumindest relativen) Sicherheit reift die Möglichkeit einer neuen Existenzweise des Menschen heran, die Nietzsche mit den Namen einer Selbstunterdrückung der Moral, des Todes Gottes oder auch (am Ende von *Menschliches, Allzumenschliches*) einer »Philosophie des Vormittages« bezeichnet (MaM I, 638, 375).

3. Philosophie des Vormittages

In diesem Ausdruck, der am Ende des wunderschönen letzten Aphorismus von *Menschliches, Allzumenschliches* steht, scheint etwas rein »Klimatisches« anzuklingen, höchstens aber eine Metapher, ein schmückendes Bild, das in etwas begrifflich Substantielleres zu »übersetzen« wäre. Deutlich stellt dieses Bild einen symmetrischen Gegensatz zu dem Hegels von der Philosophie als »Eule der Minerva« dar, und wahrscheinlich wollte Nietzsche diesen Gegensatz auch kenntlich machen. Doch diese Metapher läßt sich nicht vollständig auf einen eigentlichen Sinn zurückführen. Denn in den Werken Nietzsches aus dieser Zeit (und mehr noch in den späteren) sind die Anspielungen auf diese »klimatischen« Momente so zahlreich, daß sie auf etwas Bedeutungsvolleres zu verweisen scheinen als auf eine Suche nach literarischen Effekten. Oft ist in ihnen von einem »guten Temperament«, von Gesundheit und Genesung in einer Weise die Rede, daß der Leser von diesen Texten den Eindruck einer eher unbestimmten »geistigen Atmosphäre« statt eines Lehrgebäudes gewinnt, das metaphorisch zum Ausdruck gebracht würde. Dieser Eindruck entspricht ziemlich genau den tatsächlichen Verhältnissen: die kulturkritische und entmystifizierende Philosophie Nietzsches, die er in seiner mittleren Schaffensperiode ausarbeitete, ist eine von positiven Theoriebildungen relativ »freie« Philosophie. Es fehlen in ihr eigentlich jene »Ergebnisse«, die über die Darstellung einer bestimmten »Geisteshaltung« hinausgingen. Zu welchem Ergebnis kann denn ein Demaskierungsunternehmen gelangen, das, nach den Beispielen der Selbstunterdrückung der Moral und des Todes Gottes, schließlich auch noch sich selbst demaskiert, also sein eigenes Motiv eines selbst noch dogmatischen Antriebs zur Wahrheit? Doch nur – aber wirklich: nur? – zu einer künftigen Menschheit, deren Tugend und Krankheit zugleich »der historische Sinn« sein wird (FW 337, 244). Der Geist des Menschen der Zukunft, den Nietzsche mit seiner Philosophie vorbereitet, ist nichts anderes als die gesamte vergangene Geschichte der Menschheit, die, »als *eigene Geschichte*« empfunden wird (a.a.O., 245). Das Gewicht dieser ganzen Vergangenheit zu tragen wissen, sich als Erben auch der Last ihrer Verpflichtung zu fühlen, heißt:

»diess Alles auf seine Seele nehmen, Aeltestes, Neuestes, Verluste, Hoffnungen, Eroberungen, Siege der Menschheit: diess Alles endlich in Einer Seele haben und in Ein Gefühl zusammendrängen: – diess müsste doch ein Glück ergeben, das bisher der Mensch noch nicht kannte, – eines Gottes Glück voller Macht und Liebe, voller Thränen und voll Lachens« (ebda.).

Was für die zweite *Unzeitgemäße Betrachtung* nur eine Krankheit war, die unerträgliche Last einer Vergangenheit, welche die Menschen unfähig machte, eine neue Geschichte zu schaffen, wird hier zum beherrschenden Kennzeichen einer künftigen Menschheit. Man könnte denken, daß es sich dabei nicht wirklich um eine Umkehrung handelt, da Nietzsche an der Forderung festhält, die ganze Geschichte der Menschheit müsse auf sich genommen und als *eigene Geschichte* empfunden werden. Das aber ist eine andere Art, sich auf die Vergangenheit zu beziehen, als die der geschichtlichen Krankheit, welche die Last einer unverdauten und nicht angeeigneten Vergangenheit in sich trägt. Doch eine derartige Aneignung der Geschichte erscheint hier, im Unterschied zur zweiten *Unzeitgemäßen Betrachtung*, nicht länger unmöglich. Sie vollzieht sich gerade durch die »wissenschaftliche« Arbeit eines erneuten Durchgangs durch die »Irrtümer« der Menschheit auf dem Weg ihrer Geschichte. *Menschliches, Allzumenschliches*, dessen Text im übrigen die erste und angemessenste Verwirklichung des Programms einer »historischen Philosophie« ist, läßt dies durch die Plazierung einzelner Aphorismen an »strategischen« Stellen erkennen. (Neben dem bereits zitierten Schlußaphorismus verweisen wir auf den Aphorismus 292 am Ende des fünften Teils sowie auf den Aphorismus 34 am Ende des ersten Teils; ebenso aber auch auf den Aphorismus 223 am Ende des vierten Teils und den Aphorismus 107 am Ende des zweiten Teils.) An diesen Stellen wird an die befreiende Bedeutung einer solchen Aneignung der vergangenen Menschheitsgeschichte erinnert, die stets eine Geschichte von »Irrtümern« ist. Die Befreiung besteht jedoch nicht in deren Widerlegung. Die Geschichte des Ursprungs und Werts moralischer Empfindungen, so heißt es in einem Aphorismus der *Fröhlichen Wissenschaft*, läuft gewiß nicht auf deren Rechtfertigung, aber auch nicht auf ihr Gegenteil, eine Widerlegung, hinaus (vgl. FW 346, 261-63). Der Verzicht auf den Aberglauben und die Erkenntnis von Irrtümern als Irrtümer sind nur ein erster Schritt.

»*Einige Sprossen zurück*. – Die eine, gewiss sehr hohe Stufe der Bildung ist erreicht, wenn der Mensch über abergläubische und religiöse Begriffe und Aengste hinauskommt und zum Beispiel nicht mehr an die lieben Englein oder die Erbsünde glaubt, auch vom Heil der Seelen zu reden verlernt hat: ist er auf dieser Stufe der Befreiung, so hat er auch noch mit höchster Anspannung seiner Besonnenheit die Metaphysik zu überwinden. *Dann* aber ist eine *rückläufige Bewegung* nöthig: er muss die historische Berechtigung, ebenso die psychologische in solchen Vorstellungen begreifen, er muss erkennen, wie die grösste Förderung der Menschheit von dorther gekommen sei und wie man sich, ohne eine solche rückläufige Bewegung, der besten Ergebnisse der bisherigen Menschheit berauben würde. – In Betreff der philosophischen Metaphysik sehe ich jetzt immer Mehrere, welche an das negative Ziel (dass jede positive Metaphysik Irrthum ist) gelangt sind, aber noch Wenige, welche einige Sprossen rückwärts steigen; man soll nämlich über die letzte Sprosse der Leiter wohl hinausschauen, aber nicht auf ihr stehen wollen. Die Aufgeklärtesten bringen es nur so weit, sich von der Metaphysik zu befreien und mit Ueberlegenheit auf sie zurüchzusehen: während es doch auch hier, wie im Hippodrom, noth thut, um das Ende der Bahn herumzubiegen.« (MaM I, 20, 37f.)

Diese Einstellung, die über eine Widerlegung und Ablehnung hinaus ist, bezeichnet Nietzsche als »ein gutes Temperament«, welches das neue Denken braucht. Denn es hat »Nichts von dem knurrenden Tone und der Verbissenheit an sich [...], – jenen bekannten lästigen Eigenschaften alter Hunde und Menschen, die lange an der Kette gelegen haben.« (MaM I, 34, 51) vgl. auch WS 350, 340)

Vielleicht sollte man diese Haltung als »kontemplativ« bezeichnen. Denn sie richtet sich auf die Geschichte jener Irrtümer, welche die Menschheitskultur konstituiert haben und ihrer Welt Reichtum und Tiefe verliehen. Doch diese Kontemplation ist nicht notwendig unbeweglich und passiv. Ein »freier Geist« kann diese Einstellung nur entwickeln, wenn er den Mut zum Abenteuer und zur Ungewißheit hat. (Die aber sind, vergessen wir das nicht, erst durch die weniger gewaltsamen Lebensverhältnisse möglich geworden, unter denen wir existieren.) Dennoch nimmt ein freier Geist in der gegenwärtigen Gesellschaft oft eine marginale Stellung ein, in der sich die Außergewöhnlichkeit des Genies und die Krankheit berühren (vgl. MaM I, 234–36, 199–202, wo vor allem vom Genie die Rede ist).

Auch die im übrigen ganz und gar nicht systematische Definition, die Nietzsche vom freien Geist skizziert, kann dem Begriff der »Philosophie des Vormittages« keinen positiven theoretischen Inhalt liefern. Er bleibt mithin die Bestimmung einer Einstellung, eines geistiges Klimas – nicht die einer philosophischen »Doktrin« im eigentlichen Sinn. Nietzsches Ausführungen scheinen sich insgesamt auf die Anstrengung zu konzentrieren, die Menschen zu einer anderen Einstellung zu veranlassen, und zwar nicht auf der Gundlage besonderer philosophischer Thesen, sondern einer Verabschiedung der überkommenen Einstellungen der Vergangenheit. Gerade die Kritik an den Irrtümern der Metaphysik hat Nietzsche dazu gebracht, auch den globalen »Visionen der Welt«, den allgemeinen philosophischen Thesen zu mißtrauen. Darum lebt ein freier Geist bei den *allernächsten Dingen*, an der *Oberfläche* (vgl. WS 6, 180 und FW 256, 195). In bestimmter Hinsicht ist also der Eindruck gerechtfertigt, daß die Philosophie Nietzsches in seiner zweiten Schaffensperiode stärker als in seiner Jugend, in der er mehr oder weniger noch auf den Grundlagen der Schopenhauerschen Metaphysik arbeitete, eines theoretischen »Inhalts« entbehrt. Es handelt sich dabei jedoch nicht, wie man erwarten könnte, um eine Vorherrschaft »literarischer« Absichten in seinen Texten (gemäß der Vorstellung Diltheys von einer »Philosophie des Lebens«, auf die eingangs verwiesen wurde). Ebensowenig geht es Nietzsche (gemäß den im 20. Jahrhundert, vor allem bei Wittgenstein vorherrschenden Ansprüchen) einfach um eine Reduktion der Philosophie auf eine »Therapie« – der Sprache und der menschlichen Einstellungen –, auch wenn diese Auffassung der Philosophie bei ihm durchaus vorhanden ist. Trotz beträchtlicher Interpretationsschwierigkeiten gilt es zu verstehen, wie in Verbindung mit dieser scheinbaren und auch wirklichen »Leere« der philosophischen Thesen Nietzsches in diesen Schriften in gewissem Umfang bereits ontologische Positionen heranreifen, die dennoch keinen »Sprung« aus seiner Arbeit als Kulturkritiker und »historischer Philosoph« heraus darstellen. Es gibt schon in dieser zweiten Periode und dann noch ausdrücklicher im Spätwerk eine philosophische Auffassung des Seins, eine »Ontologie«, die sich jedoch in ihrer besonderen Form nur innerhalb einer bestimmten Auffassung der Kulturgeschichte versteht (ohne in ihren Inhalten oder Formen eine »Geschichtsphilosophie« vom hegelschen Typus zu sein). Im Gegenteil kann man gerade umgekehrt sagen, daß die ontologischen »Thesen«, die Nietzsche in den Schriften seiner letzten

Schaffensperiode entwickelt (an denen sich Heideggers Lektüre inspiriert), sich nicht prinzipiell von der Kulturkritik in *Menschliches, Allzumenschliches* unterscheiden, sondern vielmehr deren Fortsetzung bilden.

Evident ist das insbesondere bei einer der Hauptthesen der Ontologie des späten Nietzsche, der These von der ewigen Wiederkehr des Gleichen, die im Unterschied zu anderen, etwa denen vom Willen zur Macht, vom Übermenschen oder vom Nihilismus, sich bereits in der letzten Schrift aus Nietzsches zweiter Schaffensperiode, der *Fröhlichen Wissenschaft* ankündigt. Im Aphorismus 341 dieses Werks, dem vorletzten des vierten Buches,[9] besitzt die Idee von der ewigen Wiederkehr des Gleichen, die später mit vielfältigen, unter anderem auch im traditionellen Verstande »metaphysischen« Bedeutungen aufgeladen wird, keinen ganz anderen Sinn als die Thesen anderer Texte, in denen die neue Einstellung dem Leben gegenüber beschrieben wird, die Nietzsche durch seine Kulturkritik hervorbringen möchte und die er zuweilen auch als Philosophie des Vormittages bezeichnet. Man denke beispielsweise an den bereits zitierten Aphorismus 107 von *Menschliches, Allzumenschliches*. Wenn man ihn mit dem Aphorismus 341 der *Fröhlichen Wissenschaft* konfrontiert, dann wird vielleicht deutlich, daß die Ewige Wiederkehr nur eine andere Formulierung jener bedingungslosen Billigung des Lebens darstellt, die den Geist der Philosophie des Vormittages bildet.

Bezeichnend für die Verbindung, die sich in den Arbeiten der zweiten Schaffensperiode zwischen der Kulturkritik und der Ausarbeitung ontologischer Thesen herstellt, ist die »Verkündigung« des Todes Gottes. Es ist oben bereits darauf verwiesen worden, daß der »Tod Gottes«, der in sich alle Ergebnisse dessen zusammenfaßt, was Nietzsche als Selbstunterdrückung der Moral bezeichnet, keine metaphysische Aussage über die Nichtexistenz eines Gottes darstellt. Er soll vielmehr wörtlich genommen werden als die Ankündigung eines *Ereignisses*. Ein Ereignis anzukündigen bedeutet aber nicht, irgendetwas zu »beweisen«. Es bedeutet, streng genommen, auch nicht, irgendeine Zustimmung zu beanspruchen (die ja nur auf der Gundlage eines historistisch-metaphysischen Glaubens an die Rationalität des Geschehens beansprucht werden könnte). Doch die Ankündigung eines Ereignisses in Verbindung mit einer Beschreibung seiner näheren Umstände – in diesem Fall einer Rekonstruktion der Irrtümer der Moral und deren schließlicher Selbstunterdrückung – kann nicht umhin, seinerseits andere Ereignisse hervorzurufen. Und eben das sagt die *Fröhliche Wissenschaft* auch über den Gedanken der ewigen Wiederkehr: »Wenn jener Gedanke über dich Gewalt bekäme, er würde dich, wie du bist, verwandeln [...] würde als das grösste Schwergewicht auf deinem Handeln liegen!« (FW 341, 250)

Die philosophischen Thesen aus Nietzsches Spätzeit sind insgesamt, wie wir zeigen wollen, Mischgebilde aus Tatsächlichem und Hypothetischem. Das hängt direkt mit der Radikalität der Selbstunterdrückung der Moral zusammen, die Nietzsche in den Werken seiner zweiten Schaffensperiode beschrieben hat. »Gott ist todt« ist eine These, die sich nicht von einer Aussage der Kulturkritik unterscheidet. Es ist eine »historische« Feststellung, die jedoch, gerade wegen ihrer radikalen Historizität, keine Anerkennung irgendeiner notwendigen historischen Rationalität voraussetzt. Die Feststellung des Todes Gottes löst allerdings Effekte, Konsequenzen und Metamorphosen aus, die ihrerseits möglich bleiben. Ein Beispiel hierfür ist jene Frage, mit der die Überlegungen zur ewigen Wiederkehr in der *Fröhlichen Wissenschaft* eingeleitet werden: »Wie, wenn [...]« (ebda.) Unter diesem Gesichtspunkt kann Nietzsches Philosophie zu recht als ein experimentelles Denken bezeichnet werden,[10] das sich insgesamt an die »Entdekung« – vielleicht aber auch nur an den Verdacht – hält, daß der Glaube an die Wahrheit nur ein Glaube ist. Solange nicht etwas »sich ereignet«, das als Beweis des Gegenteils gelten kann, bleibt nur der Weg des Experiments offen: »Wie, wenn...«

III. Die Philosophie Zarathustras

1. Vormittag und Mittag

Die Werke Nietzsches werden im allgemeinen in drei Perioden eingeteilt: a) die Jugendwerke; b) das genealogische und dekonstruktive Denken von *Menschliches, Allzumenschliches* bis zur *Fröhlichen Wissenschaft*; c) die Philosophie der ewigen Wiederkehr, die mit dem *Zarathustra* beginnt. Diese Einteilung verfährt gewiß nur schematisch und sollte daher nicht überbewertet werden. Sie wird jedoch implizit oder explizit in der Sekundärliteratur weithin akzeptiert. Als mögliche Alternativen bieten sich an: Entweder das gesamte Denken der Reifezeit, von *Menschliches, Allzumenschliches* bis zu den letzten Schriften, als im wesentlichen einheitlich aufzufassen oder eine letzte Unterscheidung zwischen der Philosophie *Zarathustras* und den späteren Werken vorzunehmen, die insgesamt von dem letztlich dann aufgegebenen Projekt beherrscht sind, ein großes systematisches Werk zu schreiben, welches der *Wille zur Macht*[1] sein sollte. (Dies jedenfalls war einer der Titel, die in den Plänen Nietzsches aus jener Zeit häufiger auftauchten.)

Auch wer wie Carl Paul Janz, der Verfasser der neuesten (und vollständigsten) Biographie,[2] das Denken des reifen Nietzsche im wesentlichen als einheitlich ansieht, erkennt dennoch an, daß der *Zarathustra* nach einer Wende entsteht, die Nietzsche selbst als entscheidend begreift. Und das nicht nur in der autobiographischen Rekonstruktion der eigenen Werke, die er in *Ecce homo*, jener Schrift seiner letzten Monate in Turin, vornimmt, in deren messianischen und exaltierten Tönen auf vielen Seiten schon der unmittelbar bevorstehende Ausbruch des Wahnsinns anzuklingen scheint. In dem Kapitel »Also sprach Zarathustra« erzählt Nietzsche dort, wie ihm im August des Jahres 1881 die Grundkonzeption des Werkes, der Gedanke von der ewigen Wiederkehr, kam. Das geschah bei einem Spaziergang am See von Silvaplana im Oberengadin (»6000 Fuß jenseits von Mensch und Zeit«), also in der Nähe von Sils-Maria, wo er von jenem Jahr an den Sommer zu verbringen pflegte. Die gesamte Stelle zeigt ebenso wie die folgenden Paragraphen und Kapitel, daß Nietzsche diesem Ereignis ein bedeutungsschweres Gewicht nicht nur für ihn selbst und sein Werk, sondern für die gesamte Geschichte der Menschheit beimißt. Von hier aus entwickelt sich in der Folge sein Denken, das sich auf das Programm einer »Umwertung aller Werte« konzentriert, welches zugleich das Programm des geplanten systematischen Werks ist, dem er, wie gesagt, vorübergehend den Titel *Der Wille zur Macht* geben wollte.

Die entscheidende Bedeutung der Wendung von 1881 wird jedoch nicht allein in *Ecce homo* im nachhinein rekonstruiert. Am 14. August 1881 schrieb Nietzsche aus Sils-Maria einen Brief an Heinrich Köselitz (der bekannter wurde unter dem Pseudonym Peter Gast[3]). Dieser Brief zeigt, daß Nietzsche schon damals bewußt war, daß sich etwas Neues in seinem Denken ereignen würde. Er schrieb: »An meinem Horizonte sind Gedanken aufgestiegen, dergleichen ich noch nicht gesehen habe, – davon will ich nichts verlauten lassen, und mich selber in einer unerschütterlichen Ruhe erhalten [. . .] Die Intensitäten meines Gefühls machen mich schaudern und lachen.«[4] Nietzsches Ideen waren also für ihn selbst so neu und erschütternd, daß er beschloß, nicht über sie zu sprechen. *Ecce homo* beschreibt die unmittelbar folgende Periode bis zum Februar 1883, in dem der erste Teil von *Also sprach Zarathustra* erschien, als eine Zwischenzeit des Werdens, die nur durch die ersten Ankündigungen der neuen Lehre in der *Fröhlichen Wissenschaft* unterbrochen wurde (wo am Ende des vierten Buches nicht nur zum ersten Mal von der ewigen Wiederkehr die Rede ist, sondern im Aphorismus 342 auch von Zarathustra).

Die Wende stellt sich daher auf der Ebene der Theorieinhalte als »Entdeckung« der ewigen Wiederkehr dar, und auf der Ebene der Werke wird sie markiert durch den *Zarathustra*. Diese Schrift bedeutet an sich schon eine stilistische Revolution in der Abfolge von Nietzsches Werken. Denn sie hat weder die Form eines Essays noch die eines Traktats oder einer Aphorismensammlung – also jener Formen, deren sich Nietzsche bis dahin bedient hatte. Sie ist auch keine Lyrik im engeren Sinn. Vielmehr ist sie eine Art langes Prosagedicht, als dessen überzeugendstes Vorbild das Neue Testament erscheint. Es ist ebenfalls in Versen verfaßt, in denen die didaktischen und kultischen Ziele des Textes zum Ausdruck gelangen.

Die Wahl dieser neuen literarischen Form ist von seiten Nietzsches offensichtlich nicht durch den Inhalt der neuen Lehre von der ewigen Wiederkehr zu erklären. Vielmehr gehen sowohl die Idee der Wiederkehr wie die »prophetische« Form des *Zarathustra* auf eine gemeinsame Wurzel zurück. Denn die Idee der ewigen Wiederkehr des Gleichen, die als theoretisches *Leitmotiv* des *Zarathustra* und der folgenden Werke dient, entsteht bei Nietzsche zugleich mit einer neuen Überzeugung von seiner Mission. Wie wir noch sehen werden, bezieht sich das zweite große Thema des *Zarathustra*, die Lehre vom Übermenschen, auf eine radikale Umgestaltung der Menschheit. Das Neue an den Schriften der dritten Periode, auf das wir vor allem durch Nietzsche selbst aufmerksam gemacht werden, besteht also gleichzeitig in einer Reihe neuer theoretischer Themen (vor allem dem der ewigen Wiederkehr) und in Nietzsches neuer Auffassung von den Aufgaben eines Denkers. Die Wahl der »prophetischen« Form im *Zarathustra* bedeutet, daß Nietzsche sich sehr viel entschiedener und radikaler mit einer epochalen Aufgabe betraut fühlt als in der Periode seiner dekonstruktiven und genealogischen Werke. Zwar nimmt er auch in jenen Werken eine kritische Distanz gegenüber der gesamten europäischen Tradition der Moral und Metaphysik ein; neu aber ist seit *Zarathustra* die Überzeugung, auf der Grundlage dieser Distanzierung eine radikale Veränderung der Kultur und Zivilisation hervorbringen zu können und zu müssen. Unnütz wäre der Versuch, feststellen zu wollen, ob die neuen theoretischen Inhalte die neue »prophetische« Einstellung hervorgerufen haben oder umgekehrt. Sicher ist jedoch, daß im Hinblick auf die in einem weiteren Sinn politische Funktion, die Nietzsche jetzt seinem Denken zumißt, die großen neuen Themen seiner Philosophie entscheidende Bedeutung gewinnen. Und zwar gilt dies nicht so sehr für ihren theoretischen Inhalt als vielmehr für die Formulierung eines »System"-Entwurfs, auch wenn dieser keine vollständige Verwirklichung erwarten läßt. Denn eine bestimmte Systematik scheint unerläßlich für eine Philosophie, die auf ihrer »Anwendung« besteht und zum Prinzip einer neuen historischen Menschheit werden will.

Das überstarke Interesse an einer historischen »Wirkung« des eigenen Denkens ist ebenso kennzeichend für das gesamte Spätwerk Nietzsches wie die großen ontologischen Themen im Zusammenhang mit der Idee der ewigen Wiederkehr. Es erklärt (ohne sie freilich auflösen zu können) viele der Zweideutigkeiten, Widersprüche und Selbstmißverständnisse, die die Schriften dieser Jahre bestimmen. Unter diesem Gesichtspunkt ist die »politische« Schwärmerei zu sehen, die für die letzten Notizen in Turin vor dem Ausbruch der Geisteskrankheit charakteristisch ist (und wohl auch schon von ihr beeinflußt wurde); sie ist ein durchgehendes Kennzeichen im Denken des reifen Nietzsche. Seit dem *Zarathustra* faßt Nietzsche den Philosophen als einen Gesetzgeber auf, einen Erfinder von Werten, die eine neue Geschichte begründen sollen: »Es ist nicht genug« – so schreibt er in einer Notiz von 1883 – »eine Lehre zu bringen: man muß auch noch die Menschen gewaltsam verändern, daß sie dieselbe annehmen! – Das begreift endlich Zarathustra.« (NF 1883, VII, 1, 16, [60], 545)

Das gespannte Interesse an einer historisch-politischen Wirksamkeit ist, wie wir glauben, für die Zweideutigkeiten und Selbstmißverständnisse verantwortlich, die das Denken Nietzsches im Spätwerk markieren. Es kann zur Rechtfertigung vieler charakteristischer Eigenarten der Werke aus dieser Zeit herangezogen werden. Dagegen müssen, wie zuletzt Janz gezeigt hat, die Darstellungen des Verhältnisses Zarathustras zu seinen Schülern wörtlicher genommen werden. Die Höhen und Tiefen dieser Beziehungen, die Enttäuschungen und der Zorn des Meisters, seine Ironie gegenüber den »höheren Menschen«, aber auch sein immer wieder auftretendes Bedürfnis, sich gerade ihnen zuzuwenden, sich unter Freunde zu begeben, das Gefühl wachsender Einsamkeit, das vor allem den vierten Teil beherrscht: all das veranschaulicht auf der Ebene einer »prophetischen« Fiktion etwas, was Nietzsche selbst bewegt und zeigt, wie ihm während der jahrelangen Arbeit an den vier Büchern des Werks das historische Schicksal seiner Lehre vor Augen steht.[5]

Die Sorge um die historische Wirksamkeit der eigenen Philosophie erklärt außer den Anstrengungen, ein System zu entwerfen und ein Hauptwerk zu schreiben, Nietzsches Interessen und die Ziele seiner Polemik in jenen Jahren. So etwa scheinen allein im Lichte der theoretischen Vorgaben und Erfordernisse die Nachdrücklichkeit und Härte der Polemik gegen das Christentum kaum gerechtfertigt, die im *Antichrist* ihren Höhepunkt erreicht. In diesem Werk sieht Nietzsche bezeichnenderweise während der letzten Monate seines bewußten Lebens schließlich die *Umwertung aller Werte* vollendet (oder geradezu sein geplantes *Hauptwerk*).[6] Im *Antichrist* wie in anderen vorausgegangenen Werken aus jenen Jahren treten die Einflüsse aus der umfangreichen Lektüre Nietzsches zutage. Nietzsche informierte sich über die Geschichte der Ursprünge des Christentums, die Geschichte des Islam sowie über die Psychologie und Anthropologie. Unter theoretischen Gesichtspunkten aber fällt es schwer zu erkennen, was ein Werk wie der

Antichrist den vorausgegangenen Schriften Nietzsches hinzu-
fügt. Die Bedeutung, die er selbst ihm beimißt, hängt offensichtlich mit der Sorge um seine historische Wirkung zusammen. Denn er will jetzt nicht nur die Irrtümer der Moral und
Religion kritisieren, sondern Gesetze erlassen für eine neue
Menschheit. Polemisch vergleicht Nietzsche sich mit jener Welt
der Ideen und Institutionen, welche die europäische Neuzeit
durch und durch geprägt hat, also mit der Welt des Christentums. Und er tut dies in einem Ausmaß, mit einer polemischen
Schärfe und mit einer Fülle auch historischer Argumente, die
gewiß weniger durch ein theoretisches als vielmehr durch ein
politisches Interesse zu rechtfertigen sind.

An das Problem der historischen Wirkung knüpft eine inter-
essante Hypothese an, die Colli und Montinari im Hinblick auf
den Begriff des »Willens zur Macht« vorgetragen haben. Sie
stützen sich auf ein Fragment aus den Jahren 1886 bis 1887:

> »*Exoterisch – esoterisch*
> 1. – alles ist Wille gegen Willen
> 2 Es giebt gar keinen Willen
> 1 Causalismus
> 2 Es giebt nichts wie Ursache–Wirkung.«
> (NF Sommer 1886 – Herbst 1887, VIII, 1, 5 [9], 191)

Der Wille, mithin auch der Wille zur Macht, die magische Formel, über die die Menschen ein Jahrhundert hindurch aneinan-
dergeraten sind, indem sie ihren Sinn zu ergründen suchten,
könnte in den Augen Nietzsches nichts anderes sein als ein ex-
oterischer und das heißt: volkstümlicher Ausdruck seines Denkens, dem auf der esoterischen Stufe genau das Gegenteil ent-
spräche, das theoretische Wissen nämlich, »Es giebt gar keinen
Willen". Unnütz zu sagen, daß entsprechend dieser Hypothese
das Bedürfnis nach einer exoterischen Darlegung des eigenen
Denkens bei Nietzsche entstanden ist aufgrund seiner mühevol-
len, künstlerisch-politischen Anstrengung, die das Publikum
zu erregen, aufzurütteln und zu faszinieren sucht, um eine historische Wirkung zu erzielen. Auch wenn es zu recht verkürzt
erschiene, alle vom Begriff des »Willens zur Macht« aufgeworfenen Probleme durch die Unterscheidung von Exoterischem
und Esoterischem gelöst sehen zu wollen, so bleibt es doch gewiß richtig, daß generell die Zweideutigkeiten im Denken des
späten Nietzsche mit dessen Sorge um seine historische Wirksamkeit zusammenhängen und daher sehr vermittelt auch mit
Problemen, zu denen die Notwendigkeit einer exoterischen

Formulierung seiner Lehre zählt. Doch es handelt sich dabei um Zweideutigkeiten, die Nietzsche ganz und gar nicht »beherrscht«, wie dies notwendig wäre, wenn sie nur volkstümliche »Verkleidungen« seines Denkens für die Massen wären. Es sind vielmehr Zweideutigkeiten, in die er selbst gerät, gerade weil er sich um die Wirkungen sorgt, die er in geschichtlicher Dimension, also auch bei den Massen herbeizuführen beabsichtigt.

Auf jeden Fall bestätigt auch die zentrale Rolle, die die Hypothese von Colli und Montinari dem Unterschied von Exoterischem und Esoterischem in den späten Schriften Nietzsches zuschreibt, daß eines der vorherrschenden Merkmale der Werke aus dieser letzten Zeit ein historisch-politisches Interesse ist.

In diesem Zusammenhang ist ein weiterer Aspekt von Nietzsches Arbeiten aus diesen Jahren zu sehen, auf den verschiedene Interpreten bereits aufmerksam gemacht haben: eine gewisse »regressive« Tendenz seines Denkens, d. h. eine Wiederaufnahme von Themen seiner Jugendschriften, vom Antihistorismus der zweiten *Unzeitgemäßen Betrachtung*, der auf vielen Seiten vor allem in *Jenseits von Gut und Böse* ebenso wiederkehrt wie eine ironische Einstellung gegenüber der Wissenschaft, bis hin zur Hoffnung auf eine allgemeine Erneuerung der Kultur, von der die *Geburt der Tragödie* durchdrungen war.[7]

Es gibt im *Zarathustra* neue stilistische Elemente und zudem spielen in ihm »äußere« Faktoren eine Rolle, etwa die neue Bedeutung und historische Tragweite, die Nietzsche dem eigenen Denken zumißt und die vielleicht als »ideologische« Reaktion auf seine wachsende Einsamkeit oder auch nur als psychische Kompensation seiner Isolation als herumirrender Intellektueller aufzufassen sind. Auch die theoretischen Inhalte (die weiter unten in diesem Kapitel detailliert analysiert werden) zeigen die Wende und die besonderen Eigenheiten der letzten Periode von Nietzsches Denken im Einklang mit seiner bisherigen Entwicklung. Vom *Zarathustra* bis zu den nachgelassenen Fragmenten des *Willens zur Macht* gibt es gegenüber der »Philosophie des Vormittages«, an der sich die Werke der zweiten Schaffensperiode orientierten, zwei eigentümliche Neuentwicklungen: zum einen dringt Nietzsche mit neuer Nachdrücklichkeit auf eine *Entscheidung* (wobei wir an die zwei zentralen Abschnitte aus dem dritten Teil des *Zarathustra* »Der Genesende« und »Vom Gesicht und Rätsel« denken); zum anderen wird eine größere Radikalität in der Kritik am Subjekt deutlich. Wenn man so will, hängt das Element der »Entscheidung« theoretisch enger mit der Anstrengung Nietzsches zur allgemeinen Erneuerung der Kultur zusammen, die aus seinem Denken hervorgehen soll, während die Kritik des Subjekts mit ihren theoretisch radikalen Implikationen eher mit der Idee der ewigen Wiederkehr in Verbindung steht. Zugleich aber können beide Themen, das der Entscheidung und das der Auflösung des Subjekts, auch als besondere Momente der Idee der ewigen Wiederkehr betrachtet werden. Mit Nachdruck muß jedoch auf eine letztlich nicht aufgelöste Spannung verwiesen werden, der Nietzsches Denken eher und grundsätzlicher als dem Wahnsinn zum Opfer fällt. Es ist die Spannung zwischen dem Element der Entscheidung (und mithin auch einer historischen Erneuerung sowie der Geburt des Übermenschen) und dem Element einer Auflösung des Subjekts (der Konsequenz aus der radikalen Anerkennung der ewigen Wiederkehr). Schon auf den ersten Blick ist verständlich, daß das Programm einer Erneuerung der Menschheit auf der Grundlage einer Lehre wie der von der ewigen Wiederkehr des Gleichen nicht leicht durchzusetzen ist. Zwar verweist diese Lehre vor allem darauf, daß der einzige Weg, auf dem jener »Sprung« zu vollziehen ist, der zum Übermenschen führen soll, in einer Veränderung des Zeiterlebens besteht. (Auch darin läßt sich eine Rückkehr Nietzsches zu den Themen seiner Jugendwerke erkennen; denn hier treten, wie man sieht, Überlegungen zur Geschichte aus der zweiten *Unzeitgemäßen Betrachtung* wieder auf.) Aber wenn die ewige Wiederkehr, wie Nietzsche sich zu zeigen bemüht, auch eine »objektive« Kreisförmigkeit der Zeit bedeutet oder (wie man Karl Löwith folgend wohl auch interpretieren kann[8]) wenn der Sinn der ewigen Wiederkehr in der radikalen Reduktion der linearen Zeit der Geschichte auf die zyklische Zeit der Natur besteht, dann fällt es schwer einzusehen, wie auf einer derartigen Vernichtung der Geschichte, ja sogar jeden menschlichen Entwurfs das »Programm« einer Erneuerung und eine so tiefe revolutionäre Anstrengung zu begründen wären, wie sie Nietzsche mit seinen Schriften bewirken will.

Diese Spannungen und Widersprüche verdichten sich im Bild des »Mittags«, das, im Gegensatz zu dem der »Philosophie des Vormittages«, nunmehr die Schriften Nietzsches beherrscht.[9] »Aber irgendwann« – so heißt es in der *Genealogie der Moral* –

»in einer stärkeren Zeit, als diese morsche, selbstzweiflerische Gegenwart ist, muss er uns doch kommen, der *erlösende* Mensch der

64

grossen Liebe und Verachtung, der schöpferische Geist [. . .] Dieser Mensch der Zukunft, der uns ebenso vom bisherigen Ideal erlösen wird, als von dem, *was aus ihm wachsen musste*, vom grossen Ekel, vom Willen zum Nichts, vom Nihilismus, dieser Glockenschlag des Mittags und der großen Entscheidung« (GdM II, 24, 352).

Wenn an dieser Stelle der Mittag angekündigt wird durch das Läuten der Glocken, die zu einer großen Entscheidung aufrufen, so erscheint er in dem »Mittags« betitelten Abschnitt aus dem vierten Teil des *Zarathustra* als »die heimliche feierliche Stunde, wo kein Hirt seine Flöte bläst", also als ein Augenblick vollkommener Stille. »Wie? Ward die Welt nicht eben vollkommen? Rund und reif?« Dennoch zeigen gerade diese Seiten des *Zarathustra* recht gut die Spannungen, die im Bild des Mittags verborgen liegen. Zarathustra möchte sich nicht mehr bewegen, das mittägliche Glück genießen, das Gefühl der Ruhe, Schwermut und Fülle, das der Mittag ihm bringt, »Wie ein Schiff, das in seine stillste Bucht einlief [. . .] Wie solch ein müdes Schiff [. . .] so ruhe auch ich nun der Erde nahe, treu, zutrauend, wartend, mit den leisesten Fäden ihr angebunden.« Aber die »Seele« Zarathustras will singen, will sich bewegen. »Auf! sprach er zu sich selber, du Schläfer! Du Mittagsschläfer! Wohlan, wohlauf, ihr alten Beine! Zeit ist's und Überzeit, manch gut Stück Wegs blieb euch noch zurück« (Z IV, 339f.). Auch wenn er ihm als die vollkommenste Stunde, als die Zeit einer totalen Bewegungslosigkeit erscheint, birgt der Mittag für Nietzsche-Zarathustra das Problem, sich zu entscheiden, führt also zu einer Bewegung, die notwendig die mittägliche Vollkommenheit stört. Sie bedeutet, sich wieder auf den Weg zu machen zu einem Niedergang – und vielleicht nicht so sehr zum Tod (wie Löwith in seinem wunderschönen Kommentar zu diesem Text schreibt[10]), sondern wohl eher zur unvermeidlichen Auflösung der Subjektivität, welche die Idee der ewigen Wiederkehr, radikal genug gedacht, notwendig mit sich bringen muß.

Damit werden (freilich bisher nur in Form einer Einführung) jene Probleme deutlich, die die dritte Periode der Philosophie Nietzsches durchziehen. Ohne daß man in ihr eine Lösung ausmachen könnte, verleihen sie diesem Denken eine (sonst unerklärliche) Aktualität. Die Verbindung einer kritischen Reflexion der Kultur mit der Ausarbeitung einer neuen ontologischen Thematik, die im Begriff des Nihilismus wiederaufgenommen wird, stellt sich hier in einer neuen Konfiguration dar. Für diesen Nihilismus verlieren im Verlauf der Zivilisierung der

Menschheit die metaphysisch-moralischen Thesen ihre Lebensnotwendigkeit, Gott »stirbt«, und daher nähert das Sein selbst sich dem Nichts. Es geht bei dieser neuen Konfiguration nicht mehr um eine Philosophie des Vormittages, also einfach um einen kritisch-genealogischen Nachvollzug oder auch um den dankbaren bzw. nostalgischen Genuß jener »Irrtümer«, die den Menschen eine reiche und tiefe Erfahrung beschert haben. Angesichts der Konzentration auf die Idee der ewigen Wiederkehr des Gleichen geht die Philosophie des Vormittages, wie man wohl sagen darf, Spannungen entgegen, die ihr zuvor unbekannt waren und sieht sich einer tiefen Instabilität ausgesetzt. Es fällt schwer zu sagen, ob diese Instabilität und Spannung notwendige Implikationen der Theorie sind. Warum kann Zarathustra keine Ruhe finden im Mittag, warum kann er nicht mit jener Geisteshaltung, in der sich Dankbarkeit, Müdigkeit und Schwermut mischen, den Sinn und Unsinn der Welt, die runde Vollkommenheit von Allem, kontemplativ genießen? Hängen seine Dankbarkeit, Müdigkeit und Schwermut nicht mit jenem Weg zusammen, den er zuvor hat zurücklegen müssen? Bleiben sie nicht mit ihrer Spannung an eine von jetzt ab vielleicht überwundene Dimension der Zeit dennoch gebunden? Warum stellt die Philosophie des Vormittages nicht den Endpunkt in Nietzsches Denken dar? Aus den Reden Zarathustras wissen wir, daß zum einen die Erreichung dieses Zustands einer vollständigen Suspendierung der Zeit ihrerseits noch (wie wir sehen werden) eine Entscheidung, also einen scharfen *Sprung* in der Zeit, mit sich bringt. Zum anderen führt (in vielleicht theoretisch relevanterer und radikalerer Form) die Erreichung der »Kreisförmigkeit« der Zeit zu »Auflösungs«-Effekten gerade im Begriff der Subjektivität, die unter Umständen den Zustand einer vollkommenen Kontemplation unmöglich werden lassen, den Zarathustra in seinem Mittag erlebt, ohne in ihm freilich innehalten zu können.

Diese Probleme betreffen allerdings nicht nur die innere Entwicklung von Nietzsches Denken. Wenn, wie Löwith behauptet hat, die Philosophie der ewigen Wiederkehr eine »antichristliche Wiederholung der Antike auf der Spitze der Modernität« sein soll (wie sie der Titel des vierten Kapitels von Löwiths Buch bezeichnet), dann geht es bei ihrem Erfolg oder Scheitern und den damit zusammenhängenden Motivationen um unser Verhältnis zur Moderne insgesamt, um ihre Beziehung zur antiken Welt, um die Bedeutung des Christentums, also um jene Fragen, mit denen die moderne Philosophie zumindest seit der

Romantik zu tun hat. Löwith vertritt die Auffassung, daß das Scheitern Nietzsches, also die Unmöglichkeit, an einer Philosophie des Vormittages, wie wir sagen würden, festzuhalten und zugleich eine theoretisch kohärente Alternative zu ihr zu finden, von dem Umstand abhängt, daß Nietzsche zu sehr in der christlich-modernen Tradition verwurzelt ist. Löwith zufolge kann er die Idee der ewigen Wiederkehr (also die Wiedergewinnung einer griechischen, naturalistischen Auffassung des Lebens) nur als Ergebnis eines spannungsgeladenen Entwurfs, also als eine Erlösung konzipieren, die es zu *erreichen* gilt. Durch sie soll der Mensch definitiv verewigt werden, d. h. ihm soll gerade seine »natürliche« Sterblichkeit genommen werden, auf die sich der Naturalismus der Antike stützte.[11] Es handelt sich also, wie man sieht, um jenen Widerspruch zwischen ewiger Wiederkehr und Entscheidung, auf den wir bereits verwiesen haben. Doch im Zusammenhang mit dem von Löwith aufgeworfenen Problem ergeben sich andere Fragen (und zugleich eine Infragestellung der Termini, in denen Löwith sie begreift). Ist z. B. die radikale Entgegensetzung einer »naturalistischen« Antike, die in ihrer Zeitvorstellung, dem Bild des Kreises verhaftet ist, und einer christlich-historistischen Moderne, die die Zeit als eine Linie unterwegs zu einem *telos* begreift, nicht ihrerseits schon eine ganz und gar dem modernen Bewußtsein verhaftete Vorstellung? Und gelingt es diesem Bewußtsein gerade deshalb nicht, das Problem Nietzsches (also den Gegensatz von Geschichte und Natur, von Entscheidung und ewiger Wiederkehr) zu lösen, weil es ihn nach wie vor in dieser »mythischen« Opposition auffaßt, die, wie man wohl sagen darf, von der Klassik und Romantik erfunden worden ist? Wenn man dieses Problem ernstzunehmen beginnt, dann nähert man sich vielleicht jener Darstellung Nietzsches, die Martin Heidegger gegeben hat. Ihm zufolge spielt die Unterscheidung von »Antike« und christlicher Moderne bei Nietzsche keine Rolle. Beide orientieren sich vielmehr am Leitfaden dessen, was Heidegger als »Metaphysik« bezeichnet.[12] Nur vor diesem Hintergrund gewinnen, Heidegger zufolge, Nietzsches Überlegungen ihren Sinn.

All dies vermittelt eine Vorstellung von den Problemen, die sich bei einer Lektüre Nietzsches ergeben. Dies gilt vor allem für dessen späte Philosophie mit ihren vielfältigen Implikationen und für die Interpretationen, die sie erfahren haben. Vielleicht hat Nietzsche nicht allzu sehr übertrieben, als er einem Abschnitt in *Ecce homo* die Überschrift gab »Warum ich ein

Schicksal bin". Denn beim »Übergang« von der Philosophie des Vormittages zum »Mittag« Zarathustras geht es nicht nur um die intellektuelle Biographie Nietzsches. Für die Zwecke der vorliegenden Darstellung muß es sich zudem als sinnvoll erweisen, den Schlüsselbegriffen von Nietzsches Denken und ihren Verbindungen untereinander in seinen Schriften der letzten Lebensjahre im einzelnen nachzugehen.

2. Nihilismus, ewige Wiederkehr, Entscheidung

Also sprach Zarathustra, das Werk, mit dem Nietzsches neue Philosophie einsetzt (und das bereits in den letzten Aphorismen der ersten Ausgabe der *Fröhlichen Wissenschaft* angekündigt wurde), beginnt dort, wo der Weg endete, den die »Philosophie des Vormittages« vorgezeichnet hatte. So jedenfalls steht es in einem Kapitel der späteren *Götzendämmerung*, in dem die einzelnen Etappen nicht von Nietzsches Denken, sondern der europäischen Philosophie (wie Nietzsche sie rekonstruiert) wiederaufgenommen werden, die zum *Zarathustra* geführt haben.

> »*Wie die ›wahre Welt‹ endlich zur Fabel wurde.*
> *Geschichte eines Irrthums.*
1. Die wahre Welt erreichbar für den Weisen, den Frommen, den Tugendhaften, – er lebt in ihr, *er ist sie.*
(Älteste Form der Idee, relativ klug, simpel, überzeugend. Umschreibung des Satzes ›ich, Plato *bin* die Wahrheit‹.)
2. Die wahre Welt unerreichbar für jetzt, aber versprochen für den Weisen, den Frommen, den Tugendhaften (›für den Sünder, der Busse thut‹).
(Fortschritt der Idee: sie wird feiner, verfänglicher unfasslicher, – *sie wird Weib*, sie wird christlich . . .)
3. Die wahre Welt, unerreichbar, unbeweisbar, unversprechbar, aber schon gedacht als ein Trost, eine Verpflichtung, ein Imperativ.
(Die alte Sonne im Grunde, aber durch Nebel und Skepsis hindurch; die Idee sublim geworden, bleich, nordisch, königsbergisch.)
4. Die wahre Welt – unerreichbar? Jedenfalls unerreicht. Und als unerreicht auch *unbekannt.* Folglich auch nicht tröstend, erlösend, verpflichtend: wozu könnte uns etwas Unbekanntes verpflichten? . . .
(Grauer Morgen. Erstes Gähnen der Vernunft. Hahnenschrei des Positivismus.)
5. Die ›wahre Welt‹ – eine Idee, die zu Nichts mehr nütz ist, nicht einmal mehr verpflichtend, – eine unnütz, eine überflüssig gewor-

dene Idee, *folglich* eine widerlegte Idee: schaffen wir sie ab!
(Heller Tag; Frühstück; Rückkehr des bon sens und der Heiterkeit;
Schamröte Plato's; Teufelslärm aller freien Geister.)
6. Die wahre Welt haben wir abgeschafft: welche Welt blieb übrig?
die scheinbare vielleicht? . . . Aber nein! *mit der wahren Welt haben
wir auch die scheinbare abgeschafft!*
(Mittag: Augenblick des kürzesten Schattens; Ende des längsten Irr-
thums; Höhepunkt der Menschheit; INCIPIT ZARATHUSTRA.)«
(GD 74f.)

Die Philosophie des Vormittages wird unter 5. als jene Phase
beschrieben, in der wir uns von der »wahren Welt«, von den
metaphysischen Strukturen und von Gott befreit haben. Danach aber gibt es noch einen weiteren Schritt: mit der wahren
Welt wurde auch die scheinbare abgeschafft. Damit ist es Mittag
geworden, und die Stunde ohne Schatten ist angebrochen, die
Stunde, in der die Lehre Zarathustras beginnt. Ist es möglich,
dieser Rekonstruktion Nietzsches folgend, die Unterschiede
zwischen dem Denken des Mittags und der Philosophie des
Vormittags wiederaufgenommen und gerechtfertigt zu finden
in der Beseitigung der scheinbaren Welt *und* der wahren, von
der auf dieser Seite der *Götzendämmerung* die Rede ist? Die
Lehre Zarathustras (und mithin das Denken des späten Nietzsche) scheint einfach die Konsequenzen aus dem Umstand zu
ziehen, daß wir mit der wahren Welt auch die scheinbare Welt
abgeschafft haben. Zu diesen Konsequenzen muß offenbar auch
der erschütterndste und abgründigste Gedanke Zarathustras ge-
zählt werden, die Idee der ewigen Wiederkehr.

Wie aber ist die Idee der ewigen Wiederkehr mit den Demas-
kierungen verbunden, die Nietzsche in den Werken seiner zweiten Schaffensperiode vorgenommen hat? Einige konstitutive Elemente dieser Idee sind, wie leicht einzusehen ist, schon in den »de-
maskierenden« Schriften seit *Menschliches, Allzumenschliches*
vorhanden. Dieses Werk beispielsweise sprach von der Einstellung eines wissenden Menschen, des Menschen mit gutem Temperament, der mit einem Blick sich selbst und die Welt ohne Lob
oder Vorwürfe betrachtet (MaM I, 34, 50). An anderer Stelle wird
dieselbe Einstellung beschrieben als die »Lehre der Kunst, Lust
am Dasein zu haben und das Menschenleben wie ein Stück Natur«
anzusehen und sich zu dem Gedanken zu erziehen: »wie es auch
sei, das Leben, es ist gut.« (MaM I, 222, 187) Dieselben Gefühle
beherrschen den ersten Text, in dem Nietzsche die Idee der Wiederkehr verkündet, den Aphorismus 341 der *Fröhlichen Wissenschaft*, den vorletzten der ersten Ausgabe dieses Werks:

»*Das grösste Schwergewicht.* – Wie, wenn dir eines Tages oder Nachts, ein Dämon in deine einsamste Einsamkeit nachschliche und dir sagte: ›Dieses Leben, wie du es jetzt lebst und gelebt hast, wirst du noch einmal und noch unzählige Male leben müssen; und es wird nichts Neues daran sein, sondern jeder Schmerz und jede Lust und jeder Gedanke und Seufzer und alles unsäglich Kleine und Grosse deines Lebens muss dir wiederkommen, und Alles in der selben Reihe und Folge – und ebenso diese Spinne und dieses Mondlicht zwischen den Bäumen, und ebenso dieser Augenblick und ich selber. Die ewige Sanduhr des Daseins wird immer wieder umgedreht – und du mit ihr, Stäubchen vom Staube!‹ – Würdest du dich nicht niederwerfen und mit den Zähnen knirschen und den Dämon verfluchen, der so redete? Oder hast du einmal einen ungeheuren Augenblick erlebt, wo du ihm antworten würdest: ›du bist ein Gott, und nie hörte ich Göttlicheres!‹ Wenn jener Gedanke über dich Gewalt bekäme, er würde dich, wie du bist, verwandeln und vielleicht zermalmen; die Frage bei Allem und Jedem ›willst du diess noch einmal und noch unzählige Male?‹ würde als das grösste Schwergewicht auf deinem Handeln liegen! Oder wie müsstest du dir selber und dem Leben gut werden, um nach Nichts *mehr zu verlangen*, als nach dieser letzten ewigen Bestätigung und Besiegelung?« (FW 341, 250)

Als Nietzsche im Sommer 1881 in Sils-Maria zuerst die ewige Wiederkehr »entdeckt«, interessiert er sich stark für Spinoza.[13] Und gerade an Spinoza muß man bei der Lektüre mancher Seiten, so auch an den oben zitierten Stellen aus *Menschliches, Allzumenschliches* und aus der *Fröhlichen Wissenschaft* denken. Wenn man Nietzsches eigenen Erklärungen glauben darf,[14] dann hatte er vor 1881 nur eine äußerst oberflächliche Kenntnis der Werke Spinozas. Doch gerade wie dessen *amor dei intellectualis* durch eine ausgearbeitete metaphysische Lehre fundiert war (die Ethik *more geometrico demonstrata*), so denkt vielleicht auch Nietzsche 1881 an die ewige Wiederkehr wie an eine Lehre, welche die metaphysischen Grundlagen dessen entfalten soll, was ihm in *Menschliches, Allzumenschliches* nur als ein »gutes Temperament« erschienen war. Generell läßt sich wohl feststellen, daß die Idee der ewigen Wiederkehr im Werk Nietzsches als eine Systematisierung, wenn nicht als eine klassische »Grundlegung« des besonderen Nihilismus der Philosophie des Vormittages erscheint. Diese Philosophie hat in der Tat die wahre Welt beseitigt und zu einer Freiheit des Geistes angesichts jener Irrtümer geführt, auf denen das Leben notwendig aufbaut. Nietzsche aber scheint zu denken, daß sich noch größere Probleme ergeben, wenn mit der wahren Welt auch die scheinbare beseitigt wird. (Denn auch die scheinbare Welt verliert ihre – wie immer »minderwertige« – eigentümliche Leichtigkeit und Freiheit, die sie aus dem Gegensatz zur wahren Welt gewann.) Nicht als Endpunkt läßt sich die Einstellung dessen begreifen, der sich für einen Augenblick über den gesamten Vorgang erhebt und sich an den Irrtümern, die unserer Welt Tiefe, Reichtümer und Farben verliehen haben, »wie an einem Schauspiel« weidet (MaM I, 34, 50). Man kann also nicht bei der »historischen Philosophie« und bei dem genealogischen Denken stehenbleiben. Ob man nun den Übergang von der zweiten zur dritten Schaffensperiode Nietzsches, vom »Vormittag« zum »Mittag« legitim findet oder nicht, faktisch entspricht er der Anforderung, mit der Doktrin der ewigen Wiederkehr zu einer einheitlichen Systematisierung und Radikalisierung jenes Nihilismus zu gelangen, bei dem die Philosophie des Vormittages angekommen war.

Der zitierten Stelle aus der *Fröhlichen Wissenschaft* könnte zum einen ein *moralischer* Sinn zugeschrieben werden. Zum anderen aber (und unauflöslich damit zusammenhängend) kann sie auch *kosmologisch* aufgefaßt werden. Als ethische Hypothese bedeutet die Idee der ewigen Wiederkehr nur folgendes: Wenn wir an die Möglichkeit denken, daß jeder Augenblick unseres Lebens ewig werden und sich unendlich wiederholen könnte, hätten wir ein ausgezeichnetes Bewertungskriterium gewonnen. Denn nur ein vollkommen glückliches Wesen könnte eine unendliche Wiederholung wollen. Dagegen aber steht der umfassendere Sinn, den die Idee der ewigen Wiederkehr bei Nietzsche in Verbindung mit dem Begriff des Nihilismus annimmt. Nur in einer Welt, die nicht mehr im Rahmen einer linearen Zeitlichkeit gedacht würde, wäre ein so vollständiges Glück möglich. Die lineare Zeitlichkeit, die sich als Gegenwart, Vergangenheit und Zukunft darstellt, die je für sich unwiederholbar sind, läuft darauf hinaus, daß jeder Augenblick seinen Sinn nur aus anderen Augenblicken auf der Zeitachse bezieht (wie dies die zweite *Unzeitgemäße Betrachtung* gezeigt hatte). Auf der Zeitachse erscheint jeder Augenblick wie ein Sohn, der seinen Vater, also den vorausgegangenen Augenblick, verschlingt, und er erleidet seinerseits das Schicksal, verschlungen zu werden. In dieser Konstruktion, die ich an anderer Stelle als die »ödipale« Struktur der Zeit bezeichnet habe,[15] kann es kein Glück geben, weil kein gelebter Augenblick in sich wirklich die Fülle des Sinns zu haben vermöchte. Wenn dies so ist, wird verständlich, warum die ewige Wiederkehr auch einen »kosmologischen« Aspekt haben muß. Denn es geht nicht nur darum, Augenblicke der Existenz zu entwerfen, die so erfüllt und dicht sind, daß ihre ewige Wiederkehr gewollt würde, sondern Augenblicke dieser Art sind nur möglich aufgrund einer radikalen Veränderung, die die Unterscheidung zwischen wahrer Welt und scheinbarer Welt mit all ihren Implikationen unterdrückt (zu denen vor allem auch die »ödipale« Struktur der Zeit gehört). Die ewige Wiederkehr kann nur von glücklichen Menschen gewollt werden; doch einen glücklichen Menschen kann es nur in einer Welt geben, die ganz anders ist. Und eben das macht einen »kosmologischen« Inhalt der Lehre von der ewigen Wiederkehr unerläßlich.

Erfordert aber die Beseitigung des Gegensatzes von wahrer Welt und scheinbarer Welt sowie aller davon abgeleiteten moralisch-metaphysischen Strukturen (zu denen auch die ödipale Struktur der Zeit gehört, bei der kein Augenblick jemals seine wahre Bedeutung in sich trägt) notwendig eine Bejahung der Idee der Wiederholung? Diese Frage ist einfach nur eine Reformulierung jener anderen Frage, auf die wir bereits bei der Erörterung der Probleme des Übergangs von der Philosophie des Vormittages zu der des »Mittags« gestoßen sind, also der Frage, ob dieser Übergang streng genommen durch theorieinterne Motive erforderlich wird oder ob er nicht vielmehr veranlaßt ist durch theorieexterne Motive, etwa das praktisch-politische Interesse Nietzsches, das ihn nach (in seinen Augen) »wirksameren« Formulierungen des eigenen Denkens suchen läßt. Nietzsche, so scheint es, hätte sich auf die These beschränken können, daß es mit der Auflösung der Metaphysik und der mit ihr in Verbindung stehenden linearen Zeitlichkeit zum ersten Mal eine glückliche Menschheit geben kann, die nicht mehr verängstigt ist durch die Trennung eines erlebten Ereignisses von seinem Sinn, wie sie für das Dasein in einer von Moral und Metaphysik bestimmten Welt charakteristisch ist. Warum hat er stattdessen das Bedürfnis verspürt, seiner These erneut eine Art »metaphysischer« Grundlegung zu verleihen und eine Theorie der »objektiven« Kreisförmigkeit der Zeit zu entwickeln? Folgt man den bereits mehrfach zitierten Auffassungen von Löwith, dann spielt auch hier noch die Bewunderung des klassichen Philologen Nietzsche für die griechische Antike eine Rolle. Ihm zufolge wollte Nietzsche zu einer griechischen, ja zu einer vorsokratischen Sicht der Welt im Gegensatz zur jüdisch-christlichen zurückkehren, welche die Zeit skandiert sieht durch unwiederholbare Augenblicke: die Schöpfung, die Sünde, die Erlösung, das Ende der Zeiten . . .

Was auch immer die Gründe und Konsequenzen dieses Motivs gewesen sein mögen, Tatsache ist, daß Nietzsche sich in den veröffentlichten Schriften wie in den Notizen seiner letzten Schaffensperiode immer wieder bemüht, die Lehre von der ewigen Wiederkehr auch kosmologisch zu begründen. Die schlüssigste Argumentation zugunsten dieser These findet sich bei ihm in einer Notiz vom Herbst 1881, deren Begriffe mit leichten Veränderungen in vielen anderen Texten sowohl aus der Zeit der *Fröhlichen Wissenschaft* wie aus späterer Zeit wiederholt werden (vgl. NF 1888, VIII, 3, 14, [188], 167). In der Notiz von 1881 schreibt Nietzsche:

»Das Maaß der All-Kraft ist *bestimmt*, nichts ›Unendliches‹: hüten wir uns vor solchen Ausschweifungen des Begriffs! Folglich ist die Zahl der Lagen Veränderungen Combinationen und Entwicklungen dieser Kraft, zwar ungeheuer groß und praktisch ›unermeßlich‹, aber jedenfalls auch bestimmt und nicht unendlich. Wohl aber ist die Zeit, in der das All seine Kraft übt, unendlich [. . .] bis diesen Augenblick ist schon eine Unendlichkeit abgelaufen, d. h. alle möglichen Entwicklungen müssen schon dagewesen sein. Folglich muß die augenblickliche Entwicklung eine Wiederholung sein und so die, welche sie gebar und die, welche aus ihr entsteht und so vorwärts und rückwärts weiter! [. . .]« (NF Frühjahr-Herbst 1881, V, 2, 11 [202], 421)

Seit Georg Simmel haben viele Interpreten sich bemüht, diese Argumentation im Detail zu widerlegen, und andere haben gleichzeitig versucht, die These von der ewigen Wiederkehr zu *beweisen*.[16] Diese These war indes im theoretischen Wissen jener Zeit ganz und gar nicht außergewöhnlich,[17] und das mag vielleicht erklären, warum Nietzsche der Auffassung sein konnte, daß eine »szientifische« Version seiner Doktrin in Übereinstimmung mit dem zeitgenössischen Denken seiner Philosophie generell hätte zuträglich sein müssen. (Erinnert sei hier an die oben erwähnte Hypothese vom exoterischen Charakter mancher Aspekte der Philosophie Nietzsches.) Die größeren Schwierigkeiten liegen jedoch nicht in der Möglichkeit und Gültigkeit eines »szientifischen« Beweises der ewigen Wiederkehr, sondern vielmehr in der Denkbarkeit eines solchen Beweises im Hinblick auf die übrigen Thesen Nietzsches.

Hätte es auf der Grundlage des »Zur-Fabel-Werdens« der wahren Welt in den Schriften der zweiten Schaffensperiode sowie auf der Grundlage des »Perspektivismus« in den Spätschriften einen Sinn, anzunehmen, daß Nietzsche seiner Philosophie eine »deskriptive« Grundlage hätte geben können? Im Kontext der Idee der ewigen Wiederkehr lautet eine der charakteristischen Thesen des späten Nietzsche: »gerade Thatsachen giebt es nicht, nur Interpretationen.« (NF Herbst 1885 – Herbst 1997, VIII, 1, 7 [60], 323) Aber dann ist auch die kreisförmige Struktur des kosmischen Werdens keine »Thatsache«. Nietzsche, der sehr oft auf »kosmoslogische« Argumente zurückkommt, um die ewige Wiederkehr zu beweisen, ist sich möglicherweise dieser Schwierigkeiten durchaus bewußt. Und tatsächlich erwägt er in einer Notiz aus der Zeit der *Fröhlichen Wissenschaft* ernsthaft, ob die Idee der Wiederkehr vielleicht etwas nur Wahrscheinliches oder bloß Mögliches ist. Doch selbst dann hätte dieser Gedanke die Kraft, uns zu verwandeln, wie dies über so viele Jahrhunderte hinweg die Angst und die einfache Möglichkeit der ewigen Verdammnis getan haben (vgl. das unveröffentlichte Fragment in: NF Frühjahr 1881 – Sommer 1882, V, 2, 11 [203] 421f.)

Es darf wohl festgestellt werden, daß die große Zahl von Notizen über den kosmologischen Sinn der Wiederkehr kein Beweis dafür ist, daß Nietzsche diesen Aspekt seiner Theorie als deren starke und entscheidende Seite betrachtete. Besser noch, daß er wohl das Gefühl hatte, die Verbindung zwischen diesem Aspekt und der ethischen Bedeutung seiner Doktrin nicht definitiv klären zu können (und darum unablässig wiederaufnehmen zu müsen). Denn auch für ihn blieb die ethische Bedeutung der ewigen Wiederkehr das wichtigste. Sie beherrscht beispielsweise die großen Reden Zarathustras, die die Lehre von der Wiederkehr zum Gegenstand haben, vor allem die (im dritten Teil) »Vom Gesicht und Rätsel«. Wegen ihrer Länge und Kompliziertheit kann sie hier nicht im Detail kommentiert werden.[18] Sie enthält einige der wichtigsten Seiten des gesamten Werks. Zarathustra erzählt in ihr von seinem Gang über einen einsamen Bergpfad, auf dem ihn der »Geist der Schwere« begleitet, »halb Zwerg, halb Maulwurf; lahm, lähmend". Es ist sein »Teufel und Erzfeind", der ihm eine »zwergenhafte« Version der ewigen Wiederkehr ins Gehirn träufelt:

»Oh Zarathustra, raunte er höhnisch Silb' um Silbe du Stein der Weisheit! Du warfst dich hoch, aber jeder geworfene Stein muss – fallen!« [Nach einer gewissen Zeit kamen sie an einen Torweg.]
»Siehe diesen Thorweg! Zwerg! sprach ich weiter: der hat zwei Gesichter. Zwei Wege kommen hier zusammen: die ging noch Niemand zu Ende.
Diese lange Gasse zurück: die währt eine Ewigkeit. Und jene lange Gasse hinaus – das ist eine andere Ewigkeit.

Sie widersprechen sich, diese Wege; sie stossen sich gerade vor den Kopf: – und hier, an diesem Thorwege, ist es, wo sie zusammen kommen. Der Name des Thorwegs steht oben geschrieben: ›Augenblick‹. Aber wer Einen von ihnen weiter ginge – und immer weiter und immer ferner: glaubst du, Zwerg, dass diese Wege sich ewig widersprechen?‹– ›Alles Gerade lügt, murmelte verächtlich der Zwerg. Alle Wahrheit ist krumm, die Zeit selber ist ein Kreis.‹ ›Du Geist der Schwere! sprach ich zürnend, mache dir es nicht zu leicht!‹« (Z III, 195f.)

Wenig später hört Zarathustra einen Hund heulen, und wie in einem Traum findet er sich in eine andere Landschaft versetzt: »Zwischen wilden Klippen stand ich mit Einem Male, allein, öde, im ödesten Mondscheine.

Aber da lag ein Mensch! [. . .] Einen jungen Hirten sah ich, sich windend, würgend, zuckend, verzerrten Antlitzes, dem eine schwarze schwere Schlange aus dem Mund hieng. [. . .]
Meine Hand riss die Schlange und riss: – umsonst! sie riss die Schlange nicht aus dem Schlunde. Da schrie es aus mir: ›Beiss zu! Beiss zu! [. . .]
Der Hirt aber biss, wie mein Schrei ihm rieth; er biss mit gutem Bisse! Weit weg spie er den Kopf der Schlange –: und sprang empor. –
Nicht mehr Hirt, nicht mehr Mensch, – ein Verwandelter, ein Umleuchteter, welcher *lachte*! Niemals noch auf Erden lachte je ein Mensch, wie *er* lachte!« (Z III, 197f.)

Viele Bedeutungen dieser Rede bleiben rätselhaft (und auch Zarathustra präsentiert sie als Rätsel). Klar ist aber zumindest, daß hier die »kosmologische« Version der Wiederkehr, die »Feststellung«, daß »Alles Gerade lügt« und »Krumm der Pfad der Ewigkeit« ist, wenn schon nicht als falsch zurückgewiesen wird, so doch als eine zu oberflächliche Sicht der Dinge erscheint. Das Bild des Hirten, der der Schlange den Kopf abbeißen muß (also ein Symbol der Kreisförmigkeit und des ewig in sich zurücklaufenden Rings) bindet auf mysteriöse Weise die Idee der Wiederkehr an eine *Entscheidung*, die vom Menschen getroffen werden muß und nur aufgrund derer er sich verändert. Im dritten Teil des *Zarathustra* bestätigt der Abschnitt »Der Genesende« diesen Zusammenhang von ewiger Wiederkehr und Entscheidung. Dort wird die »leichte« Version der ewigen Wiederkehr dargelegt von Zarathustras Tieren, dem Adler und der Schlange.

»›Oh Zarathustra [. . .] Solchen, die denken wie wir, tanzen alle Dinge selber: das kommt und reicht sich die Hand und lacht und flieht – und kommt zurück.

Alles geht, Alles kommt zurück; ewig rollt das Rad des Seins [. . .]
In jedem Nu beginnt das Sein; um jedes Hier rollt sich die Kugel
Dort. Die Mitte ist überall. Krumm ist der Pfad der Ewigkeit.‹ –
– Oh ihr Schalks-Narren und Drehorgeln! antwortete Zarathustra
und lächelte wieder, wie gut wisst ihr, was sich in sieben Tagen erfül-
len musste: –
– und wie jenes Unthier mir in den Schlund kroch und mich würgte!
Aber ich biss ihm den Kopf ab und spie ihn weg von mir.
Und ihr, – ihr machtet schon ein Leier-Lied daraus?‹« (Z III, 268f.)

Auch in dieser Rede bleiben viele Bedeutungen rätselhaft. (Ein
für allemal sei es gesagt, daß sie auch Nietzsche selbst rätselhaft
gewesen sein müssen, da die »prophetische« Form des *Zarathustra* nicht nur auf eine stilistische Entscheidung, einen rhetori-
schen Kunstgriff zurückgeht, sondern mit der relativen »Un-
denkbarkeit« seiner Inhalte zusammenhängt.) Der Grundwi-
derspruch aber ist eindeutig: was dem »Leier-Lied« der Tiere
wie dem »Geist der Schwere« aus dem anderen Abschnitt fehlt,
ist etwas, das mit der Entscheidung zu tun hat. Das wird hier
sehr viel klarer und eindeutiger als in dem Abschnitt »Vom Gesicht und Rätsel«, da Zarathustra sich hier audrücklich selbst in
seiner Beziehung zur Idee der Wiederkehr mit dem Hirten
gleichsetzt, der der Schlange den Kopf abbeißen mußte.

3. Die Erlösung von der Zeit

Nietzsche ist, wie gezeigt wurde, daran interessiert, die Idee der
Wiederkehr sowohl als ethische wie als kosmologische These
darzustellen. Und darin scheint in der Tat der wesentliche Zug
dieser Lehre zu bestehen, weshalb er sie als eine entscheidende,
erschütternde und schicksalsbeladene Idee betrachtet, die in ihrer historischen Reichweite die Ideen seiner voraufgegangenen
Werke, die Genealogie, den Nihilismus und die gesamte Philosophie des Vormittages zusammenfaßt, radikalisiert und in bestimmter Hinsicht »konkretisiert«. Offensichtlich hätte sie
nicht so viel Gewicht, wenn es sich bei ihr nur um eine »heuri-
stische« Fiktion oder um ein Hilfsmittel zur Bewertung des Daseins handelte (»wie müsstest du dir selber und dem Leben gut
werden [. . .]«). In der Idee der Wiederkehr muß, damit sie als
entscheidender Gedanke für eine Veränderung des Menschen
funktionieren kann, mehr enthalten sein. Und gerade das ist es,
was Nietzsche mit seinen »kosmologischen« Argumenten dar-

zustellen sucht. Der Zustand des Glücks, in dem der Mensch die ewige Wiederkehr des Gleichen wollen kann, ist nur möglich, wenn die lineare Struktur der Zeit aufgehoben ist.

Die »Erlösung«, der eine große Rede im zweiten Teil des *Zarathustra* gewidmet ist, wird gedacht als Erlösung vom »Geist der Rache«, der bisher den Menschen beherrscht. Denn der Mensch der platonisch-christlichen Tradition ist ein Gefangener der linearen Struktur der Zeit. Das Elend des zeitgenössischen Menschen wird hier von Nietzsche in Begriffen beschrieben, welche auf die moderne Konzeption der Entfremdung nach der Auflösung der schönen Humanität der klassischen Antike verweisen, so vor allem auf den sechsten der *Briefe über die ästhetische Erziehung des Menschen* von Schiller (sowie auf Gedanken von Hegel und Marx).

»Das ist mir aber das Geringste, seit ich unter Menschen bin, dass ich sehe: ›Diesem fehlt ein Auge und Jenem ein Ohr und einem Dritten das Bein, und Andre giebt es, die verloren die Zunge oder die Nase oder den Kopf.‹
Ich sehe und sah Schlimmeres und mancherlei so Abscheuliches, dass ich nicht von Jeglichem reden und von Einigem nicht einmal schweigen möchte: nämlich Menschen, denen es an Allem fehlt, ausser dass sie Eins zu viel haben – Menschen, welche Nichts weiter sind als ein grosses Auge, oder ein grosses Maul oder ein grosser Bauch oder irgendetwas Grosses, – umgekehrte Krüppel heisse ich Solche [. . .]
›Wahrlich, meine Freunde, ich wandle unter den Menschen wie unter den Bruchstücken und Gliedmaassen von Menschen! [. . .]
Und flüchtet mein Auge vom Jetzt zum Ehemals: es findet immer das Gleiche: Bruchstücke und Gliedmaassen und grause Zufälle – aber keine Menschen!‹« (Z II, 173ff.)

Der bruchstückhafte Mensch ist der Mensch der Gegenwart. Bruchstückhaft ist er aber noch in einem anderen und subtileren Sinn; denn er ist der Mensch, der zerbrochen ist unter dem Felsgestein der Vergangenheit und ihrem »Es war«, dem gegenüber der Wille nichts vermag und der sich selbst wie anderen aus Rache all jene Arten von Leiden auferlegt, welche die Grausamkeiten der Moral, der Religion und der Askese ausmachen.

»Dass die Zeit nicht zurückläuft, das ist sein [des Willens, A. d. Ü.] Ingrimm; ›Das, was war‹ – so heisst der Stein, den er nicht wälzen kann [. . .]
Diess, ja diess allein ist *Rache* selber: des Willens Widerwille gegen die Zeit und ihr ›Es war.‹ [. . .]
Der Geist der Rache: meine Freunde, das war bisher der Menschen bestes Nachdenken; und wo Leid war, da sollte immer Strafe sein [. . .]

Und nun wälzte sich Wolke auf Wolke über den Geist: bis endlich der Wahnsinn predigte: ›Alles vergeht, darum ist Alles werth zu vergehn!‹ [...]
Alles ›Es war‹ ist ein Bruchstück, ein Räthsel, ein grauser Zufall – bis der schaffende Wille dazu sagt: ›aber so wollte ich es!‹
– Bis der schaffende Wille dazu sagt: ›Aber so will ich es! So werde ich's wollen!‹ [...]
Höheres als alle Versöhnung muss der Wille wollen, welcher der Wille zur Macht ist –: doch wie geschieht ihm das? Wer lehrte ihn auch noch das Zurückwollen?« (Z II, 176f.)

Eine Erlösung ist nur zu haben als radikale Veränderung des Zeiterlebens. Die aber kann kein *amor fati* allein im Sinn einer Anerkennung der Dinge sein, wie sie gerade sind. Das Schicksal ist für Nietzsche nie etwas, das geschieht, sondern immer eine Einheit aus Gewolltem und Geschaffenem. (Der »schaffende Wille« kann sagen: »so wollte ich es!«) Nietzsches nachdrückliche Bemühung, die ewige Wiederkehr als kosmologische These zu beweisen, hat hier ihre Grundlagen: Nietzsche will nicht einfach nur eine resignierte Hinnahme der Dinge, wie sie eben sind. Er will vielmehr eine Welt, in der es möglich ist, die ewige Wiederkehr des Gleichen zu wollen. Aufgrund der kritischen Prämissen, die er sich in den Werken seiner zweiten Schaffensperiode erarbeitet hat, darf er es sich jedoch nicht gestatten, die Lehre von der ewigen Wiederkehr einfach als die soundsovielte Beschreibung einer angeblich vorfindbaren metaphysischen Struktur der Welt zu formulieren (also einer neuen Version der »wahren Welt«).
Daher die bereits geschilderte Verbindung, die Nietzsche zwischen der Welt der ewigen Wiederkehr und der Entscheidung herstellt, ohne sie je klären zu können. Diese Verbindung soll vermeiden helfen, daß sich sein Denken auflöst im theoretischen Entwurf einer wahren Welt, dem die Menschen unbedingt folgen sollen: etwa der »oberflächlichen« Version der ewigen Wiederkehr, wie sie der Zwerg und Zarathustras Tiere vortragen. Aber die Kreisförmigkeit der Zeit und die Entscheidung sind nicht miteinander zu vereinbaren, zumindest nicht auf eine eindeutig denkbare Art und Weise. Aber hängt das nur, wie Löwith glaubt, von einer (historischen? historistischen?) *Unmöglichkeit* ab, auf dem Gipfel der Moderne eine naturalistische Metaphysik nach Art der Griechen zu entwikeln? Wir haben vielmehr den Eindruck, daß diese Unmöglichkeit (über die Vorstellungen Löwiths hinaus) in der Lehre Nietzsches selbst verwurzelt ist. Die Schwierigkeit oder Unmöglichkeit, die Idee

der ewigen Wiederkehr und die Entscheidung miteinander zu verbinden, hängt von dem Umstand ab, daß, sehr summarisch gesagt, die Idee der ewigen Wiederkehr (und nicht nur die Lehre von ihr, sondern die Erfahrung, die die Menschen der Epoche des Nihilismus mit ihr machen) auf das Subjekt so destrukturierend wirkt, daß es für sich selbst buchstäblich »undenkbar« wird. Es wird unfaßlich und kann in seinen unterschiedlichen Aspekten nicht mehr »zusammengehalten« werden. Das aber führt dazu, daß dem Denken schwindelig wird.

4. Der Wille zur Macht und das Schicksal des Subjekts

Konturen gewinnt der Begriff des Willens zur Macht, wenn man die »Selektivität« zuende denkt, die Nietzsche der Idee der ewigen Wiederkehr in ihrer doppelten Bedeutung einer extremen Steigerung des Nihilismus und einer neuen Voraussetzung für das Glück des Menschen verleiht.[19]

Über diese Selektivität der ewigen Wiederkehr sind Notizen besonders aufschlußreich, die Nietzsche im Sommer 1887 unter dem Titel »Der europäische Nihilismus« machte (NF Herbst 1885 – Herbst 1887, VIII, 1, 5 [71], 215–222). Es handelt sich um sechzehn kurze Abschnitte, von denen die ersten acht die von Nietzsche in den Schriften seiner zweiten Schaffensperiode durchlaufenen Entwicklungsschritte wiedergeben: Die christliche Moral hat dem Menschen dazu gedient, aus einem »ersten Nihilismus« herauszufinden, der sich aus dem Wissen um das Chaos und die Sinnlosigkeit des Werdens ergeben hat. Teil der christlichen Moral aber war auch ein Imperativ der Wahrhaftigkeit. Gerade indem der Mensch ihn mit äußerster Konsequenz befolgte, entdeckte er, daß die Moral selbst eine Lüge ist, eine zu lebensdienlichen Zwecken entworfene Fiktion, der jedoch eine Grundlage in der Wahrheit fehlt. Diese Entdeckung war möglich, weil das Leben inzwischen weniger unsicher und gefährlich geworden war und dem Menschen eine so harte Disziplin wie die der christlichen Moral nicht mehr notwendig erschien. Gott selbst wurde schließlich »eine viel zu extreme Hypothese« (a. a. O., Paragraph 3, 216). Nachdem aber über Jahrhunderte die christliche Moral als die einzige Deutung der Welt erschienen war, stürzte mit ihrem Zusammenbruch der europäische Mensch in einen »zweiten Nihilismus«. Kein Wert schien mehr dem Mißtrauen Widerstand leisten zu können, das gerade die Moral die Menschen gelehrt hatte. Die Welt ohne Ziel und Zweck, »das Dasein, so wie es ist, ohne Sinn und Ziel, ohne ein Finale ins Nichts: ›die ewige Wiederkehr‹.

Das ist die extremste Form des Nihilismus: das Nichts (das ›Sinnlose‹) ewig!« (a. a. O., Paragraph 6, 217) Aber ist eine andere Einstellung möglich? eine Einstellung, die in jedem Augenblick Ja sagt zu diesem Prozeß, gerade weil er nicht mehr durch transzendente Ziele »entwertet« wird, die immer erst kommen sollen? Dazu müßte an jedem Geschehen sein »*Grundcharakterzug*« unter dem Aspekt gerade dieses Einzelfalls betrachtet werden können (a. a. O., Paragraph 8, 218). Man müßte also den Sinn der Ereignisse in vollkommener Übereinstimmung mit dem Sinn des eigenen Lebens empfinden. Das aber ist das »Glück«, welches sich zuerst in der Idee der Wiederkehr ankündigt, von der in der *Fröhlichen Wissenschaft* die Rede ist (FW 341, 250). An dieser Stelle findet jedoch in den Notizen von 1887 eine Umkehrung statt (a. a. O., Paragraph 9, 218): Die »Selektivität« des Gedankens der Wiederkehr liegt hier nicht mehr in dem Satz »wie müßtest du dir selber und dem Leben gut werden . . .« Als Selektionsprinzip funktioniert hier nicht mehr die persönliche Empfindung des Glücks, sondern der Nihilismus, also das Deutlichwerden der Lüge der Moral. Die Moral hat dem Leben nützliche Werte erfunden und vorgetragen. Indem sie aber vorgab, Werte durchzusetzen, die auf »Wahrheit« gegründet seien, hat sie seit jeher gerade den Sinn der Positionierungen dieser Werte verborgen, daß sie nämlich im Willen zur Macht von einzelnen oder ganzen Gruppen verwurzelt sind. Und gerade durch ihre Existenz hat die Moral im Gegenteil immer schon den ausdrücklichen Willen zur Macht der Herrschenden und ihrer Übergriffe sowie die Erneuerer der Moral verurteilt. Mit der Entdeckung, daß alles Wille zur Macht ist, ist jeder gezwungen, Stellung zu beziehen. Für die Schwachen und Schlechtweggekommenen ist die Moral dann kein Schutz mehr, der ihnen Gelegenheit bietet, die Starken zu verachten und zu verurteilen. Die Schwachen und Schlechtweggekommenen gehen unter, wenn sie den Kampf zwischen den einander entgegengesetzten Bestrebungen des Willens zur Macht ausdrücklich und allgemein anerkennen. Dies gilt zunächst vor allem dann, wenn sie nicht kämpfen und ihren moralischen Vorurteilen verhaftet bleiben, also diese Vorurteile (wie z. B. bei der Gleichmacherei in der Politik) so radikalisieren, daß sie dem Leben gegenüber noch zerstörerischer und feindlicher sind. All das aber führt Nietzsche nicht zur schrankenlosen

Bejahung des Kampfes und zur Verherrlichung der Fähigkeit, sich in ihm mit Gewalt durchzusetzen. Denn in Paragraph 15 der zitierten Notizen heißt es, daß sich als die Stärksten erweisen werden die

»Mäßigsten, die, welche keine extremen Glaubenssätze *nöthig* haben, die, welche einen guten Theil Zufall, Unsinn nicht nur zugestehen, sondern lieben, die welche vom Menschen mit einer bedeutenden Ermäßigung seines Werthes denken können, ohne dadurch klein und schwach zu werden: die Reichsten an Gesundheit, die den meisten Malheurs gewachsen sind und deshalb sich vor den Malheurs nicht so fürchten – Menschen die *ihrer Macht sicher sind*, und die die *erreichte* Kraft des Menschen mit bewußtem Stolze repräsentiren.« (a. a. O., Paragraph 15, 221)

Die Selektivität des Gedankens der Wiederkehr scheint, vor allem in diesem vorletzten der Paragraphen über den Nihilismus, nicht so sehr in der Durchsetzung eines Kampfes aller gegen alle zu bestehen (der im übrigen immer existiert hat und den die Schwachen durch den Zwang ihrer moralischen Vorurteile lange Zeit gewonnen haben), sondern in der Wirkung, die das Wissen um die ewige Wiederkehr im Menschen hervorruft, die ausdrückliche Entdeckung des Willens zur Macht, der in der Welt wirkt. Der Starke wird weniger durch Merkmale charakterisiert, die der Welt des Kampfes angehören, als vielmehr durch eine Art »hermeneutischen« Charakter, der sehr stark an die »Philosophie des Vormittages« erinnert.

Der Wille zur Macht ist, wenn man so sagen darf, in Wahrheit hermeneutisch und interpretierend. Der Kampf der einander entgegenstehenden Bestrebungen einer Vielzahl von Willen ist vor allem ein Kampf von Interpretationen, wie sich an dem zitierten Fragment über den europäischen Nihislismus zeigt. Das entspricht dem Zur-Fabel-Werden der wahren Welt: es gibt nichts als eine scheinbare Welt, und sie wird hervorgebracht durch Interpretationen, die jedes Kraftzentrum ausarbeitet:

»jedes Kraftcentrum hat für den ganzen *Rest* seine *Perspektive* d. h. seine ganz bestimmte *Wertung*, seine Aktions-Art, seine Widerstands-art.

Die ›scheinbare Welt‹ reduziert sich als ‹o› auf eine spezifische Art von Aktion auf die Welt, ausgehend von einem Centrum. Nun gibt es gar keine andere Art Aktion: und die ›Welt‹ ist nur ein Wort für das Gesammtspiel dieser Aktionen« (NF 1888, VIII, 3, 14 [184], 163).

Doch auch in einem zweiten Sinn ist der Wille zur Macht hermeneutisch: Indem er die Welt als Spiel von Erscheinungen und

Perspektiven sieht, die gegeneinander kämpfen, ist er eine Theorie unter anderen, eine Interpretation und sonst nichts. Nietzsche räumt dies ausdrücklich ein am Ende eines Aphorismus in *Jenseits von Gut und Böse*: »Gesetzt, dass auch dies nur Interpretation ist [. . .] nun, um so besser.« (JGB 22, 31) Doch mit dieser Radikalisierung der Hermeneutik im Willen zur Macht hat es nicht sein Bewenden:

> »Gegen den Positivismus, welcher bei dem Phänomen stehen bleibt ›es giebt nur Thatsachen‹, würde ich sagen: nein, gerade Thatsachen giebt es nicht, nur Interpretationen. Wir können kein Factum ›an sich‹ feststellen: vielleicht ist es ein Unsinn, so etwas zu wollen. ›Es ist alles subjektiv‹ sagt ihr: aber schon das ist *Auslegung*, das ›Subjekt‹ ist nichts Gegebenes, sondern etwas Hinzu-Erdichtetes, Dahinter-Gestecktes. – Ist es zuletzt nötig, den Interpreten noch hinter die Interpretation zu setzen? Schon das ist Dichtung, Hypothese.« (NF Herbst 1885 – Herbst 1887, VIII, 1, 7 [60], 323)

Auch ein interpretierendes Subjekt bleibt also gefangen im Spiel seiner Interpretation, das selbst nur eine perspektivische »Positionierung« eines Willens zur Macht ist. Wir stoßen hier, wie sich zeigt, auf die Grenzen, an denen die ewige Wiederkehr und der Wille zur Macht sich als eher auflösende und nicht als konstruktive Prinzipien erweisen. Ihre Selektivität scheint untrennbar mit ihrer Auflösungsbedeutung verbunden zu sein. Aber selbst wenn in beiden Begriffen Selektivität steckt, »funktioniert« sie doch in bestimmter Hinsicht auch als Prinzip von Entscheidungen.

Ein Beispiel bietet die Vorstellung, daß die Welt nichts weiter als ein Spiel von Interpretationen ist, die von »Kraftzentren« ausgehen – die ihrerseits, wie das Subjekt, nicht letzte Bezugspunkte, sondern interpretatorische Konfigurationen »von relativer Dauer« sind (NF Herbst 1887 – März 1888, VIII, 2, 11 [73], 278). Müssen wir also einsehen, daß alle Interpretationen einander gleichwertig sind, da es kein Wahrheitskriterium gibt, auf das man sich berufen könnte, um jeweils eine den anderen vorzuziehen? Auch wenn Nietzsche einräumt, daß die Lehren des Willens zur Macht und der ewigen Wiederkehr ihrerseits nur Interpretationen sind, glaubt er in der Tat nicht, daß sie einfach denselben Rang haben wie jede beliebige Interpetation, daß beispielsweise die Interpretation des »Willens zu Macht« der der »christlichen Moral« gleichwertig ist. Der Perspektivismus (ein weiterer Begriff, den Nietzsche verwendet, um die Lehre seiner letzten Schaffensperiode zu bezeichnen) bedeutet faktisch nicht, daß die Theorie selbst, die eine Pluralität von Perspektiven behauptet, unter ihnen keine Auswahl treffen soll und muß. Zumindest muß sie zwischen sich selbst und den vielen anderen Interpretationen entscheiden.

Die Kriterien, die Nietzsche immer wieder angibt, um eine solche Entscheidung treffen zu können, sind »physiologischer« Natur: Stärke – Schwäche, Gesundheit – Krankheit sowie (damit zusammenhängend) Kreativität – Ressentiment, Aktivität – Reaktivität.[20] Die Ablehnung der Metaphysik wegen der Feststellung der Irrtümer, auf denen sie beruht, kann sich streng genommen nicht auf Nietzsche stützen, da ihm zufolge der Irrtum lebensnotwendig ist und da es in seinen Augen keinerlei »Wahrheit« gibt, die »mehr wert« wäre als der Irrtum und auf die man sich berufen könnte, um über ihn hinauszugelangen. Wenn sich mit der Veränderung der Lebensbedingungen und zugleich der inneren Logik der Moral deren metaphysische Lüge als solche enthüllt und wenn Gott »stirbt«, dann ist es eher ein Zeichen physiologischer Degeneration und schlechter Gesundheit, dies nicht zur Kenntnis zu nehmen, als sich zu weigern, eine Tatsachenwahrheit anzuerkennen. Stärke und Schwäche, Gesundheit und Krankheit sind die einzigen Kriterien, die Nietzsche am Ende seiner Demaskierung der Metaphysik bleiben. Sein Haß auf die Moral, auf das Christentum und auf den Sozialismus (der als gleichmacherische Ideologie nur eine Extremform des Christentums darstellt) ist insgesamt motiviert durch eine »physiologische« Vorliebe für Gesundheit und Stärke. Die Moral ist ein Willen zur Macht, der sich als Rache charakterisieren läßt. Sie schlägt nicht alternativ zu anderen Werten neue vor, sondern ist vielmehr, Nietzsche zufolge, die nihilistische Verneinung eines jeden Werts auf der Welt und folglich der Wille, ihn noch weiter zu erniedrigen, herabzusetzen und zu demütigen (wie in der christlichen Moral das »Fleisch« verächtlich gemacht und gedemütigt wird). »*Was* ist eigentlich Moral?

Der Instinkt der décadence, es sind die Erschöpften und Enterbten, die auf diese Weise *Rache nehmen*« (NF Anfang 1888 – Anfang Januar 1889, VIII, 3, 14 [135], 112). Im Gegensatz zum Rachegeist der Schwachen, die die Sinnlosigkeit des Werdens bemerken und sich gegen sie auflehnen, indem sie die Welt verächtlich machen und herabsetzen, werden Kraft und Gesundheit gerade durch die Fähigkeit bestimmt, die Erfahrung des Nihilismus aktiv zu erleben.

»ich schätze die *Macht* eines *Willens* darnach, wie viel von Widerstand, Schmerz, Tortur er aushält und sich zum Vortheil umzuwandeln weiß; nach diesem Maaße muß es mir fern liegen, dem Dasein
seinen bösen und schmerzhaften Charakter zum Vorwurf anzurech-
nen« (NF Herbst 1887 – März 1888, VIII, 2, 10 [118], 190).

Der Widerstand und die Fähigkeit, Leiden zum eigenen Vorteil
umzuwandeln, sind jedoch keine Mechanismen eines Willens,
der sich *erhalten* will, denn sonst müßte der bösartige Charakter des Daseins ihm durchweg vorgeworfen werden, auch wo er
aktiv erkannt und bekämpft wird. Doch Nietzsche schreibt an
der eben zitierten Stelle weiter: »‹ich› ergreife die Hoffnung,
daß es einst böser und schmerzhafter sein wird als bisher . . .«
Widerstand und Leidensfähigkeit sind nicht nur Kräfte im
Dienste des Selbsterhaltungstriebs, denn dieser würde letzte
Einheiten unterstellen, welche sich erhalten wollen. Aber

> »es giebt keine dauerhaften letzten Einheiten, keine Atome, keine
> Monaden: auch hier ist ›das Seiende‹ erst von uns *hineingelegt*, (aus
> praktischen, nützlichen perspektivischen Gründen) [. . .] *es gibt kei-
> nen Willen:* es gibt Willens-Punktationen, die beständig ihre Macht
> mehren oder verlieren« (NF Herbst 1887 – März 1888, VIII, 2, 11
> [73], 278f.).

Stärke und Schwäche, Gesundheit und Krankheit lassen sich
also nicht im Hinblick auf einen »Normal«-Zustand irgendei-
nes Wesens, beispielsweise des Menschen im allgemeinen oder
eines Einzelnen definieren, da auch sie immer nur als letzte Einheiten gedacht würden. Das fünfte Buch der *Fröhlichen Wissenschaft* bestimmt dagegen in seinem vorletzten Aphorismus die
Gesundheit unter dem Aspekt der Abenteuerlust. Gesund ist,
»Wessen Seele darnach dürstet, den ganzen Umfang der bisherigen Werthe und Wünschbarkeiten erlebt und alle Küsten dieses
idealischen ›Mittelmeers‹ umschifft zu haben« (FW 382, 318).
Und in einer Notiz aus dem Jahre 1884 heißt es: »In wie weit Einer auf *Hypothesen* hin leben, gleichsam auf unbegrenzte Meere
hinausfahren kann, statt auf ›Glauben‹ ist das höchste Maaß der
Kraftfülle. Alle geringeren Geister gehen zu Grunde.« (NF
Frühjahr – Herbst 1884, VII, 2, 25 [515], 144) Unter diesem Gesichtspunkt wird das »um so besser«, mit dem der bereits zitierte Aphorismus 22 aus *Jenseits von Gut und Böse* schließt, in
welchem Nietzsche die Möglichkeit erörtert, daß auch die
Lehre von der Welt als Wille zur Macht »nur« eine Hypothese
ist, sehr wörtlich genommen. Als »gesunde« Perspektive darf
nur Anspruch auf Geltung erheben, was sich ausdrücklich als

Interpretation darstellt, nicht jedenfalls die als metaphysische Verlautbarung über die ewige Struktur der Dinge getarnten Interpretationen. All dies kann mühelos außerhalb der Schematismen einer rein vitalistischen Rhetorik (zumindest aber im Rahmen eines kritischeren und wachsameren »Vitalismus«) gelesen werden. Berufen kann man sich dabei auf die Position eines »methodologischen Anarchismus« *ante litteram*,[21] wie sie beispielsweise in der *Genealogie der Moral* zum Ausdruck kommt. Gegen den Mythos einer objektiven Wissenschaft, die unter Verzicht auf einen historischen Blick einäugig zu verfahren sucht, gilt es festzuhalten:

> »Es gibt *nur* ein perspektivisches Sehen, *nur* ein perspektivisches ›Erkennen‹; und *je mehr* Affekte wir über eine Sache zu Worte kommen lassen, *je mehr* Augen, verschiedne Augen wir uns für dieselbe Sache einzusetzen wissen, um so vollständiger wird unser ›Begriff‹ dieser Sache, unsre ›Objektivität‹ sein.« (GdM 12, 383)

Deutlich wird hier also, wie die Selektivität der Idee der Wiederkehr oder des Willens zur Macht funktioniert: Kraft und Gesundheit sind nur zu definieren unter den Aspekten der Abenteurerlust und einer Vielfalt von Gesichtspunkten, mithin in Begriffen, die wir als »auflösend« bezeichnet haben, ganz gewiß nicht als Fähigkeiten zur Festlegung einer einzelnen Perspektive unter anderen oder im Gegensatz zu anderen. Eine ähnlich auflösende Bedeutung haben auch die im engeren Sinn »politischen« Verwendungsweisen der Lehre des Willens zur Macht, die Nietzsche in Anschlag bringen möchte. Auch wenn es riskant und vielleicht definitiv unmöglich ist, alle von Nietzsche diesem Problem gewidmeten Notizen in einer Formel zusammenzufassen, scheint ihre Bedeutung doch jenseits ihrer »soziobiologistischen« Rhetorik (auf die sich die nationalsozialistischen Interpreten stützten) durch einen Satz der *Fröhlichen Wissenschaft* bestimmt werden zu können. Ihm zufolge gilt für uns Menschen der Epoche des Nihilismus: »*Wir alle sind kein Material mehr für eine Gesellschaft*« (FW 356, 279). Die »Entdeckung« des Willens zur Macht durch alle, wie sie im Fragment über den europäischen Nihilismus beschrieben wird, kann nicht zu einer Neubegründung der Politik, sondern nur zu deren Auflösung führen. Denn wie ließe sich auf die Idee des Willens zur Macht eine Politik gründen? Etwa, indem sie »per Gesetz« den Sieg der Starken über die Schwachen begünstigt? Wenn aber die Starken erst einmal per Gesetz (etwa weil sie angeblich Arier sind) als solche definiert würden, verfielen sie der übelsten Logik des Geists der Rache, einer Moral des Ressentiments: einer einfachen Umkehrung der christlichen Gleichmacherei, die aber ebenfalls noch »moralisch« begründet würde. Um Nietzsche nicht unrecht zu tun, müssen wir aber wohl (wie einige neuere Interpreten) erkennen, daß auch in der Politik der Wille zur Macht als selektives Prinzip nur in dem Maße funktioniert, in dem er gerade die Dimension des Politischen durch dessen Generalisierung auflöst (was man in der modernen Demokratie verwirklicht sehen kann).[22]

Die Verbindung zwischen Selektivität und Auflösungsvermögen, die sich am Beispiel der ewigen Wiederkehr nachweisen ließ, tritt auch bei einem anderen der zentralen Themen im Denken des späten Nietzsche auf, dem *Übermenschen*. Das Bild des Übermenschen oszilliert immer wieder zwischen der »schönen Individualität« mit entfernt humanistischen Zügen (den »Starken« des Paragraphen 15 der Ausführungen über den europäischen Nihilismus) und der des Abenteurers, der über jedes Maß und jede konstruktive Möglichkeit hinausgeht, angetrieben von einem Verlangen zum Experiment, das sich auch gegen ihn selbst richtet. Ein »strahlender« Übermensch tritt vor allem in den Reden Zarathustras auf. (Es ist der Mensch jener schenkenden Tugend, der das Werden erlöst, der den Mittag als die Stunde der vollkommenen Ganzheit und Rundheit der Welt erlebt etc.) Zu diesem Bild gesellt sich ein anderes, das zu ihm nie eindeutig in Gegensatz tritt. Jenes Bild, bei dem, wie man wohl sagen darf, das Präfix *über*, das den neuen Menschen auszeichnet, auf die *hybris*, die Anmaßung und Gewalttätigkeit dessen verweist, der jenseits von Gut und Böse ist.

> »Selbst noch mit dem Maasse der alten Griechen gemessen,« so heißt es in der *Genealogie der Moral*, »nimmt sich unser ganzes modernes Sein, soweit es nicht Schwäche, sondern Macht und Machtbewußtsein ist, wie lauter Hybris und Gottlosigkeit aus [...] Hybris ist heute unsre ganze Stellung zur Natur, unsre Natur-Vergewaltigung mit Hülfe der Maschinen und der so unbedenklichen Techniker- und Ingenieur-Erfindsamkeit [...] Hybris ist unsre Stellung zu *uns*. – denn wir experimentiren mit uns, wie wir es uns mit keinem Thier erlauben würden, und schlitzen uns vergnügt und neugierig die Seele bei lebendigem Leibe auf: was liegt uns noch am ›Heil‹ der Seele!« (GdM III, 9, 375)

Doch das Experiment mit sich selbst, das äußerste Experiment, ist letztlich auch eine Hypothese, eine Vorstellung, die »Entdeckung« der ewigen Wiederkehr mit all ihrer auflösenden Wirkung. Auch das Ich ist »etwas Hinzu-Erdichtetes« (NF Herbst

1885 – Herbst 1887, VIII, 1, 7 [60], 323). Die Prädikate der Einheit und »Letztendlichkeit« des Ich, die uns die philosophische Tradition als äußerstes Bollwerk der Sicherheit (vom cartesianischen *cogito* bis zum Kantschen *Ich denke*) übermittelt hat, erscheinen generell in Frage gestellt. Das Selbstbewußtsein, auf das sich unsere Auffassung vom Ich gründet, ist in der Tat kein wesentliches, erstes oder grundlegendes Merkmal des Menschen. Er wäre ohne ein zentrales Bewußtsein seiner selbst im »Natur"-Zustand sehr gut lebensfähig. Entwickelt hat er es nur unter dem Druck des Kommunikationsbedürfnisses, als er zum Sozialwesen wurde. Er mußte sich über sich selbst Rechenschaft ablegen, um anderen Rechenschaft ablegen zu können. Dies galt vor allem im Verhälnis zwischen »Befehlenden und Gehorchenden« (FW 354, 273). Nicht das Bewußtsein nur ist eine Funktion sozialer Beziehungen. Selbst das Ich ist lediglich ein Oberflächeneffekt. Zarathustra hat dies in jener Rede »Von den Verächtern des Leibes« ausgeführt, die eine der ersten des ersten Teils dieses Buches ist. »›Ich‹ sagst du und bist stolz auf diess Wort. Aber das Grössere ist, woran du nicht glauben willst, – dein Leib und seine grosse Vernunft: die sagt nicht Ich, aber thut Ich.« (Z I, 35) Noch einmal sei darauf verwiesen: Nietzsche will das Bewußtsein nicht auf den Leib »reduzieren", da das Phänomen des Leibes nur als »Leitfaden« dient, um über die »Vielfachheit« des Ich Klarheit zu gewinnen gegen jene Reduktion, die seit jeher Moral und Metaphysik auf die Hegemonie des Bewußtseins gegründet hat. (NF Herbst 1885 – Herbst 1887, VIII, 1, 2 [91], 104) Ein Ich jedoch, das sich darüber klar wird, nur ein Oberflächeneffekt zu sein und das seine Gesundheit gerade aus diesem Wissen zieht, kann zweifellos kein gesteigertes und intensiviertes Ich sein, wie dies oft vom Übermenschen gedacht wird. Es ist sogar problematisch, ob es sich noch in irgendeinem Sinn als Subjekt bezeichnen kann.

5. Der Wille zur Macht als Kunst

Vielleicht kann zum Verständnis von Nietzsches Figur des Übermenschen trotz all der Schwierigkeiten und Widersprüche, die für sie (wie etwa die Gegensätze von ewiger Wiederkehr und Entscheidung, von Konstruktion und Auflösung etc.) charakteristisch sind, allein die Auffassung der Kunst hilfreich sein, die Nietzsche in den Schriften seiner letzten Schaffensperiode vor allem in den unveröffentlichten Fragmenten aus dem Nachlaß entwickelt. Die Grundlagen hierzu finden sich bereits in der *Fröhlichen Wissenschaft* (deren fünftes Buch jedoch durchaus schon zur letzten Schaffensperiode gehört). In diesen Schriften nimmt Nietzsche, wie oben bereits angedeutet wurde, manche Aspekte der Metaphysik seiner Jugend wieder auf, insbesondere Themen aus der *Geburt der Tragödie*. Dies gilt beispielsweise für die Idee, daß die Kunst zur ästhetischen Rechtfertigung des Daseins dienen soll (wie es in der Vorrede von 1886 zur Neuausgabe der *Fröhlichen Wissenschaft* heißt), weil sie uns vor der Wahrheit schützt. Jetzt aber handelt es sich nicht mehr um eine Welt schöner Erscheinungen, die uns vom Anblick des Chaos und der Irrationalität des anfänglich Einen ablenken. »Die Wahrheit ist häßlich: *wir haben die Kunst,* damit wir nicht an der Wahrheit zu Grunde gehn.« Das aber gilt nur, weil der Wille zur Wahrheit »bereits ein Symptom der Entartung ist« (NF Anfang 1888 – Januar 1889, VIII, 3, 16 [40], 296). Die Kunst verbirgt hinter ihren Formen keine objektive »Wahrheit« der Dinge. Als schöpferische Tätigkeit der Lüge widersetzt sie sich stattdessen der Passivität, der Reaktivität und dem Rachegeist, die die Suche nach der Wahrheit bestimmen.

> »Nein! Man komme mir nicht mit der Wissenschaft, wenn ich nach dem natürlichen Antagonisten des asketischen Ideals suche [. . .] Die Kunst, in der gerade die *Lüge* sich heiligt, der *Wille zur Täuschung* das gute Gewissen zur Seite hat, ist dem asketischen Ideale viel grundsätzlicher entgegengestellt als die Wissenschaft« (GdM III, 25, 420).

Lügen sind alle geistigen Tätigkeiten des Menschen von Natur aus, nicht nur die Kunst. In dieser Hinsicht ist gerade die Kunst das Modell des Willens zur Macht.[23] Nietzsche plante lange, einem Teil seines später aufgegebenen Hauptwerks den Titel zu geben: »Der Wille zur Macht als Kunst". Das verweist auf mehr als nur einen marginalen Aspekt oder eine beiläufige Anwendung dieser Lehre. Denkt man die Welt erst einmal unter dem Gesichtspunkt des Willens zur Macht, so schreibt Nietzsche, dann gibt es nicht mehr den tröstlichen Gegensatz einer wahren und einer scheinbaren Welt:

> »Es gibt nur Eine Welt, und diese ist falsch, grausam, widersprüchlich, verführerisch, ohne Sinn . . . Eine so beschaffene Welt ist die wahre Welt . . . *Wir haben Lüge nötig,* um über diese Realität, diese ›Wahrheit‹ zum Sieg zu kommen das heißt, um zu *leben* [. . .] Die Metaphysik, die Moral, die Religion, die Wissenschaft – sie werden [. . .] nur als verschiedene Formen der Lüge in Betracht gezogen: mit ihrer

Hülfe wird ans Leben *geglaubt*. ›Das Leben *soll* Vertrauen einflößen‹: die Aufgabe, so gestellt, ist ungeheuer. Um sie zu lösen, muß der Mensch von Natur schon ein Lügner sein, er muß mehr als alles Andere noch *Künstler* sein [. . .] Metaphysik, Moral, Religion, Wissenschaft – Alles nur Ausgeburten seines Willens zur Kunst« (NF Herbst 1887 – März 1888, VIII, 2, 11 [415], 435)

Dennoch gibt es einen wesentlichen Unterschied zwischen der Kunst im eigentlichen Sinn und den »Kreaturen« des Willens zur Kunst, die die Welt der übrigen geistigen Formen konstituieren. Anders als die Religion, Metaphysik, Moral, ja sogar anders als die Wissenschaft fällt nur die Kunst nicht (zumindest nicht ausdrücklich und geradezu thematisch) voll und ganz in die Welt der Krankheit, der Schwäche, des Rachegeistes zurück, die sich in der Askese manifestieren. Das zeigt bereits die zitierte Stelle aus der *Genealogie der Moral*, wo es heißt, daß in der Kunst gerade die Lüge sich heiligt und der Wille zur Täuschung »das gute Gewissen zur Seite hat«. Im übrigen werden schon in der *Fröhlichen Wissenschaft* die Lüge und der Wille, sich ohne schlechtes Gewissen zu maskieren, als positive Merkmale der Kunst genannt. Von daher ist verständlich, wie die Kunst in den späten Notizen sozusagen nicht nur deskriptiv, sondern auch normativ als Modell des Willens zur Macht dienen kann. Wenn es einen Willen zur Macht gibt, der nicht als Gefangener eines asketischen Ideals oder eines Racheverlangens erscheint – einen gesunden und keinen kranken Willen zur Macht –, dann kann er sich nur in der Welt der Kunst verwirklichen. Die übrigen Formen des Geistes bleiben unter der Herrschaft der moralisch-metaphysischen Tradition ganz und gar eingeschlossen in den Kreis des reaktiven Nihilismus und der Krankheit. Auch den Übermenschen kann es, zumindest beim augenblicklichen Stand unserer kulturellen Entwicklung, nur als Künstler geben; er ist die gegenwärtig sichtbarste Form des Übermenschentums. Er ist wie eine »Vorstufe« in der Verwirklichung der Welt als Wille zur Macht, »als ein sich selbst gebärendes Kunstwerk« (NF Herbst 1885 – Herbst 1887, VIII, 1, 2 [114], 117). Wir können in der Kunst ein normatives Modell des Willens zur Macht sehen und im Künstler eine erste sichtbare Gestalt des Übermenschen, weil die Kunst in einer nicht kranken Form erscheinen kann (wenn auch nicht notwendig erscheinen muß). »Ist die Kunst eine Folge des *Ungenügens am Wirklichen*? Oder ein Ausdruck der *Dankbarkeit über genossenes Glück*? Im ersten Fall *Romantik*, im zweiten Glorien-Schein und Dithyrambus (kurz *Apotheosen-Kunst*)« (NF Herbst 1885

– Herbst 1887, VIII, 1, 2 [114], 117). Der romantische Künstler schafft sein Werk nur aus Unzufriedenheit, also aus Ressentiment und Rache (NF Herbst 1885 – Herbst 1887, VIII, 1, 2 [112], 115). Alle negativen Eigenschaften, die Nietzsche an der Kunst seiner Zeit diagnostiziert und verurteilt, vor allem die an Wagners Musik kritisierte übertriebene Sentimentalität, die Schauspielerei, die Phantasmagorie aus Erregungen, nicht zuletzt in Verbindung mit Wagners wesentlich christlicher Geisteshaltung (Parsifal!), lassen sich auf diese Grundunterscheidung von Übermaß und Unzufriedenheit, Armut und Ressentiment zurückführen.

> »Es ist die Frage der *Kraft* (eines Einzelnen oder eines Volkes), *ob* und *wo* ‹das› Urtheil ›schön‹ angesetzt wird. Das Gefühl der Fülle, der *aufgestauten Kraft* (aus dem es erlaubt ist Vieles muthig und wohlgemuth entgegenzunehmen, vor dem der Schwächling *schaudert*) – das *Macht*gefühl spricht das Urtheil ›schön‹ noch über Dinge und Zustände aus, welche der Instinkt der Ohnmacht nur als *hassenswert* als ›häßlich‹ abschätzen kann.« (NF Herbst 1887 – März 1888, VIII, 2, 10 [168], 221f.)

Das sind die Grundlagen der von Nietzsche konzipierten »physiologischen« Ästhetik im eigentlichen Sinn. Mehr noch denn als Theorie der Kunst ist sie wichtig als Ausarbeitung eines Bildes vom Dasein in einer Welt, die als dem Willen zur Macht unterworfen gedacht wird, also frei von stabilen Grundlagen und Strukturen, von letzten Wesensbestimmungen und irgendwelchen Garantien. Immer wieder gilt es, daran zu erinnern, daß die Berufung auf Kraft und Gesundheit etc, bei Nietzsche nur der Notwendigkeit entgegenkommt, Bewertungskriterien zur Entscheidung zwischen Interpretationen zu finden (aus denen allein die Welt sich konstituiert), ohne sich auf essentialistische Strukturen oder letzte und mithin notwendig metaphysische Argumente zu beziehen. Wenn Nietzsche darin einer im übrigen recht verbreiteten (und also wohl kaum zufälligen) Tendenz des modernen Denkens folgt, betrachtet er allerdings aus ganz eigenen Motiven (die aber vielleicht nicht wirklich eigene sind) die Kunst als einen privilegierten Ort einer »positiven« (gesunden, starken etc.) Alternative zur Selbstdefinition des menschlichen Daseins.

Der Umstand, daß diese Alternative sich in seinem Denken definiert im Rückgriff auf die Kunst, daß also der Wille zur Macht und der Übermensch ihre Vorbilder in der Kunst (oder zumindest in deren »gesunden", nicht vom Nihilismus infizierten Spielarten) finden, liefert einen weiteren Hinweis auf die Konzeption der Figur des Übermenschen. Denn welche Kunst verwirklicht die nicht reaktiven oder nihilistischen Möglichkeiten des Willens zur Macht? Auch hier wieder ist Ausgangspunkt die Physiologie, doch die Argumentation wechselt unmittelbar darauf zu einem Gesichtspunkt, für den als Wesensmerkmal von Kraft und Gesundheit nicht irgendein Modell von »Normalität« gilt, sondern einfach die Fähigkeit, in einer Welt zu leben, in der es keine normalen Vorbilder weder für die Dinge noch für das Subjekt gibt. Die Notiz vom Herbst 1887, deren Beginn bereits zitiert worden ist, fährt fort:

> »Daraus ergiebt sich, in's Große gerechnet, daß die *Vorliebe für fragwürdige und furchtbare Dinge* ein Symptom für *Stärke* ist: während der Geschmack am *Hübschen und Zierlichen* den Schwachen, den Delikaten zugehört. Die *Lust* an der Tragödie kennzeichnet *starke* Zeitalter und Charaktere [. . .] Gesetzt dagegen, daß die *Schwachen* von einer Kunst Genuß begehren, welche für sie nicht erdacht ist, was werden sie tun, um die Tragödie sich schmackhaft zu machen? Sie werden *ihre eigenen Werthgefühle* in sie hinein interpretiren: z. B: den ›Triumph der sittlichen Weltordnung‹ oder die Lehre vom ›Unwerth des Daseins‹ oder die Aufforderung zur Resignation [. . .] Es ist ein Zeichen von *Wohl-* und *Machtgefühl* wie viel Einer den Dingen ihren furchtbaren, ihren fragwürdigen Charakter zugestehen darf; und *ob er überhaupt ›Lösungen‹ am Schluß braucht*« (NF Herbst 1887 – März 1888, VIII, 2, 10 [168], 222; die letzte Kursivierung vom Verf.).

Wie man sieht, ist hier zwar speziell von der Tragödie, generell aber von einer Theorie der Kunst und ihrer Bedeutung die Rede. Der Begriff der Tragödie hat im übrigen beim späten Nietzsche tendenziell einen einerseits allgemeinen Sinn, der weit über den theatralischen hinausgeht, sowie andererseits einen artistischen Sinn. (»Incipit tragoedia« ist der Titel des letzten Aphorismus der ersten Auflage der *Fröhlichen Wissenschaft*, der den Zarathustra ankündigt.) Hier wird der Begriff der Tragödie zum Synonym für jede gesunde Kunst, denn der Geschmack am Tragischen ist nur denjenigen möglich, die keine letzten Lösungen nötig haben, also denen, die im offenen Horizont einer Welt als Wille zur Macht und einer ewigen Wiederkehr zu leben wissen. Auch wenn auf diese Weise die Kraft nicht in erster Linie, aber auch nicht ausschließlich in physiologischen und biologischen Begriffen definiert wird, gilt es nicht nur für die Ästhetik, sondern für das Bild des Übermenschen generell festzuhalten, daß Nietzsche auch die Kraft buchstäb-

lich und wörtlich auffaßt. Der »Leitfaden« des Leibes besitzt
nicht länger einen nur methodischen Sinn, sondern wird zu einem zentralen Element bei der Umkehrung der Askese sowie
der platonisch-christlichen Moral und Metaphysik. Die Beto-
nung des Körpers scheint jedoch keine »materialistische« Entscheidung zu begünstigen (bei der die Werte des Körpers »wahrer« wären als die des Geistes). Vielmehr sind die Verneinung
und Verachtung des Körpers zumindest in unserer Tradition
stets Symptome einer Kultur des Ressentiments und des Verlan-
gens nach letzten Lösungen gewesen. Die Beziehung auf den
Körper ist ein weiterer Grund, aus dem heraus die Kunst die
einzige geistige Form ist, welche die positiven Möglichkeiten
des Willens zur Macht zu realisieren vermag. Moral, Metaphysik und Religion, ja selbst die Wissenschaft (zumindest soweit
sie den Körper auf eine meßbare Masse reduziert hat) – sie alle
haben durch ihre asketische Distanzierung vom Körper ihren
nihilistischen und reaktiven Geist zum Ausdruck gebracht.
Wenn Nietzsche die Kunst als »Gegenbewegung« gegen Askese
und Nihilismus definiert, hebt er mit Nachdruck ihre beleben-
den Elemente hervor:

»Das Rauschgefühl, thatsächlich einem *Mehr von Kraft* entsprechend:
am stärksten in der Paarungszeit der Geschlechter:
neue Organe, neue Fertigkeiten, Farben, Formen . . .
die ›Verschönerung‹ ist eine Folge der *erhöhten* Kraft
Verschönerung als nothwendige Folge der Kraft-Erhöhung
Verschönerung als Ausdruck eines siegreichen Willens, einer gesteiger-
ten Coordination, einer Harmonisirung aller starken Begehrungen [. . .]
die logische und geometrische Vereinfachung ist eine Folge der Kraft-
erhöhung: umgekehrt erhöht wieder das *Wahrnehmen* solcher Vereinfachung das Kraftgefühl . . .
Spitze der Entwicklung: der große Stil [. . .]
der Lustzustand, den man *Rausch* nennt, ist exakt ein hohes *Macht*gefühl . . .
die Raum- und Zeit-Empfindungen sind verändert: ungeheure Fer-
nen werden überschaut und gleichsam erst *wahrnehmbar*
die *Ausdehnung* des Blicks über größere Mengen und Weiten
die *Verfeinerung des Organs* für die Wahrnehmung vieles Kleinsten
und Flüchtigsten
die *Divination*, die Kraft des Verstehens auf die leiseste Hülfe hin, auf
jede Suggestion hin, die ›intelligente‹ *Sinnlichkeit* . . .
die *Stärke* als Herrschaftsgefühl in den Muskeln, als Geschmeidigkeit
und Lust an der Bewegung, als Tanz, als Leichtigkeit und Presto [. . .]

die Künstler, wenn sie etwas taugen, sind stark (auch leiblich) angelegt, überschüssig, Kraftthiere, sensuell; ohne eine gewisse Überheizung des geschlechtlichen Systems ist kein Raffael zu denken« (NF Anfang 1888 – Anfang Januar 1889, VIII, 3, 14 [117], 85ff.).

Wie auch immer man die aristotelische Lehre interpretieren mag, dies ist das genaue Gegenteil einer Bestimmung der Kunst als Katharsis. Die Kunst hat hier weder die Aufgabe, die Leidenschaften zu besänftigen, indem sie ihnen augenblickliche Abfuhr verschafft, noch soll sie sie beschwichtigen durch die Erklärung einer überlegenen Rationalität in den Wechselfällen des Lebens. Denn das wäre nur möglich, wenn sie aufträte mit dem Anspruch »endgültiger Lösungen«. Doch außerhalb des Horizonts einer nihilistischen Askese bleiben ihr nur Erregungen, Manifestationen von Kraft und das Empfinden von Macht. Neben dem Bezug auf den Körper und die Sinnlichkeit scheinen zwei Elemente an der zitierten Textstelle bemerkenswert: einerseits eine Verschärfung der Sensibilität als Folge der vitalen Erregungen (mithin eine gesteigerte Wahrnehmungsfähigkeit, eine Ausweitung des Blicks auf größere Horizonte sowie eine Verfeinerung der Organe, die fähig werden, das Kleinste und Flüchtigste zu erfassen) und andererseits die Idee des Schönen in seinem traditionellen, fast klassischen Sinn als Ergebnis dieses erhöhten Erregungszustandes (eine Verschönerung als Manifestation von Kraft, ja von siegreichem Willen und eine damit einhergehende *Vereinfachung* der Formen). Das erste Element führt zu einem »Überreichthum von *Mittheilungsmitteln*, zugleich mit einer extremen *Empfänglichkeit* für Reize und Zeichen. Er ist der Höhepunkt der Mittheilbarkeit und Übertragbarkeit zwischen lebenden Wesen – er ist die Quelle der Sprachen.« (NF Anfang 1888 – Anfang Januar 1889, VIII, 3, 14 [119], 88) Das zweite Elemente läßt deutlich werden, warum Nietzsche, obwohl er den Willen zur Macht und den Übermenschen in (wie uns schien) vor allem auflösenden Begriffen konzipierte, dennoch ein Anhänger des »großen Stils« sein konnte.[24] Es handelt sich hier, wenn man so will, um ein spätes Echo der Tragödientheorie, derzufolge die schönen apollinischen Formen ihre Wurzeln und ihren Sinn im vitalen dionysischen Chaos hatten. Und wie in der Tragödienschrift scheint auch in der physiologischen Ästhetik des späten Nietzsche zu gelten: »Dionysus redet die Sprache des Apollo, Apollo aber schliesslich die Sprache des Dionysos.« (GdT 21, 136) Auch hier scheinen letzten Endes die auflösenden, dionysischen, ver-

zweifelt »experimentellen« Momente vorzuherrschen, die den Begriff des »großen Stils« problematisch werden lassen. Was aber soll man von einem Fragment wie dem aus dem Frühjahr 1888 halten, das unter dem Titel »Wille zur Macht als Kunst ›Musik‹ – und der große Stil« zu bezweifeln scheint, daß die einzige Form einer gesunden Kunst als Wille zur Macht dem Gebot gehorcht:
»Über das Chaos Herr werden das man ist; sein Chaos zwingen, Form zu werden«? Künstler, die in ihrer Arbeit diesem Gebot folgen, umgibt eine Einöde, die Angst vor ihrem Sakrileg.

> »Alle Künstler kennen solche Ambitiöse des großen Stils: warum fehlen sie in der Musik? Noch niemals hat ein Musiker gebaut, wie jener Baumeister, der den Palazzo Pitti schuf?. Hier liegt ein Problem. Gehört die Musik vielleicht in jene Cultur, wo das Reich aller Art Gewaltmenschen schon zu Ende gieng? Widerspräche zuletzt der Begriff großer Stil schon der Seele der Musik, – dem ›Weibe‹ in unserer Musik?« (NF Anfang 1888 – Anfang Januar 1889, VIII, 3, 14 [61], 39)

Hier scheint sich in Nietzsche der Verdacht zu entwikeln, daß die Idee des Kunstwerks als große Konstruktion, als kompakte Form, die einen »Sieg« des Willens (über die Materialien, über die Vielfältigkeit etc.) zum Ausdruck bringt, noch gebunden bleibt an die Epoche der Gewaltätigkeit, also an die des Ressentiments, wie wir wohl sagen müssen. Oder wird hier (im Widerspruch zu anderen Texten Nietzsches) die Musik verbannt unter die naturgemäß dekadenten Künste? Ohne die Bedeutung dieses Texts übertreiben zu wollen, bestätigt er doch die tatsächlich vorhandene Schwierigkeit der physiologischen Ästhetik Nietzsches: das Gefühl der Überwindung, ja der Auflösung, das den Willen zur Macht beflügelt, mit einem Willen zur Form zu versöhnen. Steht nicht auch die konstruktive Kraft und die Geschlossenheit der Form im Widerspruch zum kurzsichtigen Charakter der Urteile über die Schönheit, der in einer anderen Notiz aus dieser Zeit beschrieben wird? (NF Herbst 1887 – März 1888, VIII, 2, 10 [67], 220) Von etwas zu sagen, es sei schön, heißt, es den Anforderungen unserer Selbsterhaltung und der Mehrung unseres Machtgefühls entsprechend positiv zu bewerten. Es handelt sich dabei aber um eine Bewertung, die nur die allernächsten Wirkungen ins Auge faßt und darum den Verstand gegen sich hat. Und auch diese Kurzsichtigkeit scheint mit der Idee des Schönen als Werk des großen Stils kaum zu vereinbaren. In der *Fröhlichen Wissenschaft* wirft Nietzsche in einem bereits zitierten Aphorismus am Ende einer Seite über die »Gesundheit der Seele« die Frage auf, »ob nicht der alleinige Wille zur Gesundheit ein Vorurtheil, eine Feigheit und vielleicht ein Stück feinster Barbarei und Rückständigkeit sei.« (FW 120, 155) Und dieser Verdacht durchsetzt in der physiologischen Ästhetik der späten Schriften Nietzsches letztlich auch die Begriffe der Form und des großen Stils. Ein starker Wille manifestiert sich zwar in der Verschönerung, Vereinfachung und Geschlossenheit einer Form, darüber hinaus aber gibt es etwas anderes: die Möglichkeit, daß eine Kunst, die nicht mehr gebunden ist an die Epoche der Gewalttätigkeit und an das Vorurteil eines ausschließlichen Willens zur Gesundheit das Programm einer Übersteigerung des Menschlichen, das Nietzsche verfolgt, besser zu verwirklichen vermag. (Man darf gerade auch in diesem unversöhnten Gegensatz den prophetischen Charakter von Nietzsches Ästhetik im Hinblick auf die Entwicklung der Poetik im 20. Jahrhundert erkennen, in der der Wille zum Experiment einerseits zu immer weiteren Auflösungen und Destrukturierungen und andererseits zu einem rigoros konstruktivistischen, technizistischen und formalistischen Ideal geführt hat.)

Der Mensch ist das Tier, welches das »schlechte Gewissen« und andere Techniken, sich zu quälen, erfunden hat. Entgegen jedem Prinzip und Instinkt der Selbsterhaltung kann diese Art Tiere gegen sich Stellung beziehen. Damit ist nicht nur eine neue Grausamkeit, sondern eine ganz und gar unerhörte Möglichkeit der Umgestaltung ins Leben getreten. Schon die *Genealogie der Moral* stellt fest, daß »mit der Thatsache einer gegen sich selbst gekehrten, gegen sich selbst Partei nehmenden Thierseele auf Erden etwas so Neues, Tiefes, Unerhörtes, Räthselhaftes, Widerspruchsvolles *und Zukunftsvolles* gegeben war, dass der Aspekt der Erde sich damit wesentlich veränderte.« (GdM II, 16, 339) Wie alle Elemente, welche die moralisch-metaphysische Vision der Welt ausmachen, verkehrt auch die Askese sich schließlich in ihr Gegenteil. Wie Gott aufgrund der Religiosität und Moralität derer stirbt, die an ihn glauben, so wird auch die Askese, die aus der Moral des Ressentiments entsteht, schließlich zum Versprechen einer Zukunft und wirkt in Richtung einer Befreiung des Menschen vom reinen Willen zur Gesundheit, zum Überleben und zur Sicherheit. Nur weil der Mensch gerade auch durch die Askese die Fähigkeit erlangt hat, über seine eigenen Selbsterhaltungsinteressen hinauszublicken, ist so etwas wie ein nicht reaktiver Wille zur Macht, der Übermensch, die »große Gesundheit« möglich, also all das, was sich in der Fähigkeit widerspiegelt, die Erfahrung des Tragischen zu durchleben.

»Die *Tiefe des tragischen Künstlers* liegt darin, daß sein aesthetischer Instinkt die ferneren Folgen übersieht, daß er nicht kurzfristig beim Nächsten stehen bleibt, daß er die *Ökonomie im Großen* bejaht, welche das *Furchtbare, Böse, Fragwürdige* rechtfertigt und nicht nur . . . rechtfertigt.« (NF Herbst 1887 – März 1888, VIII, 2, 10 [168], 223)

Handelt es sich dabei »nur« um eine Radikalisierung der Desinteressiertheit des Kantschen ästhetischen Urteils in seiner Interpretation durch Schopenhauer? Möglicherweise ist das in den Lehren Nietzsches enthalten. Doch dessen Radikalisierung besteht darin, daß der Wille zur Macht, d. h. »die Welt", Kunst ist und nichts als Kunst. Die radikale Desinteressiertheit des Menschentiers ist das einzige, was Nietzsche zur Charakterisierung der Existenz in einer Welt angemessen erscheint, in der es keine letzten Grundlagen und Wesenheiten gibt und in der das Dasein auf das reine Ereignis seiner Interpretation zurückzuführen ist.

IV. Chronologie des Lebens und der Werke

1844

Am 15. Oktober wird Friedrich Wilhelm Nietzsche in Röcken, nicht weit von Leipzig, als erster Sohn des Pfarrers Karl Ludwig Nietzsche, der seinerseits Sohn eines Pfarrers war, und seiner Ehefrau Franziska, geb. Oehler, die ihrerseits Tochter eines Pfarrers war, geboren. Es war der Geburtstag des vom Vater sehr verehrten Königs. Der Sohn erhielt daher dessen Vornamen. Der Vater war Erzieher am Hof von Altenburg gewesen. Neben den Eltern leben im Haushalt der Nietzsches die Großmutter väterlicherseits, die Schwester des Vaters, Rosalie, und seine Stiefschwester, Auguste.

1846

Am 10. Juli Geburt der Schwester Nietzsches, Elisabeth.

1848

Geburt eines Bruders, Joseph, der zwei Jahre später stirbt. Die Unruhen von 1848 erschüttern den Vater, einen überzeugten Monarchisten; er erkrankt Ende August am Nervensystem und am Gehirn.

1849

Am 30. Juli stirbt der Vater infolge einer Verschlimmerung der im Vorjahr aufgetretenen Erkrankung.

1850

Übersiedlung der Mutter mit beiden Kindern nach Naumburg. Der Entschluß hierzu wird von der Großmutter väterlicherseits gefaßt, die in Naumburg viele Verwandte hat. Auch die beiden Tanten ziehen mit um. Nietzsche besucht seit Ostern die Knaben-Bürgerschule. Freundschaft mit Wilhelm Pinder und Gustav Krug, die ungefähr gleich alt sind.

1851

Gemeinsam mit Pinder und Krug tritt er in das Privatinstitut des Kandidaten Weber ein, wo sie in Religionskunde, Latein und Griechisch unterrichtet werden. Im Hause von Krug macht

Nietzsche zum erstenmal Bekanntschaft mit der Musik. Die Mutter schenkt ihm ein Klavier. Er erhält eine musikalische Ausbildung.

1856
Nietzsche schreibt Gedichte und komponiert Musikstücke. Die Großmutter mütterlicherseits stirbt. Umzug in eine andere Wohnung ohne die Tante Rosalie.

1858
Die Familie zieht zum zweitenmal in Naumburg um. Seit Oktober besucht Nietzsche die Landesschule Pforta. Weitere Kompositionsversuche, vor allem von Kirchenmusik. Nietzsche schreibt Lyrik. Verschiedene literarische Projekte.

1859
Beginn der Freundschaft mit Paul Deussen. Carl von Gersdorff trifft in Pforta ein.

1864
Abschluß des Gymnasiums in Pforta. Nach den Sommerferien Immatrikulation als Student der Theologie in Bonn. Besuch von kunstgeschichtlichen Lehrveranstaltungen. Wird Mitglied der akademischen Vereinigung Gustav-Adolf. Schließt sich gemeinsam mit Deussen der Burschenschaft »Frankonia« an. Hört unter anderem die Vorlesungen des klassichen Philologen Ritschl.

1865
Ende Januar beschließt er, keine Musik mehr zu komponieren. Im Mai Entschluß, an die Universität Leipzig zu wechseln, um dort klassische Philologie zu studieren. Gleichzeitig beschließt auch Ritschl seinen Wechsel an die Universität Leipzig, um die Auseinandersetzungen mit Otto Jahn zu beenden. Es verschärfen sich bei Nietzsche einige Krankheitssymptome, die schon während der Schulzeit aufgetreten waren: Katarrhe und Rheumatismen. Er leidet an starken Kopfschmerzen und Übelkeit. Nach dem Umzug nach Leipzig wird er von zwei Ärzten wegen Syphilis behandelt. Setzt seine Studien über die Theognidea fort. Liest Schopenhauer.

1866

Hält Vorträge über die Theognidea und Suidas. Beginn der Studien über Diogenes Laertius. Schließt Freundschaft mit Erwin Rhode.

1867

Die Untersuchung über die Theognidea erscheint im »Rheinischen Museum für Philologie«, XXII Neue Serie. Im Januar ein Vortrag über die Tradition der aristotelischen Schriften. Studium von Homer und Demokrit. Liest Kant (vielleicht aber nur dessen Darstellung durch Kuno Fischer). Am 9. Oktober Beginn des Militärdienstes bei der Reitenden Abteilung eines Feld-Artillerie-Regiments in Naumburg.

1868

Schreibt verschiedene Rezensionen auf dem Gebiet der klassischen Philologie. Plant eine Dissertation über das Verhältnis von Homer und Hesiod. Will in Philosophie mit einer Arbeit über Kant promovieren. Liest Kants *Kritik der Urteilskraft* und Langes *Geschichte des Materialismus*. Im März stürzt er vom Pferd und zieht sich eine schwere Brustverletzung zu. Mitte Oktober darf er den Militärdienst verlassen und nach Leipzig zurückkehren. Am Abend des 8. November trifft er im Haus des Orientalisten Hermann Brockhaus zum ersten Mal mit Richard Wagner zusammen.

1869

Erhält den Lehrstuhl für griechische Sprache und Literatur an der Universität Basel dank der Unterstützung von Ritschl und Usener. Im April trifft er in Basel ein. Am 28. Mai hält er seine Antrittsvorlesung über das Thema »Homer und die klassische Philologie«. Von nun an häufigere Aufenthalte in Tribschen, wo Richard und Cosima Wagner leben. Die Universität Leipzig verleiht ihm den Doktorgrad aufgrund seiner Veröffentlichungen im "Rheinischen Museum", darunter auch der Untersuchung über die Quellen des Diogenes Laertius. Mit sehr großer Verehrung tritt er in Kontakt zu Jacob Burckhardt. Verzichtet auf die preußische Staatsangehörigkeit, ohne die schweizerische zu beantragen.

1870

Im Januar und Februar hält er zwei Vorträge, einen über das musikalische Drama der Griechen, einen zweiten über Sokrates und die Tragödie. Diese beiden Vorträge bilden, zusammen mit einer nicht veröffentlichten Schrift über die dionysische Weltanschauung, den Kern des Buches über *Die Geburt der Tragödie*. Nietzsche lernt Franz Overbeck kennen und wird dessen Nachbar. Am 9. April wird er zum ordentlichen Professor befördert. Im Juni kommt Rohde nach Basel, um Nietzsche zu besuchen. Im August läßt Nietzsche sich aus Anlaß des Deutsch-Französischen Krieges beurlauben, um sich als freiwilliger Krankenpfleger zu melden. Er erkrankt jedoch an Ruhr und Diphtherie und wird im September mit einem Lazarettzug in die Heimat zurückgeschickt. Nach seiner Rekonvaleszenz in Naumburg bricht er am 21. Oktober wieder nach Basel auf. Während des zweiten Tags seiner Reise hat er heftige Übelkeitsanfälle mit Erbrechen.

1871

Nietzsche veröffentlicht *Certamen quod dicitur Homeri et Hesiodi* und ein Register der neuen Serie des »Rheinischen Museums für Philologie« (1842-1869). In den Monaten Januar und Februar beendet er die erste Fassung der *Geburt der Tragödie*. Der Verleger Engelmann in Leipzig lehnt die Publikation ab. Im Oktober wird das Manuskript vom Verleger Wagners, Fritzsch, angenommen. Am 29. Dezember liegt das Buch zur Auslieferung bereit. Im Januar hat Nietzsche den Antrag gestellt, die Nachfolge von Gustav Teichmüller auf dem Lehrstuhl für Philosophie anzutreten. Der Antrag wird abgelehnt. Nietzsche hat darüber hinaus Rohde als seinen eigenen Nachfolger vorgeschlagen. Im Juli und August versucht er, dem Freund einen Lehrstuhl in Zürich zu verschaffen. Doch auch dieser Versuch scheitert. Nietzsche verkehrt im Hause von Bachofen.

1872

Die Geburt der Tragödie aus dem Geiste der Musik erscheint. Wagner lobt das Buch in einem Brief an Nietzsche enthusiastisch. Am 16. Januar hält Nietzsche den ersten von fünf Vorträgen *Über die Zukunft unserer Bildungs-Anstalten*. Der letzte Vortrag findet am 23. März statt. Ulrich von Wilamowitz-Moellendorff, der im Jahr zuvor Nietzsche bei einem Besuch seine Bewunderung kundgetan hatte, veröffentlicht im Mai eine Schrift gegen ihn. Wagner und Rohde verteidigen Nietzsche. Ende Juli besucht ihn Deussen. Am 31. August trifft er Malwida von Meysenbug, eine glühende Anhängerin Wagners und der Ideen von 1848. Nietzsche möchte sich vom Universitätsleben zurückziehen, um sich ganz der Verbreitung von Wagners Ideen zu widmen. Im Mai hatte Nietzsche sich nach Bayreuth begeben, wohin Wagner mit seiner Frau übersiedelt war, um dort das Festspielhaus zu errichten. Doch unerwartet reist er in den Weihnachtsferien nicht nach Bayreuth. Nietzsche schreibt den Text *Über Wahrheit und Lüge im außermoralischen Sinn* und entwirft eine Schrift über den Philosophen.

1873
Es erscheint, wiederum bei Fritzsch in Leipzig, die erste der *Unzeitgemäßen Betrachtungen* über David Strauss. Nietzsche schreibt einen unvollendeten Entwurf über *Die Philosophie im tragischen Zeitalter der Griechen*. Diese Schrift sollte Eingang finden in ein umfangreicheres Werk über die Vorsokratiker. Nietzsche entwirft eine zweite *Unzeitgemäße Betrachtung* unter dem Titel »Die Philosophie in Bedrängnis«.
Aus der Universitätsbibliothek Basel entleiht Nietzsche zahlreiche Bücher über Physik und Chemie. Seit diesem Jahr treten seine körperlichen Leiden verstärkt auf, vor allem Migräneanfälle mit Erbrechen.

1874
Es erscheinen die zweite Auflage der *Geburt der Tragödie* sowie die zweite und dritte der *Unzeitgemäßen Betrachtungen*, *Vom Nutzen und Nachteil der Historie für das Leben* und *Schopenhauer als Erzieher*. Im April komponiert Nietzsche einen *Hymnus auf die Freundschaft* für Klavier zu vier Händen. Er schmiedet Heiratspläne. Im September verbringt Rohde zwei Wochen in Basel. Tritt in engere Beziehungen zu Paul Rée, der schon 1873 Nietzsches Vorlesung über die Vorsokratiker besucht hatte. Nietzsche verbringt die Weihnachsferien in Naumburg, wo seine Freunde Krug und Pinder ihm ihre Frauen vorstellen.

1875
Nietzsche verwirft das Projekt, eine vierte *Unzeitgemäße Betrachtung* unter dem Titel *Wir Philologen* zu schreiben. Er entscheidet sich stattdessen, als vierte *Unzeitgemäße Betrachtung Richard Wagner in Bayreuth* zu veröffentlichen, einen Text, der ihm zunächst nicht publikationswürdig erschien. Das ganz Jahr über beschäftigen sich seine Notizen vor allem mit der Religion. Zwei seiner Schüler schenken ihm Vorlesungsnachschriften von Burckhardt über die Geschichte der griechischen Kultur. (Einer dieser Schüler ist Adolf Baumgartner, mit dessen Mutter Nietz-

sche seit dem Vorjahr befreundet ist. Marie Baumgartner übersetzte die dritte *Unzeitgemäße Betrachtung* ins Französische.) Nietzsche liest mit Interesse die *Studien zur Geschichte der alten Kirche* von Overbeck und die *Psychologischen Beobachtungen* von Rée. Im Oktober besucht ihn Gersdorff. Zu Beginn des Wintersemesters trifft der junge Musiker Heinrich Köselitz in Basel ein und besucht die Vorlesungen von Nietzsche und Overbeck. Er wird einer der treuesten Schüler Nietzsches. Dieser rät ihm, sich das Pseudonym Peter Gast zuzulegen, unter dem er später bekannt wurde.

1876

Vor Beginn der Festspiele in Bayreuth, die für August vorgesehen sind, erscheint die vierte *Unzeitgemäße Betrachtung, Richard Wagner in Bayreuth*, im Verlag Schmeitzner in Chemnitz. Am 23. Juli trifft Nietzsche in Bayreuth ein, wo er bis zum 27. August bleibt. Er verläßt die Stadt also vor dem Ende der Festspiele. Sein Gesundheitszustand hat sich mittlerweile verschlechtert. Im September muß er sein Augenleiden mit Atropin behandeln. Noch vor dem Sommer reduziert er die Zahl seiner Unterrichtsstunden. Anfang Oktober wird er aus Gesundheitsgründen für ein Jahr beurlaubt. Er bricht mit Paul Rée nach Italien auf. In Genf schließt sich ihnen Albert Brenner, ein Schüler Nietzsches, an. Am 22. Oktober treffen sie in Genua ein, von wo sie per Schiff nach Neapel reisen. Ab dem 27. Oktober leben sie in Sorrent als Gäste Malwida von Meysenbugs in der von ihr gemieteten Villa Rubinacci. Noch am Abend seiner Ankunft besucht Nietzsche Richard und Cosima Wagner, die sich ebenfalls in Sorrent aufhalten. Vor Nietzsches Abreise hatte Overbeck geheiratet, und Rohde hatte seine Verlobung bekanntgegeben. Im Juni und Juli hatte Nietzsche Peter Gast Aphorismen für eine weitere *Unzeitgemäße Betrachtung* diktiert, die jedoch später in *Menschliches, Allzumenschliches* aufgenommen werden. Tod Ritschls.

1877

Marie Baumgartner hat auch die vierte der *Unzeitgemäßen Betrachtungen* in Französische übersetzt, die bei Schmeitzner erscheint. Lektüreabende in Sorrent, auf denen Thukydides, das Matthäus-Evangelium, Voltaire, Diderot, Michelet und Rankes *Geschichte der Päpste* gelesen werden. Gegen Mitte Mai trifft Nietzsche zu einer Thermalkur in Ragaz ein. Dort besucht ihn Overbeck. Nietzsche teilt ihm seine Absicht mit, seinen Lehrstuhl definitiv aufzugeben. Mitte Juni trifft er in Rosenlauibad ein, wobei er zwischen dem 11. und 17. Juni den letzten Teil des Weges zu Fuß zurücklegt. In Rosenlauibad liest er unter anderem das Buch von Rée über den Ursprung der moralischen Empfindungen. Wieder Heiratspläne (notfalls würde er auch eine Frau von der Straße heiraten). Rohde heiratet im August. Am 1. September verläßt Nietzsche Rosenlauibad, kehrt nach Basel zurück und nimmt seine Lehrtätigkeit an der Universität wieder auf. Am 2. September beginnt er, Peter Gast den Text von *Menschliches, Allzumenschliches* zu diktieren. Der Text wird schon am 3. Dezember dem Verleger Schmeitzner zur Veröffentlichung angeboten, der ihn allerdings bis zum Mai des folgenden Jahres geheimhalten soll. Nietzsche erhält den letzten Brief von Cosima Wagner.

1878
Der Bruch mit Wagner ist nun definitiv. Nietzsche verschenkt die Partituren Wagners, die dieser ihm, mit Widmungen versehen, überlassen hatte. Im Mai erscheint der erste Band von *Menschliches, Allzumenschliches.* Im August wird in den »Bayreuther Blättern« ein verdeckter Angriff Wagners auf Nietzsche veröffentlicht. Ende Dezember ist das Manuskript des zweiten Teils von *Menschliches, Allzumenschliches* fertig.

1879
Der Gesundheitszustand Nietzsches verschlechtert sich. Oft ist er nicht in der Lage, seine Lehrveranstaltungen abzuhalten. Nach dem 19. März stellt er seine Lehrtätigkeit ganz ein. Er begibt sich zur Kur nach Genf. Im Mai bittet er um seine Entlassung aus dem Universitätsdienst, die ihm gewährt wird. Die folgenden Wochen verbringt er in Wiesen und St. Moritz. Im September ist er wieder in Naumburg. Mittlerweile ist der zweite Band von *Menschliches, Allzumenschliches. Ein Buch für freie Geister* erschienen, *Vermischte Meinungen und Sprüche.* Während des Sommers in St. Moritz entsteht *Der Wanderer und sein Schatten.*

1880
Bei Schmeitzner erscheint *Der Wanderer und sein Schatten.* Wahrscheinlich beginnt Nietzsche bereits im Januar mit den ersten Notizen zu *Morgenröte.* In dieser Zeit besonders intensive Lektüre zu Problemen der Moral. Liest auch das 1873 erschienene Buch von Overbeck *Über die Christlichkeit unsrer heuti-*

gen Theologie. Am 10. Februar bricht er von Naumburg auf nach Riva del Garda, wo sich ihm wenige Tage später Peter Gast anschließt. Am 15. März treffen die beiden in Venedig ein. Paul Rée unterstützt Peter Gast finanziell mit großer Diskretion. Im Juli und August in Marienbad. Als Nietzsche erfährt, daß Schmeitzner auch antisemitische Schriften veröffentlicht, ist er darüber empört. Anfang September kehrt er nach Naumburg zurück, das er sofort wieder verläßt, um weiterzureisen nach Heidelberg und Basel. Dort trifft er Overbeck. Im Oktober begibt er sich nach Locarno, dann nach Stresa. Ab dem 8. November zieht er sich nach Genua zurück in der Absicht, sein Leben in vollständiger Einsamkeit zuzubringen.

1881

Das Manuskript der *Morgenröte* wird von Peter Gast transskribiert (wie alle übrigen Schriften Nietzsches) und an Schmeitzner zum Druck geschickt. Das Buch erscheint in den ersten Tagen des Juli. Nietzsche plant einen Aufenthalt in Tunis mit Gersdorff. Im Mai verläßt er Genua, um sich in Vicenza mit Peter Gast zu treffen. Gemeinsam reisen sie nach Recoaro. Während des Aufenthalts dort erfindet Nietzsche für Köselitz das Pseudonym Peter Gast. Anfang Juli trifft Nietzsche zum ersten Mal in Sils-Maria ein, wohin er von da ab jeden Sommer reist. Während eines Ausflugs kommt ihm die Idee der ewigen Wiederkehr. Am 1. Oktober kehrt er nach Genua zurück. Sein Gesundheitszustand ist noch immer sehr schlecht, auch seine Sehfähigkeit verschlechtert sich. Am 27. November besucht er zum ersten Mal eine Aufführung der *Carmen* von Bizet und ist begeistert.

1882

Zu Jahresbeginn arbeitet Nietzsche an einer Fortsetzung der *Morgenröte.* Anfang Januar schickt er Peter Gast die ersten drei Teile. Das Werk erscheint, einschließlich eines vierten Teils, Ende August bei Schmeitzner unter dem Titel *Die fröhliche Wissenschaft.* Im Februar besucht Paul Rée Nietzsche in Genua und schenkt ihm eine Schreibmaschine. Ende März segelt Nietzsche mit einem Handelsschiff nach Messina, wo er sich bis zum 20. April aufhält. Der Entwurf zu den *Idyllen von Messina* geht jedoch um einige Tage dieser Reise voraus. Die Idyllen, die einzigen Gedichte, die Nietzsche außerhalb seines aphoristischen Werks veröffentlicht hat, erscheinen in der Mainummer der *Internationalen Monatsschrift*, S. 269–75. Auf Einladung von Malwida von Meysenbug und Paul Rée trifft Nietzsche am 24. April auf der Rückreise von Messina in Rom ein. Dort lernt er im Hause von Meysenbugs Lou von Salomé kennen, die er heiraten möchte. Er beauftragt Rée, bei Lou um deren Hand anzuhalten. Lou bricht mit ihrer Mutter zum Lago d'Orta auf, wo wenige Tage später auch Nietzsche und Rée eintreffen. Ein langer Spaziergang von Lou und Nietzsche auf den »Monte Sacro«. Rée ist über ihre lange Abwesenheit sehr verärgert. Die drei hatten zuvor einen gemeinsamen Studienaufenthalt in Wien oder Paris geplant. Zwischen dem 8. und 13. Mai besucht Nietzsche Overbeck in Basel. Danach trifft er in Luzern mit Lou und Rée zusammen. Am 16. Mai kehrt Nietzsche nach Naumburg zurück, während Lou und Rée sich nach Stibbe in Ostpreußen zur Mutter von Rée begeben. Nietzsche, der seiner Schwester seine Absichten offenbart hat, mietet drei Zimmer in Tautenburg, um dort einige Zeit mit Lou und seiner Schwester zu leben. In Tautenburg hält sich Lou vom 7. bis 26. August auf. Am 27. August reist Nietzsche nach Naumburg und dann nach Leipzig, wo er im Oktober ein letztes Mal mit Lou und Rée zusammentrifft. Am 18. November bricht er erneut nach Genua auf. Von dort reist er nach Portofino, Santa Margherita und dann, am 3. Dezember, nach Rapallo. Der erste Teil von *Also sprach Zarathustra* geht auf diese Zeit zurück.

1883
Bis Ende Februar bleibt Nietzsche in Rapallo, wo ihn die Nachricht vom Tod Richard Wagners erreicht. Ende Februar begibt er sich wieder nach Genua. Während der erste Teil des *Zarathustra* erscheint, arbeitet Nietzsche am zweiten Teil, der ebenfalls noch in diesem Jahr veröffentlicht wird, und bereitet einen dritten vor. Häufige Zerwürfnisse und Versöhnungen mit der Schwester, die er im Juni bei einem Aufenthalt in Rom im Hause Malwida von Meysenbugs wiedersieht. Nietzsche verbringt den Sommer in Sils-Maria. Im September kehrt er nach Naumburg zurück und beschließt, den Winter in Nizza zu verbringen.

1884
Am 18. Januar beendet Nietzsche die Arbeit am vierten Teil des *Zarathustra*, der im April erscheint. Neue Auseinandersetzungen mit der Schwester wegen ihrer Verlobung mit Bernhard Förster, einem Antisemiten und Wagnerianer. Im Februar schreibt Nietzsche aus Nizza an Peter Gast: »Musik ist bei wei-

tem das Beste; ich möchte jetzt mehr als je Musiker sein.«
(Briefe III, 1, 480) Unterhaltungen mit Dr. Joseph Paneth aus
Wien, einem philosophisch interessierten Zoologen und
Freund Sigmund Freuds. Am 20. April verläßt Nietzsche Nizza
und fährt nach Venedig, wo ihn Peter Gast erwartet. Er bricht
auch die Beziehungen zu seiner Mutter ab. Von Mitte Juni bis
Ende September hält er sich in Sils-Maria auf. Vom 26. bis 28.
August besucht ihn dort Heinrich von Stein, von dem er einen
sehr guten Eindruck hat. Wie schon zuvor überlegt Nietzsche,
mönchisch zu leben und einen philosophischen Orden (mit Lou
und Rée) zu gründen. Die Mutter und Schwester schlagen ihm
zur Versöhnung ein Zusammentreffen in Naumburg vor.
Nietzsche lehnt zunächst ab, räumt dann aber ein Treffen auf
halbem Weg in Zürich ein. Von Ende September bis Ende Oktober ist er in Zürich, wo er sich mit seiner Schwester aussöhnt.
Am 4. Oktober schreibt er einen wohlwollenden Brief an seine
Mutter. Nietzsche trifft Gottfried Keller. Er verbringt den Mo-
nat November in Mentone und kehrt dann nach Nizza zurück.
Mitte November entwirft er den vierten Teil des *Zarathustra*.

1885
Da Nietzsche für den vierten Teil des *Zarathustra* keinen Verleger findet, bittet er Gersdorff um finanzielle Unterstützung, um
das Buch privat drucken zu lassen. Am 9. April verläßt er Nizza
und trifft bei Peter Gast in Venedig ein. Anfang Mai werden die
ersten Exemplare des vierten Teils des *Zarathustra* an Overbeck
geschickt. Der Verleger des Privatdrucks ist Naumann in Leipzig. Am 22. Mai heiratet die Schwester Dr. Förster, der die Absicht hat, eine an rassistischen Prinzipien orientierte deutsche
Kolonie in Südamerika zu gründen. Nietzsche ist bei der Hoch-
zeit nicht anwesend. Am 7. Juni trifft er in Sils-Maria ein, wo er
bis Mitte September bleibt. Danach hält er sich bis zum 1. November in Naumburg auf, reist nach München und anschlie-
ßend nach Florenz. Am 11. November ist er erneut in Nizza.

1886
Auch *Jenseits von Gut und Böse* muß Nietzsche als Privatdruck
bei Naumann erscheinen lassen. Die ersten Exemplare sind Anfang August fertig. Nach dem Bankrott von Schmeitzner werden die bei ihm verlegten Werke Nietzsches im Verlag von
Fritzsch herausgebracht. Er veröffentlicht eine Neuausgabe der
beiden Bände von *Menschliches, Allzumenschliches* mit neuen
Vorworten Nietzsches. Ebenso erscheint bei ihm eine Neuaus-

gabe der *Geburt der Tragödie. Oder: Griechentum und Pessimismus*, dem Nietzsche den »Versuch einer Selbstkritik« vorausschickt. Burckhardt schreibt Nietzsche zu *Jenseits von Gut und Böse*: »Das Buch geht eben weit über meinen alten Kopf, und ich komme mir ganz blöde vor«. Während des Sommers entwirft Nietzsche in Sils-Maria den Plan zu einem vierbändigen Werk über den *Willen zur Macht* sowie zu einem Buch über die ewige Wiederkehr. Unterdessen ist die Schwester mit ihrem Ehemann im Februar nach Paraguay aufgebrochen. Zwischen Mai und Juni verläßt Nietzsche Nizza; er hält sich in Naumburg und Leipzig auf, wo er die Vorlesungen von Rohde besucht, der im April dort eine Professur erhalten hat. Nach dem Sommeraufenthalt im Engadin verbringt Nietzsche einen Teil des Oktobers in Ruta Ligure und kehrt dann nach Nizza zurück. Er arbeitet an den Vorworten für die Neuausgaben der *Morgenröte* und der *Fröhlichen Wissenschaft*.

1887
Im Juni erscheinen die Neuausgaben der *Morgenröte* und der *Fröhlichen Wissenschaft* bei Fritzsch (letztere enthält nun ein fünftes Buch sowie einen Anhang »Lieder des Prinzen Vogelfrei«). Auch der *Zarathustra* erscheint im selben Verlag in einer Neuauflage. Diese Auflage umfaßt nur die ersten drei Teile. Am 3. April verläßt Nietzsche Nizza, um sich nach Cannobio am Lago Maggiore zu begeben. Danach verbringt er eine Woche in Zürich bis zum 6. Mai und bleibt dann bis zum 8. Juni in Chur. In Chur erreicht ihn die Nachricht von der Verlobung Lous mit Dr. Andreas. Er verfällt in eine tiefe Depression. Nietzsche kündigt Rohde die Freundschaft auf, weil dieser sich despektierlich über H. Taine geäußert hat, mit dem Nietzsche im Herbst des Vorjahres einen intensiven Briefwechsel unterhalten hat. Seit dem 12. Juni ist er in Sils-Maria, wo er die *Genealogie der Moral* schreibt, die im November bei Naumann erscheint. Wiederum muß Nietzsche die Druckkosten übernehmen. Nachdem er einige Wochen in Venedig verbracht hat, kehrt Nietzsche am 12. Oktober nach Nizza zurück. Er empfängt einen Brief von Georg Brandes, einem Universitätsprofessor in Kopenhagen, der im folgenden Jahr eine Vorlesung über Nietzsche hält. Zu den Veröffentlichungen dieses Jahres zählt auch eine musikalische Komposition, der »Hymnus an das Leben« für gemischten Chor und Orchester. (Die Musik reicht zurück bis ins Jahr

1873/74, während der Text eine Strophe aus dem Gedicht »Lebensgebet« von Lou von Salomé ist.) Auch dieses Werk erscheint bei Fritzsch.

1888

Nietzsche bleibt bis zum 2. April in Nizza und reist dann nach Turin, das auf ihn einen sehr guten Eindruck macht. In Nizza arbeitet er an dem Werk über die »Umwertung aller Werte«, aus dem später Der *Antichrist* hervorgeht. In Turin arbeitet er am *Fall Wagner,* dessen Manuskript er am 17. Juli an Naumann zum Druck schickt. Bereits am 5. Juni hat er Turin verlassen und sich nach Sils-Maria begeben, wo er bis zum 20. September bleibt. Danach verbringt Nietzsche den letzten Teil des Jahres wieder in Turin. In Sils-Maria arbeitet er an dem Buch über den Willen zur Macht und schreibt die *Götzen-Dämmerung.* In Turin schreibt er *Ecce homo,* das er am 4. November beendet und an Naumann schickt, sowie *Nietzsche contra Wagner,* das er am 15. Dezember an Naumann schickt. Mittlerweile ist *Der Fall Wagner* erschienen. Ferner sind alle übrigen von Nietzsche in diesem Jahr verfaßten Werke zum Druck gegangen, darunter auch die *Dionysos-Dithyramben.*

1889

Am 3. Januar weist Nietzsche Anzeichen einer schweren geistigen Störung auf. In den folgenden Tagen schreibt er exaltierte Briefe an Freunde und an Persönlichkeiten des öffentlichen Lebens. Burckhardt erhält einen dieser Briefe und benachrichtigt voller Besorgnis Overbeck, der am 8. Januar in Turin eintrifft. Mit ihm kehrt Nietzsche nach Basel zurück, wo er in eine Nervenklinik eingewiesen wird. Die Diagnose ist »Paralysis progessiva«. Am 17. Januar reist Nietzsches Mutter, die inzwischen herbeigeeilt war, mit ihrem Sohn und zwei Begleitern von Basel nach Jena. Dort wird Nietzsche in der Universitätsnervenklinik untergebracht. Bei Naumann erscheinen die *Götzen-Dämmerung, Nietzsche contra Wagner* und *Ecce homo.* Overbeck hatte Peter Gast geraten, die Veröffentlichung des letzten der drei Werke vorübergehend aufzuschieben. In den ersten Tagen des Juni nimmt sich Nietzsches Schwager das Leben, weil sein Projekt einer Kolonie in Paraguay finanziell gescheitert ist. Im November erscheint Julius Langbehn, ein Kunsthistoriker, bei Nietzsche und bietet ihm seine Mitarbeit an. Er begleitet Nietzsche auf dessen Spaziergängen außerhalb der Klinik und spricht mit ihm. Nach drei Wochen reagiert Nietzsche ablehnend auf ihn. Ende Februar des folgenden Jahres verschwindet Langbehn, nachdem es ihm nicht gelungen ist, die Vormundschaft über Nietzsche zu erhalten.

1890

Am 24. März kann Nietzsche die Klinik verlassen und bei seiner Mutter in Jena wohnen. Am 13. Mai verlassen Mutter und Sohn Jena und kehren nach Naumburg zurück. Ihr Aufbruch kommt beinahe einer Flucht gleich. Am 16. Dezember kehrt die Schwester aus Paraguay zurück.

1891–97

Der Gesundheitszustand Nietzsches verschlechtert sich immer mehr. 1892 ist er nicht mehr in der Lage, die Freunde zu erkennen, die ihn besuchen. Oft hat er Haßausbrüche, die so heftig sind, daß Peter Gast um das Leben der Mutter fürchtet. 1893 erleidet er eine Rückenversteifung, die ihn daran hindert, weiter wie bisher (auf Dringen der Mutter) das Haus zu Spaziergängen zu verlassen. Im Haus ist er auf einen Rollstuhl angewiesen. Seit 1894 brüllt Nietzsche, der sonst nicht mehr spricht, zuweilen auf, während sein Gesicht große Heiterkeit ausdrückt. Am 20. April 1897 stirbt die Mutter im Alter von 71 Jahren. Die Schwester nimmt den Kranken bei sich in Weimar auf. Faktisch aber sorgt Alwine Freytag für ihn, die schon seit Jahren der Mutter zur Hand ging.

1892 tritt der Verleger Fritzsch die Rechte an Nietzsches Werken an Naumann ab, und Peter Gast beginnt mit der Edition einer Werkausgabe. Im Herbst erscheint der *Zarathustra* zum ersten Mal mit allen vier Teilen. In der Folge werden die *Unzeitgemäßen Betrachtungen* mit dem auf sie Bezug nehmenden Kapitel aus *Ecce homo* veröffentlicht. 1893 erscheinen *Menschliches, Allzumenschliches*, *Jenseits von Gut und Böse* sowie die *Genealogie der Moral*. Zu Beginn des Jahres 1894 veranlaßt die Schwester die sofortige Unterbrechung der Gastschen Ausgabe und gründet das Nietzsche-Archiv, das sich fortan der Sorge um eine Gesamtausgabe widmen soll.

1900

Nietzsche stirbt am Samstag, den 25. August 1900, gegen Mittag.

V. Rezeptionsgeschichte

Schon in Sils-Maria war sich Nietzsche im Sommer des Jahres 1888 durchaus bewußt, ein berühmter Mann geworden zu sein. Allerdings hatte keines seiner Bücher bei den Universitätsphilosophen besondere Beachtung gefunden. Offenbar vermochten sie in seinem Denken nicht jene Verbindung zur philosophischen Tradition zu entdecken, die es ihnen ermöglicht hätte, den Dialog mit ihm aufzunehmen. Über viele Jahrzehnte hinweg machte sich Nietzsches Einfluß vor allem bei den Künstlern geltend. Aus der von Krummel zusammengestellten Dokumentation geht jedoch auch hervor, daß Nietzsche sehr bald schon ein Platz in der Geschichte der Philosophie zugeschrieben wurde.[1] So wird er beispielsweise im *Grundriß der Geschichte der Philosophie* von F. Ueberweg in der Ausgabe von 1880 als Nachfolger von Schleiermacher, Schopenhauer und Beneke bezeichnet, während er von R. Falkenberg in seiner *Geschichte der neueren Philosophie* im Kapitel über die Gegner des konservativen Idealismus als Schüler von Schopenhauer und Wagner erwähnt wird. Er gilt dort als ein deutscher Rousseau, der sich in einen Anhänger Voltaires verwandelte, um dann mit dem *Zarathustra* zu einer mystisch-religiösen Position zurückzukehren.[2] Auch in der *Philosophie der Gegenwart* von M. Brasch, die 1888 veröffentlicht wurde, ist von Nietzsche als einer der zweifellos interessantesten und faszinierendsten Erscheinungen unter allen Anhängern Schopenhauers die Rede. Doch solche Anerkennung erhöhte nur Nietzsches Ruhm bei den Künstlern, vor allem auch bei den Schriftstellern.[3] Diesen Ruhm begründeten im übrigen weniger seine im eigentlichen Sinn ästhetischen Werke, also nicht die Schriften vom Beginn der siebziger Jahre, sondern in erster Linie sein übriges Werk, in dem er selbst als Künstler auftrat. Die von Nietzsche gegebenen Anregungen wurden schließlich für seine Freunde und Schüler sowie für ein immer breiteres Publikum insofern zu einem schicksalhaften Vorbild, als sich in ihnen der Künstler mit all seinen Launen, Stimmungen und Vorahnungen einen Zugang zur Philosophie verschafft hatte. Gerade diese Einstellung, die Nietzsche bewußt von den frühesten griechischen Philosophen übernommen und bei den französischen Moralisten sowie bei

Tolstoj und Dostojewski wiederentdeckt hatte, beeinflußte die großen Schriftsteller des 20. Jahrhunderts, von Musil zu Kafka, von Rilke zu Thomas Mann, von Strindberg zu Gide. Das von Nietzsche als Erzieher unternommene Experiment wurde daher, obwohl es in seiner substanziellen Auswirkung auf seine direkten Schüler folgenlos blieb, in gar keiner Weise ein Mißerfolg. Selbst der seelische »Zusammenbruch« Nietzsches erschien schließlich als ein »künstlerisches« Ereignis. Den Ausgangspunkt für eine erste Beschäftigung mit seinem Werk lieferte nicht zuletzt die Debatte über Art und Ursache dieses Zusammenbruchs. Einerseits versuchte die Schwester, Nietzsches Erkrankung als zufällig oder durch die extreme Arbeitsüberlastung ihres Bruders während der letzten Monate des Jahres 1888 hinzustellen, um nicht den Schatten der Geisteskrankheit auf das Ansehen der Familie und das Gesamtwerk ihres Bruders fallen zu lassen; andererseits glaubte der Arzt J. Möbius,[4] in allen von Nietzsche veröffentlichten Büchern Anzeichen von Geisteskrankheit erkennen zu können. Faktisch war das Problem einer luetischen Verursachung von Nietzsches Erkrankung nicht zu klären. Das hatte zur Folge, daß die philosophische Diskussion um Nietzsches Werk mindestens bis zum Ersten Weltkrieg erschwert blieb. Denn der Verdacht, daß bereits vor 1870 Nietzsches Gehirn durch eine luetische Infektion angegriffen war, stellte einen entscheidenden Einwand gegen sein gesamtes Denken dar. Unabhängig davon glaubte man, der Stil seiner Aphorismen sei zwar einem Moralisten, weniger aber einem Philosophen angemessen.

Die Theologen, zumindest diejenigen unter ihnen, die Nietzsche persönlich gekannt hatten,[5] führten seinen psychischen Zusammenbruch auf die nicht gelungene Überwindung des Christentums und seinen fortdauernden, nicht zu unterdrückenden Wunsch zurück, wieder zu Gott zu finden. Bestätigung fand diese These durch Berichte der Mutter über die Gespräche mit ihrem Sohn während dessen jahrelanger Erkrankung.[6] Bei ihrer Beschäftigung mit Nietzsche verwiesen die Theologen im übrigen oft auf die Möglichkeit, daß der Antichrist Nietzsches in Wirklichkeit ein neuer Christ sei.[7]

Bis zum Jahr 1900 ist das Interesse an Nietzsche einerseits durch biographische Motive bedingt, die außer bei der Schwester im Kreis der engsten Freunde, also auch bei L. Salomé,[8] eine Rolle spielen, und andererseits durch die Bedeutung, die Nietzsches Denken für die Literatur und die bildende Kunst angenommen hat. Nicht zufällig war G. Brandes,[9] der oft als

Entdecker Nietzsches betrachtet wird, Literaturwissenschaftler und nicht zufällig gibt J. Langbehn, ein Kunsthistoriker und später Freund Nietzsches, seinem wichtigsten Buch den Titel *Rembrandt als Erzieher*.[10]

In diesen Jahren wird auch das Problem eines möglichen Einflusses diskutiert, den die Lektüre Stirners auf Nietzsche gehabt haben könnte. Zu Beginn der neunziger Jahre hatte R. Schellwien[11] eine Parallele zwischen beiden Denkern gesehen, ohne jedoch der Frage nachzugehen, ob Nietzsche das Werk Stirners gelesen hatte. Aber obwohl die Schwester sich bemühte, diese Annahme als unbegründet zurückzuweisen, gewann die Vorstellung an Boden, daß Nietzsche sich von Stirner hatte inspirieren lassen. Vor allem die Overbecks behaupteten aufgrund der direkten Erinnerung von Frau Overbeck, daß Nietzsche Stirner gelesen hatte. P. Gast dagegen war in dieser Frage unschlüssig, da er sicher war, daß Nietzsche nie mit ihm über Stirner gesprochen hatte, obwohl er sonst die Angewohnheit besaß, mit den ihm nahestehenden Menschen über Bücher zu sprechen, die ihm wichtig erschienen waren.[12]

Im ersten Jahrzehnt unseres Jahrhunderts wurden zahlreiche Untersuchungen veröffentlicht, die eine umfassende Darstellung von Nietzsches Denken unternahmen. Sie verfolgten zumeist die Absicht, zwischen den einzelnen von Nietzsche dargestellten Lehren einen Zusammenhang herzustellen, um dabei auf Widersprüche zu stoßen und der Frage nachzugehen, welcher Sinn ihnen zuzuschreiben sei. Im allgemeinen wurde Nietzsches Philosophie dabei unter moralischen Gesichtspunkten gelesen. A. Drews[13] beschreibt den Übergang zu Nietzsches dritter Schaffensperiode folgendermaßen:

> »Nietzsche strebt noch immer nicht eigentlich über die Moral als solche, sondern lediglich über die *heteronome* Moral hinaus, die dem Einzelnen ihre Gebote von außen auferlegt und die Verkümmerung und Unterjochung des persönlichen Selbst zur Folge hat. Er möchte dieser alten individualitätsfeindlichen Moral eine neue *autonome* Moral entgegenstellen, die unmittelbar aus dem Willen des Individuums selbst hervorgeht und darum mit seinem Wesen übereinstimmt.« (Drews, 1904, S. 311f.)

Nietzsche suchte, Drews zufolge, in Übereinstimmung mit den großen deutschen Ethikern von Kant bis Eduard von Hartmann den Menschen vor allem zur Autonomie anzuhalten. Er faßte daher den Willen nicht mehr wie Schopenhauer als Willen zum Leben auf, dem es wichtig sei, etwas zu bewahren, was sonst sterben müßte, sondern als einen Willen zur Macht, der das Gefühl der Macht so weit auszudehnen suchte, bis es mit der Notwendigkeit zusammenfiel, jeden Schmerz in einen Antrieb zum Leben umzuformen. Daher der Immoralismus, der übersteigerte Egoismus, Individualismus und Relativismus, der Nietzsche in diesen Jahren vielfach zugeschrieben wurde; daher auch seine poetische Inspiration sowie seine Vorstellung, eine Flamme zu sein (Drews, 1904, S. 313–22). Nietzsches ethische Intention hat nach Drews Auffassung noch einen weiteren Sinn: Der Wille zur Macht gilt ihm als Aufhebung der objektiven Naturgesetze. Nietzsche wird dabei in die Nähe von Kant gerückt.

»Auch *Kant* hat der realen Natur, der Welt der Dinge an sich, die Gesetzlichkeit abgesprochen und gelehrt, daß alle sog. Naturgesetze im Grunde bloß die Gesetze unseres eigenen Bewußtseins seien, die wir unbewußt auf die Natur übertragen und damit gleichsam dieser vorschreiben.« (Drews, 1904, S. 402f.)

Nietzsche nimmt jedoch, anders als Kant, keine Unterscheidung vor zwischen einer dem Bewußtsein immanenten Natur und einer ihm gegenüber transzendenten Natur, da es ihm darum geht, die Abwegigkeit der Annahme einer »wahren« Welt nachzuweisen und die Motive offenzulegen, die zu der Überzeugung von einer Wahrheit der Welt geführt haben. An diesem Punkt bliebe angesichts des Umstands, daß auch die wahre Welt falsch ist, nur eine scheinbare Welt übrig. Drews insistiert hierbei auf Nietzsches Hang zum Paradox, ohne sich nach dessen Sinn zu fragen. Denn hinter dem Paradox verbirgt Nietzsche die Unmöglichkeit, seinen Realismus des Willens ohne Rückgriff auf eine Metaphysik zu klären. Diese Unmöglichkeit aber ist nach Meinung von Drews auf seine positivistische Vergangenheit zurückzuführen (vgl. Drews, 1904, S. 407).

Schon A. Riehl,[14] E. Horneffer[15] und O. Ewald[16] hatten zuvor den Versuch unternommen, das Denken Nietzsches in die Nähe der Kantschen Philosophie zu rücken, und zwar insbesondere in die Nähe eines Imperativs, den sie als Verpflichtung zur ethischen Verewigung der menschlichen Existenz auffaßten. Im Anschluß an Drews wurde dieser Versuch von anderen Forschern bis hin zu G. Simmel[17] wieder aufgenommen.

H. Vaihinger[18] hat das Denken Nietzsches erkenntnistheoretisch interpretiert und seinerseits die Bedeutung Kants für Nietzsche hervorgehoben. Sie kommt nach seiner Meinung am besten in dessen berühmtem Satz zum Ausdruck, der Verstand schreibe der Natur die Gesetze vor, statt sie ihr zu entnehmen. Vaihinger stellt ins Zentrum seiner Analyse die Rolle jener regulativen Fiktionen bei Nietzsche, die nach dessen Auffassung die Welt konstituieren, ohne auf etwas Wahres oder Falsches reduzierbar zu sein. Es handelt sich dabei um Aspekte der Welt, die nur als Fiktionen verstanden werden können und deren Verlust, wie in den Fällen des Mythos und der Religion, eine Verarmung der Welt selbst nach sich zieht. Vaihinger geht dabei offensichtlich von seiner Philosophie des »Als ob« aus.

Die Erforschung der Beziehungen Nietzsches zur deutschen Romantik eröffnet Perspektiven, die über den engen Kreis eines Spezialthemas hinausgehen. So zeigt K. Joel[19] zufolge die Berufung auf Dionysos und die dionysische Überwindung des Nihilismus eine im Grunde romantische Tendenz Nietzsches. Dessen Interesse für das archaische Griechenland ist nach dieser Interpretation der wichtigste Aspekt dieser Tendenz insofern, als sie eine Vorliebe für asiatische Wesenszüge erkennen läßt, die der okzidentalen Rationalität fremd sind. Diese erscheint dann nurmehr als eine Verarmung eines reicheren Lebens, das sich aus der Ursprünglichkeit des Unendlichen speist. Der Kampf, den Nietzsche trotzdem gegen die Romantik geführt hat, ist nach Joel ein Kampf gegen eine nicht authentische und heruntergekommene Romantik gewesen. Indem er Zitate Nietzsches mit solchen von Novalis, F. Schlegel und Tieck konfrontiert, zeigt Joel die Nähe Nietzsches zur Frühromantik. Diese Beziehung wird später häufig in der Nietzscheliteratur erörtert, auch wo sie nicht den Hauptgegenstand einer Untersuchung bildet.[20] Dies ist etwa bei dem Buch von E. Bertram[21] der Fall, der dem George-Kreis nahestand. Für Bertram mußte Nietzsche zur »Legende« werden, weil das, was die Geschichte uns überliefert, sich nie aus einer objektiven Zusammenstellung von Fakten ergibt. Auch Nietzsches Denken muß daher nach Bertrams Meinung mythologisch rekonstruiert werden. Das »Werk« selbst, das zwar etwas Konkretes ist, bleibt aber dabei nur in dem Maße erhalten, in dem es Eingang findet in die Legende seines Autors. Was von einer Person über ihre zeitlichen Grenzen hinaus Bestand hat, ist stets, wie Bertram unter Berufung auf Burckhardt sagt, Magie, religiöse Gebärde, etwas sich jeder mechanischen und rationalen Entsprechung Entziehendes. »Legende ist in Wahrheit das, was das Wort im nacktesten Sinn besagt: nicht ein Geschriebenes, sondern etwas, das immer neu zu *lesen* ist, das erst entsteht durch immer erneutes Anderslesen.« (Bertram, 1918, S. 6) Das aber ist unvermeidlich so, weil es keine objektive und ein für allemal abgeschlossene Lektüre gibt. Nietzsches Wirkung beruht daher auf dem »Symbol«, das er repräsentiert: die Leidenschaft für die Erkenntnis wie für die eleusischen Mysterien, das Christentum und das Heidentum, den dionysischen Geist und das späte Luthertum (und das trotz Nietzsches Abneigung gegen das Luthertum, die nach Bertrams Auffassung seinen Vorbehalten gegenüber Wagner entspricht). Bei Nietzsche steht demnach ein nordisches Element neben dem griechischen, die christliche Ethik der Askese neben der griechischen Liebe zum Schein, neben dem Schrecken vor einer Wahrheit ohne Schleier und der Leidenschaft für den Mythos. Am Ende jedoch obsiegt bei ihm der Wille zur Erkenntnis, auch wenn dieser Wille sich als Wille zum Tode erweisen sollte. Denn Nietzsche wußte wie Hebbel, daß der Mensch einem Basilisken gleicht, der stirbt, sobald er seiner selbst ansichtig wird (Bertram, 1918, S. 390).

L. Klages[22] ging es um eine genauere Beziehung zum Denken Nietzsches, obwohl auch er sich um eine gewisse Innerlichkeit seiner Interpretation bemüht. Ihm zufolge ist Nietzsche bisher in seiner Besonderheit nicht verstanden worden, weil man nicht begriffen hat, was mit ihm begann. Nietzsche hat nach Klages den entscheidenden Anstoß zur Untersuchung der menschlichen Charaktere gegeben, indem er das Interesse der Forschung auf die Seele wie auf den Geist richtete. Die Seele zu erkennen ist äußerst schwierig, weil sie sich zu ihrer Entfaltung auf nichts Äußeres stützen kann. Die Behauptung Zarathustras, das Du sei älter als das Ich, ist nach Klages ausschlaggebend, weil sie ein Axion umstürzt, das in Descartes seinen metaphysischen Ausdruck gewonnen hatte. Wenn ich mich zur Begegnung mit einem anderen an eine äußere Wirklichkeit wenden muß, die sich mir als Erscheinung darstellt, so muß ich bei einer Begegnung mit mir selbst gerade dies unterlassen und mich mir selbst fremd werden lassen. »Der andere tritt mir in der Form der Erscheinung entgegen, also als primäre Wirklichkeit, das Eigenich muß sich zuerst sich selbst entfremden, damit es erfaßbar sei.« (Klages, 1926, S. 18). Nun hat Klages zufolge Nietzsche als erster erkannt, daß jene »Psychologie«, welche die Tatsachen der Seele erforscht, also die Psychologie, die seit mehr als zwei Jahrtausenden existiert, gerade deshalb die Seele nie erkennen wird, weil sie sich der Anstrengung einer Selbstentfremdung nicht unterzieht. Doch das »Erkenne dich selbst« ist zugleich eine Forderung nach Erkenntnis des »Seins«. Das in dieser Weise eingeholte Sein widersetzt sich dem Fließen der Zeit in der Seele: das Ich konstituiert sich als Affirmation seiner selbst. Die Formel, mit der Nietzsche dies zum Ausdruck gebracht hat, ist der »Wille zur Macht«. Er muß sich, um leben zu können, auf Werte beziehen. Dabei entscheidet er sich für jene Werte, die er besitzt, und verneint jene, die er nicht besitzt. Nietzsche hat sich darum nach Meinung von Klages für die Selbsttäuschung als Mittel gegen die Verzweiflung entschieden. Aus diesem Grund habe er eine äußerst genaue Analyse jener Mittel vornehmen können, für die sich Individuen, ganze Völker, ja die Menschheit entscheiden, um sich selbst zu täuschen. Das aber sei nichts Negatives, denn wer alle diese Mittel in Betracht gezogen hätte, sei gleichzeitig auf dem Weg zur Erkenntnis seiner selbst. Gerade das verborgene Vertrauen in die Außenwelt sowie die Überzeugung von einer personalen Identität gehen auf diesen Willen zur Selbsttäuschung zurück.

Mit dem Buch von A. Baeumler[23] beginnt eine neue Phase in der Wirkungsgechichte Nietzsches, und zwar nicht nur, weil es die nationalsozialistische Interpretation von Nietzsches Denken repräsentiert, sondern weil mit ihm eines der großen Worte von Nietzsches Philosophie, der Wille zur Macht, gegen die metaphysische Tradition des Westens ausgespielt und eingesetzt wird. Baeumler betrachtet den Willen zur Macht als Zentralgedanken von Nietzsches »Metaphysik«, und das Werk, das Nietzsche zur Darstellung dieses Gedankens konzipiert hatte, wird für ihn zu Nietzsches Hauptwerk. Der Wille zur Macht bedeutet nach Baeumler kein Machtwollen, sondern ist eine Formel, die das Werden selbst ausdrückt. Ein Wille, der unablässig den Kampf will, hat kein Ziel, weil er selbst ein Geschehen oder, der Version Baeumlers entsprechend, ein Wille als Macht ist. An diesem Punkt muß Baeumler jedoch aus Nietzsches Denken im Namen des Systems, für das er sich zu dessen Interpretation entschieden hat, die Lehre von der ewigen Wiederkehr verbannen, weil die in die Welt etwas wiedereinführen würde, was dem Kampf fremd ist. Baeumler unterscheidet in der Tat eine heraklitische Welt des unablässigen Werdens von einer dionysischen Welt der Wiederkehr. Der Gedanke der ewigen Wiederkehr ist ihm zufolge nur Ausdruck eines höchst persönlichen Erlebnisses Nietzsches, der für das System des Willens zur Macht unerheblich bleibt. Wenn es mithin in der heraklitischen Welt nur eine Unschuld des Werdens gibt, dann ist der von Nietzsche versuchte und im Aphorismus 617 des *Willens zur Macht* eingeschlagene Weg, »dem Werden den Charakter des Seins aufzuprägen«, notwendig ein Versuch, der mit einem System unvereinbar bleiben muß, welches den Willen als Macht denkt. Das Werden muß in der Tat in einem solchen System von einer Seinsbestimmung gerade befreit bleiben. Baeumler stellt fest, wie die Lehre von der ewigen Wiederkehr sich bei Nietzsche herausbildet, bevor er zum Systems des Willens zur Macht gelangt, das daher auch eine Überwindung dieser Lehre ist. Der Wille zur Macht ist dann nur ein anderer Name für die »höchste Gerechtigkeit«, also für diejenige, die sich über die kleinen Bestimmungen des Guten und des Bösen erhebt und letzten Endes ein Wille des Ganzen ist. Baeumler schreibt:

> »Gerechtigkeit ist nur ein anderes Wort für das Vorhandensein dieses Ganzen, für die Selbsterhaltung dieses Ganzen, welches, um in alle Ewigkeit Macht zu sein, sich in alle Ewigkeit im Gleichgewicht erhält, und welches sich nur im Gleichgewicht erhält, um in alle Ewigkeit im Kampfe aller Qualitäten gegeneinander sich zu bejahen. *Der Wille zur Macht ist also nur ein anderer Ausdruck für die höchste Gerechtigkeit.*« (Baeumler, 1937, S. 78)

Den Stärksten steht also die Herrschaft zu und den Schwächsten die Sklaverei. Im Kontext dieser metaphysischen Perspektive setzt im zweiten Teil des Buches die Interpretation von Nietzsches politischem Denken an. Die von Nietzsche konzipierte Politik besteht ihm zufolge in einem Angriff gegen den Okzident. Dessen Kriege sollen zu einem Staat des nordischen Menschen führen. Nietzsches Sympathie gegenüber Frankreich steht nicht im Widerspruch zu dieser Perspektive, da es sich bei ihr nur um einen provokatorischen Schachzug handelt, der für die von ihm vorgetragenen Ideen Interesse wecken soll.

Wie bereits angedeutet, führte das Buch von Baeumler zu den großen Nietzsche-Interpretationen der dreißiger Jahre, die in gewisser Hinsicht eine Antwort auf Baeumlers Versuch sind, Nietzsche zu einem Theoretiker des Nationalsozialismus und der rassischen Gewalt zu machen. Gemeint sind die Interpretationen von Jaspers, Löwith und Heidegger.

K. Jaspers,[24] der es sich zur Aufgabe gemacht hat, Nietzsches »Philosophieren« und nicht nur die philosophischen Ergebnisse seines Denkens zu verstehen, hat vor allem im Nachlaß der achtziger Jahre nach jenen Momenten des Transzendierens gesucht, mit denen das Denken über die von den vorhandenen Werten und Wahrheiten gesetzten Grenzen hinausgehen will. Im Zentrum des Interesses von Jaspers steht ein Nietzsches Denken innewohnender Wille zur Wahrheit, dem ein Wille zum Tod entspricht. Um diese Zweideutigkeit der Wahrheit

kreist das gesamte Denken Nietzsches, das Licht und Labyrinth, Geist und Sein ist. Das letzte Geheimnis der Wahrheit, zu
dem Nietzsche über den Mythos gelangt, besteht darin, daß die
Wahrheit der Tod ist und daß sich auch in der Leidenschaft für
die Wahrheit nur wieder der Tod verbirgt (vgl. Jaspers, 1936, S.
230). Im Labyrinth, in dem sich Nietzsche als Theseus auf der
Suche nach der Wahrheit befindet, ist gerade Ariadne die letzte
Verkleidung des Todes. Von dieser erkannten Zweideutigkeit
des Todes, einer Zweideutigkeit, die Jaspers in die Nähe von
Hölderlins Konzeption des Tragischen rückt, bei dem der Gott
selbst im Tod erscheint, hat der moderne Mensch nur das
Nichts erfahren und auf dem Schachbrett seiner irdischen Existenz das Schweigen eines abwesenden Gottes wahrgenommen.
Die Lehren vom Übermenschen, vom Willen zur Macht und
von der ewigen Wiederkehr sind jedoch im Lichte dieses exi-
stentialistischen Ansatzes Chiffren einer Transzendenz, deren
Ziel weder Gott noch die Welt ist, sondern die unablässige
Eröffnung von Möglichkeiten. Jaspers zufolge oszilliert daher
das Denken Nietzsches durchaus in der Nähe zu Kierkegaard
zwischen einer Gottlosigkeit und einer schwer zu fassenden Religiosität.

K. Löwith[25] bringt die Formen des »Du sollst«, »Ich will«
und »Ich bin« jeweils mit den Figuren des Wanderers, des Zarathustra und des Dionysos in Verbindung, die ihrerseits ihre
Entsprechung finden in der Philosophie des Vormittages (welche auf der Suche nach der Wahrheit vordringt bis zu den Grenzen des Nichts), in der Entdeckung der Stunde des Mittags (also
des Todes Gottes und des Übermenschen) sowie schließlich in
der Lehre von der ewigen Wiederkehr (als äußerster Affirmation des Lebens). Dem negativen Ereignis des Todes Gottes
korrespondiert die Geburt des Nihilismus, verstanden als jene
Abwertung der höchsten Werte, die nicht zur Verzweiflung
führt, sondern gerade zur Selbstbehauptung des Lebens. Nietzsche trägt darum, Löwith zufolge, im Augenblick der größten
Krise der modernen Weltanschauung erneut eine antike Auffassung der Welt vor, in der alles ewig wiederkehrt, der Kreis an
die Stelle der Linie tritt. Doch er scheitert, weil bei ihm die Beziehung von Welt und Mensch ungelöst bleibt. Nietzsche, der
mit der Idee der ewigen Wiederkehr ein Grieche hatte sein wollen, ist im Grunde zutiefst christlich geblieben. In dem Augenblick, in dem er einen nicht zu unterdrückenden Willen zur Zukunft geäußert hat, war auch dieser Wille nach dem Verlust jenes christlichen Gottes zum Scheitern verurteilt, der ihm durch

sein Erscheinen eine Richtung hätte geben müssen. Löwith schreibt:

>Seine Philosophie bricht entzwei, weil der Wille zur Verewigung der ins Dasein geworfenen Existenz des modernen Ego mit der Schau eines ewigen Kreislaufs der natürlichen Welt nicht zusammen paßt.«

Die Lehre von der ewigen Wiederkehr ist daher nach Löwith eine Theodizee, die einen Ausgleich sucht zwischen dem Lauf der Welt und der menschlichen Existenz.

M. Heidegger,[26] bei dem sich die wohl überzeugendste Erwiderung auf die Thesen von Baeumler findet, will Nietzsche im Gang der Geschichte der Metaphysik neben Plato und Aristoteles stellen. Denn sein Problem war nach Heidegger das der Metaphysik, die Frage nach dem Sein. Und dieses Problem zeichnete sich vor allem im letzten von Nietzsche konzipierten Werk ab, dem *Willen zur Macht*. Dieser Wille ist geradezu das Kennzeichen, das Nietzsche jenem Seienden zuschreibt, das sich in seinem Sein selbst entwirft. Diese Metaphysik des Willens steht voll und ganz in der Linie der deutschen Philosophie seit Leibniz. Sie erbt von der platonischen Philosophie und aus der jüdisch-christlichen Tradition die Seinsvergessenheit. Die systematische Organisation des Seienden, wie sie die abendländische Metaphysik versucht hat, findet daher in Nietzsche ihren vollständigsten Ausdruck. Bei ihm bleibt vom Sein nichts übrig, während die Welt der Kontrolle der Technik unterstellt wird, jenem planetarischen Geschehen, in dem sich die Metaphysik vollendet. Wenn daher der Wille zur Macht das grundlegende Kennzeichen des Seienden in seiner organisierten Totalität ist, dann erfordert dies notwendig, daß auch das *Wesen* eines so Seienden ewig wiederkehrt, weil das Seiende als Wille zur Macht nur sich selbst wollen kann. Die ewige Wiederkehr ist also das »Wie« des Daseins oder seine *existentia*. Auch Nietzsches Konzeption der Wahrheit muß nach Heidegger ausgehend vom Willen zur Macht verstanden werden. Der Wille zur Macht ist Kriterium der Wahrheit in der Erkenntnis und zugleich Maß der Umgestaltung des Lebens in Kunst. Ihm ist es zu danken, daß Kunst und Wahrheit sich als jene Selbstbesitzergreifung manifestieren, die ihnen eigentümlich ist. In diesem Sinn bleibt die Wahrheit verbunden mit einem anderen grundlegenden Begriff, den Heidegger bei Nietzsche ausmacht, der Gerechtigkeit. Die Epoche der Moderne hat dagegen seit Descartes die Wahrheit zur Selbstgewißheit umgewandelt und die Dinge als Gegenstände ihrer Repräsentation aufgefaßt. Nietzsche hat dieser

Bewegung ein Ende gesetzt, indem er sie als Nihilismus begriff. Heidegger schreibt über *Nietzsche*:

>»Nihilismus ist jener geschichtliche Vorgang, durch den das ›Übersinnliche‹ in seiner Herrschaft hinfällig und nichtig wird, so daß das Seiende selbst seinen Wert und Sinn verliert. Nihilismus ist die Geschichte des Seienden selbst, durch die der Tod des christlichen Gottes langsam, aber unaufhaltsam an den Tag kommt.« (Heidegger, 1961, S. 33)

Die von Nietzsche vorhergesehene Umwertung aller Werte führte nach Heidegger zum Ende der bis dahin geltenden Werte und schließlich bei Nietzsche sogar zum Ende des Bedürfnisses nach Werten. Gerade darum aber dachte Nietzsche noch in Wertmaßstäben und faßte in seinem Denken das Sein als Wert (vgl. Heidegger, 1961, S. 35).

In den Jahren unmittelbar nach dem Zweiten Weltkrieg befaßte sich die Nietzsche-Literatur vor allem damit, Nietzsches Denken aus der Verantwortung zu befreien, die die Nationalsozialisten ihm aufgebürdet hatten, als sie es als »geistige« und »deutsche« Legitimation ihrer Verbrechen benutzten.[27] Thomas Manns Roman *Doktor Faustus*, der während der Kriegsjahre entstand, hat mit großer Sensibilität die schmerzhafte Empfindung festgehalten, daß die Katastrophe Deutschlands in bestimmter Hinsicht mit der geistigen Erfahrung Nietzsches verbunden war.

Auch F. G. Jünger[28] hat dies bemerkt und zu zeigen versucht, wie die Prophetie Nietzsches, gerade als Prophetie, nicht in einem unmittelbar historischen Sinn zu lesen sei, weil man sonst Nietzsche verantwortlich machen würde für ein Verderben, dessen Folge und Konsequenz er letzten Endes war (vgl. Jünger, 1949, S. 169–72).

In jenen Jahren wurde Nietzsche oft im Gefolge von Jaspers unter existenzialistischen Aspekten gelesen als Theoretiker der Krise des europäischen Bewußtseins. Nietzsche wurde damals (auch hierin folgte man Jaspers) in die Nähe von Kierkegaard gerückt, wie dies Löwith schon 1933 versucht hatte.[29] Dieser Tendenz folgten die Untersuchungen von W. Struve,[30] L. Giesz,[31] W. Rehm[32] und J. Lavrin[33]. Diese philosophische Wiederaneignung der Werke Nietzsches war zudem bestimmt durch eine gewisse Vorliebe für die Schriften seiner mittleren Schaffensperiode von *Menschliches, Allzumenschliches* bis zur *Fröhlichen Wissenschaft*. Das Buch von H. Schoeck[34] hat diese Bemühungen eingeleitet, die während der fünfziger Jahre besondere Konjunktur hatten.

Neues Interesse erweckte inzwischen auch die Beziehung Nietzsches zum Christentum. O. Flake[35] sah in Nietzsche den Gipfelpunkt eines religiösen und moralischen Subjektivismus, der mit Luther begann und dessen Ende nur ein Nihilismus sein konnte. In der Leere dieses Nihilismus mußten dann die Götzen von Rasse, Staat und Gewalt zur Macht gelangen. Eine andere Auffassung vertrat W. Weymann-Weyhe.[36] Ihm zufolge besitzt Nietzsches Denken eine positive Bedeutung in der Geschichte des christlichen Bewußtseins, weil es eine der möglichen Ausdrucksformen dieses Bewußtseins ist. Darin war Nietzsche Kierkegaard ebenbürtig, obwohl nur dieser in Lage war, der menschlichen Geschichte eine Grundlegung zu verschaffen, indem er den Menschen als Person nicht in eine übermenschliche Einsamkeit entließ, sondern ihn mit Gott konfrontierte. Faktisch ging die Idee, Nietzsche könne als christlicher Denker gelesen werden, wie bereits angedeutet wurde, auf die ersten Jahre seiner Rezeption zurück. E. Benz[37] bekräftigte sie, indem er von Nietzsche als dem Initiator einer besonderen *imitatio Christi* sprach. K.-H. Volkmann-Schluck[38] bemerkte dagegen, die zeitgenössische Theologie sei noch immer nicht vorbereitet auf die Probleme, die durch die Angriffe Nietzsches auf das Christentum aufgeworfen wurden.

1946 wandte sich Jaspers erneut dem Thema des Christentums bei Nietzsche zu.[39] Er betonte vor allem die Notwendigkeit einer Unterscheidung zwischen der Realität des Christentums und den Forderungen, die es zum Ausdruck brachte. So gelte es, zum besseren Verständnis Nietzsches, eine Trennung vorzunehmen zwischen der von Paulus entwickelten Lehre vom Glauben an ein Jenseits, in das nur die »Guten« Eingang finden sollen, und der von Christus selbst praktizierten Lebenslehre einer Erfahrung des Herzens. Die These von Jaspers ist nun, daß Nietzsche, ausgehend von dieser Feststellung, lediglich die Keime der Selbstauflösung hat fruchtbar werden lassen, die das Christentum von Beginn an in sich trug. Nach Jaspers muß der Ursprung von Nietzsches Nihilismus gerade in seiner christlichen Einstellung gesucht werden (vgl. Jaspers, 1946, S. 43). Das Leiden, welches Nietzsche angesichts des Menschen empfunden habe, sei zurückzuführen auf den biblischen Bericht von der Erbsünde. Jaspers zitiert in diesem Zusammenhang den Satz: »Es ist etwas Fundamental-Verfehltes im Menschen«. Der Zug zur Selbstauflösung des Christentums ist jedoch nicht das einzige, was Nietzsche mit dieser Religion verbindet. Jaspers bemüht sich, nachzuweisen, wie Nietzsche zwischen den Gestalten Dionysos und Jesus eine Dialektik in Gang bringt, in der sich eine Debatte widerspiegelt, die im ganzen Verlauf der Geschichte des okzidentalen Denkens offen geblieben ist, die zwischen Transzendenz und Immanenz. Nietzsches Gegenüberstellung von Jesus und Dionysos enthält für Jaspers zugleich den Gegensatz zweier verschiedener Deutungsmuster des Leidens, des christlichen und des tragischen. Bei ersterem wird das Leiden zum Symbol der Hinfälligkeit und Heillosigkeit der Welt und ist als solches ein Einwand gegen das Leben, während es bei letzterem aufgeht in einer Totalität des Seins, das in seiner Heiligkeit unendlichen Schmerz zu rechtfertigen vermag (vgl. den Aphorismus 1052 des *Willens zur Macht*).

Die These, daß der von Nietzsche gegen das Christentum vorgetragene Angriff Ausdruck seiner Religiosität sei, wurde auch von W. Nigg[40] unterstützt, der Nietzsche für einen religiösen Revolutionär hielt. Er sah in ihm die Verkörperung des metaphysischen Geschicks des modernen Menschen (vgl. Nigg, 1948, S. 226). Um Nietzsches Religiosität zu beweisen, mußte Nigg allerdings eine Trennung vornehmen zwischen Christentum und Religiosität. Auf diese Weise gelang es ihm, Nietzsches Atheismus selbst dort religiös zu interpretieren, wo Nietzsche zu der Feststellung kommt, der Glaube an Gott sei eine Lüge. Im selben Zusammenhang spricht auch P. Tillich[41] von einer Suche nach Gott jenseits Gottes unter dem Titel »Der Gott über Gott und der Mut zum Sein«.

Auch B. Welte[42] bewertete Nietzsches Atheismus positiv. Er sprach von einer »doppelten Dialektik« des menschlichen Willens, der in eine »tragische Ambivalenz« münde. Denn zum einen stoße die menschliche Leidenschaft, den eigenen Willen auch unter den Bedingungen einer zeitlichen Begrenzung zu verwirklichen, dialektisch zusammen mit dem Willen zum Unbegrenzten, der sich dann seinerseits aufgrund einer Entzugsdämonie in einen negativen Willen verwandle. Zum anderen verwandle sich die Unbedingtheit des Willens in einen Willen zum Unbedingten. Der Glaube an Gott erscheint hier als eine Weise, sich der Nähe des Endlichen zu entziehen. Welte schreibt:

»So wird der Mensch von den Polen seiner beiden großen Möglichkeiten immer zugleich angezogen und zugleich abgestoßen. Er wird im glaubenden Wollen des Unbedingten immer auch ein Nicht-glauben-Wollen bei sich haben, und im unbedingten Wollen dessen, was er bei sich hat und an sich ist, immer den Schmerz und die Ohnmacht der Endlichkeit, die widerspricht. Er wird überall und in allen Möglichkeiten seines Vollzuges, die in diesen äußersten Polen oder irgendwo zwischen ihnen liegen, sich in ein Ja *und* Nein verstrickt finden, und diese Verstrickung wird ihn so oder so niemals ganz zur Ruhe kommen lassen.« (Welte, 1958, S. 49)

Die These, Nietzsche gehöre zur Geschichte des christlichen Bewußtseins, wurde in der Folge noch mehrfach aufgegriffen und erläutert. Es genügt hier der Hinweis auf die Namen von G.-G. Grau,[43] H. Wein,[44] F. Ulrich,[45] P. Valdier[46] und E. Biser.[47] Nach Auffassung des letzteren gehört Nietzsches Satz »Gott ist tot« zu jener theologischen Tradition, die den Begriff des Seins gelöst hat von dem Gottes, um zu einem Jenseits-Seienden vorzudringen (Pseudo-Dionysios Areopagites, Johannes Scottus Eriugena, Nikolaus von Kues, aber auch, nach Bisers Meinung, Augustinus und Thomas von Aquin).

Auch H. Blumenberg[48] stellt Nietzsche in die historische Bewegung eines religiösen und kulturellen Wandels. Ihm zufolge ist für Nietzsche jede Teleologie eine Theologie und wird als solche kritisiert. Nietzsche ist demnach ein später und dennoch entscheidender Ausdruck der zweiten Überwindung der Gnosis. Er gibt sich nicht damit zufrieden, daß die Welt von vornherein nicht vom Menschen hat erschaffen worden sein können, sondern er will eine Autonomie im Hinblick auf die Wirklichkeit, wie diese eben ist, will also, daß der Mensch sich einen Spielraum für seine Werke schafft, denn »nicht im Erkennen, im Schaffen liegt unser Heil«.[49] In diesem Sinn wäre nach dem Ende der Teleologie der Natur die Technik zum Surrogat dieser Teleologie geworden, und Nietzsche erschiene trotz seiner Verachtung für den der Moderne eigenen praktischen Sinn als Philosoph des Zeitalters der Technik.

Die Debatte über Nietzsches Verhältnis zum Christentum hat zweifellos das Interesse keineswegs erschöpft, das Nietzsche während der letzten Jahrzehnte geweckt hat. Blumenbergs Hinweis auf die Technik zeigt, daß sich auch nach Heidegger weitere Möglichkeiten der Interpretation der Werke Nietzsches eröffnen.

In den fünfziger Jahren wurde die Nietzsche-Forschung beherrscht durch die neue Ausgabe der Werke, die von K. Schlechta herausgegeben wurde.[50] In dieser Ausgabe erscheinen Nietzsches Notizen über den Willen zur Macht in einer chronologischen, statt in einer systematischen Ordnung unter dem Titel »Aus dem Nachlaß der Achtzigerjahre«. Schlechta bemerkte darüber hinaus im »Nachwort« seiner Ausgabe, daß sich unter diesen Notizen nichts sonderlich Bedeutsames im Vergleich mit den zuvor publizierten Schriften befinde. In diesen habe Nietzsches Denken seinen wahren Ausdruck gefunden. Wie bereits bemerkt, wurde Nietzsche in jenen Jahren vor allem im Rückgriff auf die veröffentlichten Schriften, also insbesondere die seiner mittleren Schaffensperiode gelesen. Läßt man die verschiedenen Gesamtdarstellungen seines Denkens beiseite, so gilt es hinzuweisen vor allem auf die Bücher von W. A. Kaufmann,[51] von Schlechta selbst[52] und von H. M. Wolff.[53]

W. A. Kaufmann wollte das Apollinische neu bewertet sehen, weil es zugunsten des Dionysischen Rauschs vergessen worden sei. Nietzsche habe dem Entwurf einer Moral des Übermenschen eine besondere Beachtung geschenkt, die auch jenseits der destruktiven Aspekte in der Konfrontation mit der traditionellen Moral erhalten bleibe. Das Apollinische, dessen Vorbild Sokrates sei, komme als Sublimierung und Spiritualisierung zum Ausdruck.

K. Schlechta fand in Nietzsches Bild des »Mittags« sowohl heidnische wie christliche Züge. Die Unruhe, die Nietzsche in der Mittagsstunde ausdrücke, sei die Unruhe dessen, der sich vom Christentum abgewandt hat, ohne danach die antike Heiterkeit des Kreises wiedererlangen zu können. Die Ewigkeit der Wiederkehr werde damit, so Schlechta, zu einem säkularisierten Inferno.

H. M. Wolff stellt Nietzsches Denken in seiner chronologischen Entwicklung dar und schenkt dabei der geistigen Persönlichkeit des Philosophen besondere Beachtung. Auch er hält die veröffentlichten Schriften für wesentlicher als die unveröffentlichten. Das Problem des Geistes, des Lebens und des Bewußtseins verdient ihm zufolge größeres Interesse als die Probleme der Kunst, Kultur und Politik.

Eine Untersuchung der Nietzsche-Forschung der fünfziger Jahre bliebe unvollständig ohne einen Hinweis auf die Interpretation von Lukács.[54] Und zwar gilt dies nicht so sehr wegen des besonderen Werts, den sie für ein Verständnis Nietzsches hätte, als vielmehr für die negativen Auswirkungen, die sie vor allem innerhalb des Marxismus hatte. Mehrfach ist bemerkt worden, daß diese Interpretation im Grunde mit der nationalsozialistischen übereinstimmt und sich von ihr nur durch ihr umgekehrtes Vorzeichen unterscheidet. Nietzsche erscheint in ihr als der Denker des bürgerlichen Irrationalismus der imperialistischen Epoche. Lukács zufolge ergibt sich bei Nietzsche

»jeder Inhalt aus der – in den Mythos flüchtenden – Furcht vor dem eigenen Klassenuntergang« (Lukács, 1962, S. 350). Die Verkehrtheit des bürgerlichen Gesellschaftssystems findet in den Aphorismen Nietzsches ihren glänzendsten und zugleich vernunftfernsten Ausdruck. Trotz ihrer Autorität blieb diese Interpretation aber auch innerhalb des Marxismus nicht unumstritten. Widersprochen wurde ihr etwa von der Frankfurter Schule, die sich angesichts ihres Konzepts einer Dialektik der Aufklärung Nietzsche verpflichtet fühlte und durchaus anerkannte, von ihm jenes heraklitische Denken ererbt zu haben, in dem Historizität und Nihilismus eng miteinander verbunden sind.[55]

Man kann sich des Eindrucks nicht erwehren, daß nach dem Zweiten Weltkrieg das Interesse an Nietzsche vor allem außerhalb Deutschlands verbreitet war. Insbesondere in Frankreich, in Italien und in den Vereinigten Staaten fand eine Renaissance der Nietzsche-Forschung statt.[56] Und in den sechziger Jahren verstärkte sich diese Tendenz noch, als in Italien mit der Neuedition der Werke Nietzsches durch G. Colli und M. Montinari begonnen wurde. Diese Edition erscheint fast gleichzeitig außer auf italienisch auch auf deutsch, französisch und japanisch.

Bevor wir uns jedoch den Interpretationen außerhalb des deutchen Sprachraums zuwenden, sei noch auf das Buch von E. Fink[57] verwiesen, das 1960 erschienen ist. Obwohl es im wesentlichen Heideggers Interpretation wiederaufnimmt, führt es darüber hinaus eine wichtige Korrektur ein. Das Denken Nietzsches ist ihm zufolge nicht nur die Vollendung der Geschichte der Metaphysik, sondern auch ein erster Versuch, sie zu verlassen. Fink interpretierte den Übermenschen ausgehend von einer Ontologie die Spiels, die er zugleich unabhängig von seiner Nietzscheinterpretation als Grundlage seiner eigenen Philosophie entwickelt hat. Im Spiel erkennt demzufolge der von Nietzsche konzipierte Übermensch seine freie Zugehörigkeit zu einer Welt des Scheins. Das bedeutet nicht, daß »diese« Welt die einzige sei, sondern nur daß auch »diese« eine scheinbare ist.

In Frankreich war das Interesse an Nietzsche auch vor den sechziger Jahren sehr groß. Das veranschaulichen die Arbeiten von C. Andler,[58] G. Bataille,[59] A. Gide[60] und A. Camus.[61] G. Deleuze[62] kommt jedoch das Verdienst zu, eine neue Sicht Nietzsches in Frankreich durchgesetzt zu haben. Auch ihm zufolge ist Nietzsches Philosophie ein Versuch, die

Metaphysik zu verlassen. Dieser Versuch habe sich konkretisiert im Widerstand Nietzsches gegen eine Dialektik, in der alle Aspekte des metaphysischen Denkens versammelt sind, von der sokratischen Erfindung des Begriffs bis zur christlichen Auffassung des Schmerzes, von der Theologie bis zu einem nur reaktiven Denken. Deleuze führte den Begriff »Differenz« ein, um zu zeigen, wie bei Nietzsche die Konzeption des lebendigen Werdens als Kraft sich vor allem in einem »Fließen« darstellt, das über »differente« Ebenen hinweggeht. Eine gewisse Nähe zu dieser Interpretation weist die Deutung von P. Klossowski[63] auf. Ihm zufolge ist jedoch die in Nietzsches Denken zum Ausdruck gelangte Kraft ausgerichtet auf ein »Komplott«, dessen Prämisse die Idee der ewigen Wiederkehr ist. Doch die Idee der Ewigkeit der Wiederkehr stürzt nach Klossowski gerade die persönliche Identität in eine Krise und erweist sich somit als für ein Komplott wenig geeignet. Faktisch würde dieses Komplott also keine politische Organisation erfordern, wie sie etwa Marx für die proletarische Revolution voraussah, sondern müßte sich als allmähliche Autonomisierung des Pathologischen durchsetzen, also von den Randgruppen und Schizophrenen ausgehen. Klossowski glaubt daher, daß Nietzsche weder in die Nähe von Marx noch von Freud gerückt werden kann, weil seine Bemühungen sich in eine andere Richtung bewegen, nämlich in die eines wahnhaften Delirs und einer schwärmerischen Begeisterung.

Im Unterschied zu den beiden gerade erwähnten Autoren legte J. Granier[64] seine Untersuchung über Nietzsches Wahrheitsbegriff eher konventionell an. Nietzsches Denken erschien ihm als eine »Metaphilosophie«. Die Wahrheit werde von ihm in zweifacher Weise konzipiert: zum einen als etwas Ursprüngliches, zum anderen als Weisheit. Als Weisheit hat sie die Funktion, den Schein zu akzeptieren, also zu verhindern, daß das Leben durch die Feststellung, alles Handeln sei bloß scheinhaft, gelähmt wird. Die Kunst habe hier ihre Hauptaufgabe.

Die Beziehung von Kunst und Philosophie ist auch der Ausgangspunkt des Buches von B. Pautrat.[65] Nach seiner Auffassung bedeutete die Orientierung Nietzsches an Dionysos das Verschwinden der traditionellen Unterscheidung von Kunst und Philosophie sowie das Hervortreten der Proleme des Stils und der Textualität des Texts. Die philologisch ausgerichteten Frühschriften Nietzsches müßten in die Nähe des *Zarathustra* gestellt werden. Die Konfrontierung von Apollinischem und Dionysischem in der *Geburt der Tragödie* als Gegensatz von *melos* und *logos*, von einer im schopenhauerschen Sinn verstandenen Musik und einer durch Abstraktionen und Generalisationen auf Worte und Begriffe reduzierten Sprache führt zu dem, was Pautrat als »Gesetz der Unreinheit« bezeichnet. Dieses Gesetz verdankt sich dem Umstand, daß das Apollinische und das Dionysische einander nicht absolut gegenüberstehen, sondern daß das Apollinische vielmehr aus dem Dionysischen sich herleitet. Eine solche Herleitung hat nun offensichtlich weder in Nietzsches Denken noch in der allgemeinen Entwicklung der Kultur einen historischen Sinn, sondern ist wohl eher als »Struktur« aufzufassen. Auf der Grundlage dieser Struktur dachte Nietzsche nach Auffassung von Pautrat anstelle des Seins die Differenz, verstanden als Unreinheit, also als das Dionysische, das sich außerhalb der Metaphysik stellt. Das Problem der Metaphysik wurde damit zu einem Problem der Sprache. Die Metaphysik ist die Unterwerfung der Sprache unter bestimmte gesellschaftliche Verhältnisse. Die Textualität eines Texts in Betracht zu ziehen, ist nicht nur eine Methode, Nietzsche zu lesen, sondern findet sich bereits in Nietzsches Texten selbst, denn der habe seine Arbeit konzipiert als Dekonstruktion eines metaphysischen Gebäudes. Wie P. Lacoue-Labarthe unter Berufung auf Derrida[66] gezeigt hat, handelt es sich also darum, nachzuvollziehen, wie Nietzsche selbst das Problem der Entstehung von Textualität konzipiert hat. Die anfängliche Unreinheit, die Gegenüberstellung und wechselseitige Abhängigkeit von Apollo und Dionysos, hat also keinen Anfang, sondern wird immer erneut wiederholt, so etwa in der Tragödie, im Gedanken der ewigen Wiederkehr oder im Willen zur Macht. Diesem Deutungsmuster zufolge ist ein »Text« nicht mehr wie in der Metaphysik ein Zeichen, das auf ein Signifikat verweist, also auf etwas, das außerhalb des Textes steht, sondern er ist eine Gesamtheit von *signifiants*, die sich wechselseitig aufeinander beziehen und keinen Zugang zu einem fest umrissenen Sachverhalt gestatten, der ihnen zugrunde läge. Der Verzicht auf das Signifikat entspricht bei Nietzsche daher der Entscheidung zugunsten von Poesie und Parodie im metaphysischen Text.

Ebenfalls während der sechziger Jahre hat D. Grlic,[67] ein Mitglied der Gruppe um die Zeitschrift *Praxis*, eine antiästhetische Deutung Nietzsches versucht. Ihm zufolge darf bei Nietzsche die Ästhetik nicht als besondere Disziplin aufgefaßt werden, sondern ist eine Ontologie, die sich mit der Wahrheit der menschlichen Existenz befaßt. Wenn Nietzsche sich ästhetischer Kategorien bedient habe, so habe er dies nur getan, um die Ästhetik als eine Disziplin zu widerlegen, die auf die Erforschung eines besonderen Kreises menschlicher Tätigkeiten gerichtet ist. M. Djuric,[68] der in dieselbe Richtung argumentiert, bezieht sich vor allem auf Heidegger und Fink. Er betont, Nietzsche habe sehr wohl gewußt, daß der Nihilismus ein pathologischer Zwischenzustand sei, das Ergebnis einer »ungeheuren Verallgemeinerung« (NF Herbst 1887 - März 1888, VIII, 2, 9 [35], 15), der zufolge alles ohne Sinn sei. Der Anbruch des Nihilismus sei daher für Nietzsche kein Angriff auf die Metaphysik, sondern die Feststellung eines radikalen Bruchs mit ihrer Geschichte. Doch nur ein »vollendeter« Nihilismus sei in der Lage, dieses Ereignis in seiner ganzen Tragweite auszuhalten, während ein »unvollendeter« Nihilismus nur ein Zeichen der Schwäche jener okzidentalen Kultur sei, die glaubte, sich retten zu können, indem sie für die Welt noch einen Sinn suchte. Djuric führt den Nihilismus auf die radikale Überwindung aller Vorstellungen vom Jenseits zurück und stellt ihn dann in die Nähe der Forderungen des jungen Marx,[69] die in dieselbe Richtung weisen. Dieser hatte geschrieben: »Es ist also die *Aufgabe der Geschichte*, nachdem das *Jenseits der Wahrheit* verschwunden ist, die *Wahrheit des Diesseits* zu etablieren.« (Karl Marx »Zur Kritik der Hegelschen Rechtsphilosophie«, in: Marx/Engels Werke, Bd. 1, Berlin 1957, S. 379) Nietzsches Übermensch ist mithin nach Djuric jener Mensch, der begriffen hat, daß alles Wille zur Macht ist, während bisher die Menschen diese Wahrheit zugedeckt hatten. Im Verhältnis zur revolutionären Forderung von Marx entspricht auch der vollendete Nihilismus nicht der Überwindung der aktuellen Situation und führt, wie Heidegger richtig gesehen hat, zurück zur traditionellen Metaphysik. Der Nihilismus des späten Nietzsche bleibt jedoch nach Djuric ein vorbereitendes Moment der Revolution in dem Sinn, daß er die Auflösung jeder Rigidität des Denkens begünstigt.

Daß die Kunst für Nietzsche keine gesonderte Erfahrung neben anderen zu konstituieren vermochte, wollte D. Jähnig zeigen.[70] Nietzsche wollte mit dieser Auffassung vor allem ein neues Bild der Griechen entwerfen. Denn wie für die Griechen war auch für Nietzsche nach Meinung von Jähnig Kunst die Vollendung der Totalität der Welt, mit anderen Worten die Herstellung dessen, was in der Wirklichkeit nicht vorhanden ist. Wie die dionysischen Orgien der Griechen von Zeit zu Zeit das konkrete Leben unterbrachen, um den Menschen Zugang zur Gesamtheit des Seins zu eröffnen, so ist auch die Kunst in erster Linie Erfüllung und Vollendung. Die Tragödie, die in sich die Tendenzen des Apollinischen und Dionysischen vereinigt, bringt diese Natur der Kunst zum Ausdruck. Ihre Geburt fällt mit dem Ende des mythischen Empfindens zusammen.

In Italien war man mittlerweile bestrebt, Nietzsche vor seiner Interpretation durch Lukács in Schutz zu nehmen oder von ihr zu befreien. Auch hier existierte bereits eine Tradition der Nietzsche-Forschung, deren bedeutendste Vertreter L. Giusso,[71] A. Banfi,[72] G. Della Volpe[73] und E. Paci[74] waren. In ihr wurde Nietzsche kritisch, antidogmatisch und antimetaphysisch interpretiert. 1965 erschien das Buch von N.M. De Feo[75] über Nietzsche, das dem Problem der Endlichkeit bei Nietzsche besondere Bedeutung beimaß. Nach Auffassung De Feos hatte Nietzsche dieses Problem aus einer Dialektik von Widersprüchen entwickelt, die aus einer unablässigen Umkehrung vorhandener Perspektiven bestand. Selbst die Umwertung aller Werte zielte demnach nicht so sehr auf deren Negation, sondern viel eher auf eine Untersuchung ihrer Inversion. Nach De Feo hatte Jaspers Recht, Nietzsche als den ersten Existenzphilosophen zu betrachten.

Auch F. Masini[76] geht von einer Dialektik im Denken Nietzsches aus, um zu zeigen, daß die absolute Negativität des Nihilismus, die den Tod Gottes proklamiert hatte, sich in der positiven dionysischen Behauptung des Lebens umkehrt. Nach Masini führt diese Bewegung nicht zum Irrationalismus und spielt sich nicht nur im Kapitalismus ab, sondern ist eine immer erneut aufbrechende Diskussion der Voraussetzungen unserer Existenz in Richtung auf eine neue Rationalität.

Nach G. Vattimo[77] versetzt das Denken Nietzsches die metaphysische Subjektivität in eine Krise und eröffnet damit eine neue Perspektive, in der die Beziehungen zwischen Sein, Wahrheit und Interpretation zu einer kreativen Konzeption des Menschen gelangen: Befreit entscheidet sich das Dionysische ganz bewußt für eine Vielzahl von Masken.

M. Cacciari[78] meint, Nietzsche habe jene Grundlagenkrise unseres Erkennens und Wissens vorweggenommen, die die ersten beiden Jahrzehnte des 20. Jahrhunderts erschütterte. Mit Nietzsche sei das Verhältnis von Subjekt und Objekt definitiv kritisch geworden. Sein »negatives Denken« verzichte auf eine Rationalisierung des Wirklichen, um statt dessen eine Rationalisierung des Erkennens in Angriff zu nehmen. Indem er auf das Projekt einer Metaphysik verzichtet habe, sei Nietzsche kein

Irrationalist gewesen, sondern im Gegenteil der schlüssigste Rationalist.

Auch in Deutschland ist es in den letzten Jahren zu einer Erneuerung der Nietzsche-Forschung nicht zuletzt im Umkreis der von Heidegger inaugurierten und von Gadamer fortgeführten »hermeneutischen« Philosophie gekommen.

Anders als bei Schopenhauer, der den Willen als etwas ursprünglich Unterschiedloses konzipiert hatte, das erst im Verlauf seiner Entwicklung zu unterschiedlichen Individuationen führt, ist nach W. Müller-Lauter[79] bei Nietzsche der Wille von Beginn an als Gegenüberstellung verschiedenartiger Willen zur Macht konzipiert. Denn bei Nietzsche gibt es keine Negation des Willens. Auch der Wille zum Nichts ist ein Wille. In ihm allerdings ist es nicht mehr möglich festzustellen, was gewollt wird. Die Willen zur Macht sind Machtgrößen, die sich nur dadurch zum Ausdruck bringen, daß sie sich anderen Größen widersetzen. Es handelt sich dabei weder um ein Sein noch um ein Werden, sondern um ein Pathos, wie Nietzsche selbst es formuliert. Es stellt die Qualität des Willens dar, auf den ein anderer Wille trifft. Dem Willen zur Macht steht nach Müller-Lauter der Wille zur Wahrheit entgegen, der ein Ausdruck der Rache und des Ressentiments der Schwachen ist. Das Leben bedarf in der Tat nicht der Wahrheit, sondern jener Perspektiven, in denen die Welt als Wille zur Macht erscheint. Aus dieser Perspektivik entsteht nach Müller-Lauter das Bedürfnis nach dem Übermenschen als demjenigen, der in der Lage ist, widersprüchliche Perspektiven unter ein Joch zu bringen, also die verschiedenen Willen zur Macht in sich zu versammeln. Das geschieht entweder in vernichtender Wut oder durch die Bereitschaft zum Tode. Gerade darin aber scheitere Nietzsches Philosophie der Gegensätze, weil diese beiden Konzeptionen des Übermenschen selbst nicht unter ein einziges Joch zu bringen sind. Die Bestätigung dieses Scheiterns ergibt sich nach Müller-Lauter aus der Lehre von der ewigen Wiederkehr, die zu unterschiedlichen Konsequenzen führt, je nachdem ob auf die eine oder die andere Konzeption des Übermenschen Bezug genommen wird.

Nach F. Kaulbach[80] wurde die Philosophie Nietzsches bisher nicht unter dem Gesichtspunkt der Einheit von Inhalt und Methode betrachtet. Die Idee einer Experimentalphilosophie gestattet es, sich diesem Problem zu nähern. In ihr drückt sich am radikalsten der methodische Zweifel Descartes aus, welcher der gesamten experimentellen Arbeit des Willens zur Macht zugrundeliegt. Auch die Lehre von der ewigen Wiederkehr findet in diese Arbeit Eingang als eine der vorübergehend angenommenen möglichen Varianten. Die Radikalität des in dieser Experimentalphilosophie zum Ausdruck gebrachten Zweifels besteht nach Kaulbach in der Anstrengung, sich von den Grundlagen des Wissens zu befreien, weil sie als solche schon den methodischen Zweifel unterdrücken. Es kann mithin angesichts des Seienden keine Wahrheitskriterien geben, sondern nur Abstufungen von Bedeutsamkeit. Die Spannung gegenüber der Wahrheit verdeckt nur den Willen zur Bedeutsamkeit. Unvermeidlich aber bringt dieser Wille Konflikte innerhalb der Perspektiven hervor, die einen Rückgriff auf Rationalität erforderlich machen. Nietzsche nennt diese Rationalität *Gerechtigkeit*. Diese Gerechtigkeit aber weist nicht distributiv den einzelnen Perspektiven ihren Ort zu, denn sie ist nichts weiter als die Erkenntnis der Bedeutsamkeit, welche jede Perspektive in ihrem Konflikt mit den übrigen erlangt hat. Die *meditatio vitae* Nietzsches tritt hier in radikalen Widerspruch zur Botschaft der Philosophie der Moderne. Kaulbach zufolge macht Nietzsche es sich zur Aufgabe, aus dem Gegensatz einer baconschen Herrschaft über die Natur und eines Idealismus der menschlichen Freiheit hinauszugelangen vermittels einer »ästhetischen Vernunft«, die eingebettet ist in ein pluralistisches Universum von Erkenntnisperspektiven. Kaulbach bezieht sich in diesem Zusammenhang auf die von Nietzsche so genannte »Psychologie der Kunst«, die an eine Fortsetzung von Kants dritter Kritik denken läßt. Er spricht von einem freien Spiel der Erkenntniskräfte und der Freiheit unter dem Gesetz.

P. Ricoeur zufolge ist jede Philosophie Interpretation. Für ihn stellt Nietzsche dabei eine entscheidende Wendung durch seine radikale Auffassung der Philologie dar. J. Figl[81] hat diese Anregung aufgegriffen; er sieht einen Schlüssel für die Lektüre von Nietzsches Notizen über den Willen zur Macht in der Formel »Sein ist Interpretieren«, die in Nietzsches Sprache anklingt. Ihm zufolge ist auch der Wille zur Macht eine Interpretation. Die Ahnung, daß das Dasein schrecklich und ohne jeden Grund ist, hat Nietzsche veranlaßt, alle bisher ausgedachten Interpretationen als Masken zu betrachten, die diese Unbegründetheit verdecken sollten. Dieser Einstellung liegt nach Figl eine nihilistische Ontologie zugrunde, die ebensosehr einer Tendenz zur Demaskierung entgegenkommt wie einer Ontologie, in der der Mensch als das Tier erscheint, das seine Welt mit Hilfe von Zeichen interpretiert. Die Bezugnahme auf den Willen macht die Einführung eines Subjekts des »interpretativen Ereignisses« notwendig. Dieses Subjekt ist nach Figl pluralistisch konstituiert, d. h. durch Willensanteile gebildet, die nur im Inneren des interpretativen Ereignisses selbst zu einem Subjekt werden.

Im Laufe der letzten Jahre hat sich die Sekundärliteratur anhand von Spezialuntersuchungen vor allem darauf konzentriert, Nietzsche im Umkreis der Moderne zu verorten. Es ging dabei in erster Linie darum, auf neuer historischer Grundlage die Beziehungen Nietzsches zu anderen Autoren und zum Denken seiner Zeitgenossen darzustellen. Immer seltener wurden dagegen umfassendere Interpretationen vorgelegt, die Nietzsches Denken ausgehend von persönlichen und außergewöhnlichen, ja geschichtsmächtigen Erfahrungen darstellten. Auszunehmen sind hiervon die postum veröffentlichten Vorlesungen von G. Picht und K.-H. Volkmann-Schluck.[82] Beide berufen sich auf Heidegger. Während Nietzsche für Picht nicht nur das Ende der abendländischen Metaphysik darstellt, sondern auch ihre radikale Überwindung im Sinne einer Transzendentalphilosophie, bei der sich die Reflexion nicht länger auf ein Subjekt stützt, sondern ausschließlich auf die Geschichte, in die jedes denkende Subjekt verstrickt ist, wird für Volkmann-Schluck der nihilistische Verzicht auf eine Wahrheit in Nietzsches Denken zu einem Ereignis eben dieser Wahrheit. Aufgenommen wird damit ein Anspruch, der seit der Zeit der Griechen verborgen geblieben war.

Mit einer Wiederaufnahme des dialektischen Ansatzes, wie ihn Adorno formuliert hatte, und unter Zurückweisung der durch Lukács vertretenen These von einem irrationalistischen Nietzsche hat sich die neueste Kritik darum bemüht, das Denken Nietzsches ausgehend von jener Arbeit des Verstehens zu rekonstruieren, die für die Moderne charakteristisch ist. Sie sucht dabei Verbindungen herzustellen zwischen den Geltungsansprüchen der verschiedenen kulturellen, politischen, sozialen und religiösen Teile der Gesellschaft und einer Kritik dieser Geltungsansprüche. So wird der Versuch, das Verständnis dieser Geltungsansprüche als Kritik ihrer eigenen Autorität oder als Beseitigung dieser Ansprüche zu betreiben, zu einem Leitfaden beim Verständnis der Sozialphilosophie Nietzsches.[83] Untersucht wurde ferner Nietzsches Vision eines »Wahnsinns der Vernunft«.[84] Dabei wurde dargelegt, daß Nietzsche als erster die Gefahren einer rationalistischen Kritik erkannt habe. Gerade aufgrund seiner Leidenschaft für die Vernunft habe er sich für ein Verbot des Totalitarismus entschieden. Darin seien die Ursachen für seine Wendung gegen Christentum und Nihilismus zu suchen. Erwogen wurde, ob sein Denken nicht eine ethische Neubegründung des Wertbegriffs im Lichte der protestantischen Theologie gestattet.[85] Schließlich wurde die neue Ordnung erörtert, die sein Denken in die Beziehungen von Subjektivität und Politik[86] sowie von Geschichte und Moderne aufgrund eines erneuerten Lebensbegriffs zu bringen vermag.[87] Untersucht wurde darüber hinaus das Verhältnis zwischen der Geschichtlichkeit des Menschen und seiner utopischen Bestimmung[88] sowie zwischen dem Leiden und jener Gesundheit (der »großen Gesundheit«), die sich aus der Selbstüberwindung im Angesicht des Leidens ergibt. Demzufolge hatte Nietzsche durch seine Auffassung der Gesundheit, die auch die Krankheit als Sublimierung individuellen Leidens umfaßte, als radikale Kritik der Moderne eine »Pathosophie« entwickelt, die den Übergang vom christlichen zum tragischen Leiden gestattete. Obwohl sie der Gesundheit entgegenarbeiten, werden für ihn Krankheit und Schmerz ihrerseits zu Momenten der Gesundheit.[89]

Die Sekundärliteratur hat ferner eine Beziehung hergestellt zwischen dem Denken Nietzsches und dem Reifungsprozeß der Moderne. Auf diesem Weg hoffte sie, zu einem besseren Selbstverständnis der Moderne zu gelangen. Bekräftigt wurden diese Versuche durch den Vergleich Nietzsches mit jenen Denkern, die gemeinsam mit ihm zur Herausbildung der Moderne beigetragen haben. In diesem Zusammenhang spielt die Bewertung der Religion (und das Wort vom Tode Gottes) ebenso eine Rolle wie die Öffnung zu einer nach-metaphysischen Epoche. Dabei soll Nietzsche weder den Atheismus gegen die bestehenden Religionen noch den Nihilismus gegen die traditionelle Metaphysik angesichts einer voll und ganz entfalteten Rationalität verstärkt haben, die zudem vom wissenschaftlichen Fortschritt getragen wurde. Vielmehr ist es ihm nach Auffassung einiger Forscher darum gegangen, jene hermeneutischen Prozesse aufzuklären, durch welche die Religion und die Metaphysik ihre Gegenstände begründen. Diese Demaskierung habe Nietzsche in die Nähe insbesondere von Marx und Freud, aber auch der Frankfurter Schule und der französischen Nachkriegsphilosophie gerückt.[90] Dabei ergeben sich aber auch Vergleiche mit scheinbar entfernten Denkern. So wird beispielsweise Nietzsches Auffassung der Liebe mit der Hölderlins konfrontiert[91] oder Nietzsches Auffassung des Übermenschen mit dem Denken Sri Aurobindos verglichen.[92] Darüber hinaus versuchte man, den Konflikt von Apollinischem und Dionysischem (sowie allgemein den Einfluß Nietzsches) in einigen Werken Ernst Blochs nachzuweisen, etwa im *Geist der Utopie*, in *Erbschaft dieser Zeit* sowie im *Prinzip Hoffnung*.

Genauere Aufschlüsse wurden zudem darüber gewonnen, wie Nietzsche in seinem Denken Verbindungen herstellte zur Vergangenheit und zum aktuellen Tagesgeschehen. Man ging zum einen erneut auf die Beziehungen Nietzsches zu den Griechen ein und versuchte herauszufinden, welche Bedeutung für ihn die griechische Dekadenz besaß (als deren wichtigstes Symptom Sokrates gilt) und welche Bedeutung von da ab der Entstehung einer Rationalität ohne Schönheit zuzumessen ist.[94] Zum anderen ging es um das Problem, ob die Dekadenz auf das Phänomen der Kunst zu beschränken ist und welche Bedeutung die griechische *musiché* im Zusammenhang einer Wiedergeburt der Kunst (in der Musik) spielt. Darüber hinaus untersuchte man die Einstellung Nietzsches zu den Deutungen der Wiener Klassik (insbesondere Beethovens) durch Hanslinck, Wagner und Schopenhauer.[95]

Als besonders ertragreich haben sich in den letzten Jahren Untersuchungen zu Nietzsches Sprachauffassung erwiesen. Dabei traten die komplexen Beziehungen des frühen Nietzsche zu den Sprachtheorien von Kant, Schopenhauer, Lange und vor allem Gustav Gerber (*Die Sprache als Kunst*, 2 Bde., Bromberg 1871/74) zutage. Im Kontext dieser Untersuchungen wurden auch die Schriften Nietzsches »Über die Theologie« (1867/68), »Über den Ursprung der Sprache« (1869/70) sowie die Vorlesungen zur Rhetorik und die Schrift »Über Wahrheit und Lüge im außermoralischen Sinn« genauer interpretiert.[96]

Vielleicht lassen sich abschließend keine Schlußfolgerungen ziehen: Die Deutung von Nietzsches Denken oszilliert im Verlauf ihrer Geschichte zwischen der Behauptung, es sei absolut nicht aktuell, ja »nur« ein künstlerisches Phänomen, und der Behauptung, es sei ganz und gar aktuell, wie sie die Nationalsozialisten aufstellten. Ein solches Oszillieren aber ist Teil dieses Denkens, dessen Aktualität sich gerade aus seiner Nichtaktualität ergibt, also daraus, daß es sich der jeweiligen »Zeit« verweigert. Seine zentrale Intention ist mithin immer woanders, im »Verdacht« angesichts des Seins und seiner Wahrheit, der den Genealogien der Wahrheit folgt, aus denen die Welt gemacht ist. Eine Geschichte der Nietzsche-Deutungen muß also einerseits den Interpretationen der jeweiligen Zeit gerecht werden und andererseits in Nietzsches Denken dessen residuale Inaktualität aufspüren, bis sie schließlich in seinem »Text« das Problem der Interpretation aufdeckt.

Anmerkungen

Von der Philologie zur Philosophie

1 M. Heidegger: *Nietzsche*, 2 Bde., Pfullingen 1961.

2 Heidegger, a.a.O., Bd. 1, S. 76ff.

3 W. Dilthey: *Das Wesen der Philosophie*, hg. O. Pöggeler, Hamburg 1984, S. 39.

4 vgl. zu einer von der unseren abweichenden hermeneutischen Lektüre Nietzsches J. Figl »Nietzsche und die philosophische Hermeneutik des 20. Jahrhunderts«, in: *Nietzsche Studien*, Bd. 10–11 (1981–82) S. 408–30. Vgl. darüber hinaus meinen Vortrag »Nietzsche and Contemporary Hermeneutics« vor dem V. Philosophischen Colloquium in Jerusalem »Nietzsche as Affirmative Thinker«, April 1983.

5 Janz, C. P.: *Nietzsche. Biographie*, Bd. I, München – Wien 1978, S. 254.

6 Janz, C. P.: a.a.O., Bd. I, S. 142–163.

7 Aufschlußreich sind hier die Notizen aus der Zeit der Arbeit an der vierten und insbesondere die Vorarbeiten zur fünften *Unzeitgemäßen Betrachtung* »Wir Philologen«.

8 In diesem Zusammenhang sei mir der Hinweis auf Kap. III meines Buches: *Ipotesi su Nietzsche*, Torino 1967 gestattet.

9 Eine detaillierte Darstellung der Beziehungen Nietzsches zur romantischen Philosophie in Deutschland gibt Ch. Andler: *Nietzsche, sa vie et sa pensée*, Paris 1958, Bd. I, Kap. 4 (zuerst 1920–31).

10 vgl. auch hierzu Andler, a.a.O., Bd. I, Kap. 4.

11 vgl. Jeanmaire, H.: *Dionysos. Histoire du culte de Bacchus*, Paris 1951.

12 Hier und im folgenden geben Kursivierungen, wenn sie nicht ausdrücklich anders gekennzeichnet sind, die Sperrungen in den Texten Nietzsches wieder.

13 vgl. Wilamowitz-Moellendorff, U.: *Zukunftsphilologie I und II*, Berlin 1872–73.

14 vgl. hierzu mein Buch: *Il soggetto e la maschera. Nietzsche e il problema della liberazione*, 2. Aufl., Milano 1983.

15 vgl. hierzu die Anmerkung von G. Colli und M. Montinari am Ende von Bd. III,1 der italienischen Ausgabe der Werke Nietzsches. Auf deutsch liegt der Nachbericht zur Abteilung III ihrer Werkausgabe noch nicht vor.

16 vgl. Janz, a.a.O., Bd. I sowie Montinari, M.: »Nietzsche contra Wagner: estate 1878«, in: E. Fubini (hg.): R. Wagner e F. Nietzsche. Atti del seminario tenuto al Goethe Institut mdi Torino il 10–11 marzo 1983«, in: *Quaderni di ›Musica e realtà‹*, n.4, Unicopli, Milano 1984, S. 73–85.

17 vgl. zu dieser Geisteshaltung Th. Mann: *Betrachtungen eines Unpolitischen* (1918).

18 vgl. M. Heidegger: *Sein und Zeit*, 11. Aufl., Tübingen 1967, § 76, S. 392–397. Benjamin zitiert die zweite *Unzeitgemäße Betrachtung* ausdrücklich in den Thesen »Über den Begriff der Geschichte«, in: *Gesammelte Schriften*, Bd. I, 2, Frankfurt 1980, S. 700.

19 vgl. W. Benjamin Thesen »Über den Begriff der Geschichte«, a.a.O., These VIII, S. 696f.

20 Die *Weltgeschichtlichen Betrachtungen* von J. Burckhardt wurden postum durch seinen Schüler und Neffen Jakob Oeri, Berlin und Stuttgart 1905 herausgegeben. Sie enthalten das Material von Vorlesungen, die Burckhardt in Basel seit 1868 gehalten hat. Nietzsche konnte sie daher zumindest in dieser Form kennen. (vgl. Janz, Bd. I, a.a.O., S. 387)

Die Dekonstruktion der Metaphysik

1 M. Heidegger: *Nietzsche*, Bd. II, a.a.O., S. 259f.

2 vgl. Nietzsches »Versuch einer Selbstkritik« als Vorrede zur Neuauflage der *Geburt der Tragödie* von 1886 sowie ferner die Bemerkungen von Colli und Montinari am Ende von Bd. III, 2, S. 387f. der italienischen Ausgabe der über *Su verità e menzogna*. (Der entsprechende Nachbericht ist in der deutschen Ausgabe noch nicht erschienen.)

3 vgl. die Bemerkungen in der vierten *Unzeitgemäßen Betrachtung* sowie die Überlegungen zur Bedeutung der ersten Bayreuther Festspiele für Nietzsche bei Janz, a.a.O., Bd. I, S. 717ff.

4 Zur Absicht Nietzsches, sich während der Zeit in Basel naturwissenschaftliche Kenntnisse zu verschaffen, vgl. Janz, a.a.O., Bd. I, S. 555f. sowie K. Schlechta/A. Anders: *Nietzsche*, Stuttgart 1962.

5 vgl. Andler: a.a.O., Bd. I, S. 105–175 sowie W. D. Williams: *Nietzsche and the French*, Oxford 1952.

6 Der Begriff »Dekonstruktion« hat in der heutigen Philosophie und Literaturkritik, vor allem unter Berufung auf das Werk von Derrida, eine besondere Bedeutung angenommen (vgl. M. Ferraris: *La svolta textuale*, Pavia 1984). Er läßt sich aber im Hinblick auf Nietzsche legitim auch deshalb verwenden, weil nicht nur ein Großteil des zeitgenössischen Dekonstruktionismus sich auf Nietzsche beruft, sondern auch und vor allem, weil dessen Arbeit in ihrem »genealogischen« Vorgehen eher als in ihrem »kritischen« zu einer Analyse der

moralisch-metaphysischen Traditionen des Okzidents führt, welche sie in ihre Elemente auflöst, ohne sie zu zerstören. Gerade darin aber ist der Sinn einer Dekonstruktion zu sehen.

7 Nietzsche kannte das Werk von Ludwig Andreas Feuerbach, dessen Buch *Das Wesen des Christentums*; Leipzig 1841, er schon auf der Landesschule in Pforta gelesen hatte.

8 »Der unbedingte redliche Atheismus ist eben die *Voraussetzung* seiner Problemstellung als ein endlich und schwer errungener Sieg des europäischen Wissens, als der folgenreichste Akt einer zweitausendjährigen Zucht zur Wahrheit, welche am Schlusse sich die *Lüge* im Glauben an Gott verbietet ... Man sieht, *was* eigentlich über den christlichen Gott gesiegt hat: die christliche Moralität selbst« (FW 357, 282).

9 Es sei daran erinnert, daß die *Fröhliche Wissenschaft* in ihrer ersten Ausgabe von 1882 nur vier Bücher (bis zum Aphorismus 342) umfaßte. Das fünfte Buch wurde in der Ausgabe von 1887 ebenso hinzugefügt wie die »Vorrede« und der »Anhang. Lieder des Prinzen Vogelfrei«.

10 Von den neueren Interpretationen argumentiert so vor allem F. Masini: *Lo scriba del caos. Interpretazione di Nietzsche*, Bologna 1978.

Die Philosophie Zarathustras

1 Die Einteilung in eine »Philosophie des Zarathustra« und in das späte Denken Nietzsches wird beispielsweise vorgenommen von M. Montinari: *Che cosa ha veramente detto Nietzsche*, Roma 1975, der jedoch nicht ausdrücklich auf Periodisierungsfragen eingeht. Das unter dem Titel *Wille zur Macht* veröffentlichte Werk erschien in einer ersten Ausgabe 1901, herausgegeben von P. Gast sowie von E. und A. Horneffer bei Naumann; es umfaßte 483 Eintragungen. Die zweite Ausgabe erschien 1906, herausgegeben von P. Gast und Nietzsches Schwester; sie enthielt 1067 Texte. Mit leichten Änderungen wurde sie 1911 bei Kröner erneut aufgelegt und blieb die maßgebliche Ausgabe. Zusammengestellt wurde dieses Werk von den Herausgebern auf der Grundlage eines von vielen Projektentwürfen (und Titeln), die Nietzsche in den Notizen seiner letzten Jahre konzipiert hatte. Doch wie Colli und Montinari endgültig nachweisen konnten (vgl. die entsprechenden Anmerkungen in den Bänden VI, 3, VIII 1 und 2 der italienischen Werkausgabe – zu Band VIII liegt der Nachbericht auf deutsch noch nicht vor), gab Nietzsche im August 1888 definitiv die Absicht auf, ein Werk unter dem Titel *Der Wille zur Macht* zu veröffentlichen. Große Teile des Materials, die er bereits ausgearbeitet hatte, publizierte er in den Schriften, die er in seinen letzten Lebensjahren herausgab, etwa im *Antichrist* und in der *Götzen-Dämmerung*.

2 vgl. C. P. Janz: *F. Nietzsche. Biographie*, München–Wien 1978–79.

3 Nietzsche hatte dieses Pseudonym für Köselitz erfunden (der sich als Opernkomponist einen Namen machen wollte), weil er meinte, dieses Pseudonym könnte beim Publikum größeren Anklang finden und den Ruhm des Freundes zu verbreiten helfen. vgl. Janz, a.a.O., Bd. II, 72.

4 Der Brief wird zitiert bei Janz, a.a.O., Bd. II, 75f. Das entsprechende Kapitel bei Janz dokumentiert das Klima einer Umwandlung und »prophetischen« Erregung, das für Nietzsches Leben in jenen Monaten charakteristisch war.

5 vgl. Janz: *F. Nietzsche. Biographie*, a.a.O., Bd. II, 375 und 381f.

6 vgl. die Briefe an Paul Deussen und Georg Brandes, die zitiert sind bei M. Montinari: *Che cosa a veramente detto Nietzsche*, a.a.O., S. 127.

7 vgl. hierzu die abschließenden Anmerkungen von Colli und Montinari zu Bd. VIII, 2, 426 und zu Bd. VIII, 1, 328 der italienischen Ausgabe, zu denen die entsprechenden deutschen »Nachberichte« noch nicht erschienen sind, sowie Janz, a.a.O., Bd. II, 595.

8 vgl. K. Löwith: *Nietzsches Philosophie der ewigen Wiederkunft des Gleichen*, Berlin 1935; Neugedruckt als: *Nietzsches Philosophie der ewigen Wiederkehr des Gleichen*, in: Sämtliche Schriften, Bd. 6, Stuttgart 1987.

9 Zur Bedeutung des Mittags im Werk Nietzsches vgl. K. Schlechta: *Nietzsches großer Mittag*, Frankfurt a.M. 1954.

10 vgl. K. Löwith, a.a.O., Stuttgart 1987.

11 vgl. K. Löwith, a.a.O., Stuttgart 1987, Kap. IV.

12 Zur Bedeutung des Konzepts der Metaphysik bei Heidegger und zu einer umfassenderen Darstellung seiner Interpretation Nietzsches möchte ich auf meine folgenden Bücher verweisen: *Essere, storia e linguaggio in Heidegger*, Torino 1963 sowie *Introduzione a Heidegger*, 3. Aufl., Roma–Bari 1982.

13 Gerade in dieser Zeit ließ er sich von Overbeck den aus der Bibliothek in Basel entliehenen Band über Spinoza aus Kuno Fischers *Geschichte der neuern Philosophie* schicken. Vgl. Janz, a.a.O., Bd. II, S. 78.

14 vgl. den bei Janz zitierten Brief an Overbeck, a.a.O., Bd. II, S. 78f.

15 vgl. mein bereits zitiertes Buch *Il soggetto e la maschera*, a.a.O., S. 249, wo auf eine sehr schöne Stelle über die Zeit aus der *Philosophie im tragischen Zeitalter der Griechen* verwiesen wird.

16 Eine umfassende Darstellung des Problems eines »Beweises« der Doktrin der ewigen Wiederkehr findet sich in der kürzlich erschienenen umfangreichen Arbeit von B. Magnus: *Nietzsche's Existential Imperative*, Bloomington (Ind.) 1978, vor allem in Kap. IV.

17 M. Montinari: *Che cosa a veramente detto Nietzsche*, a.a.O., S. 91–3 nimmt einen Hinweis von H. Lichtenberger: *La philosophie de Nietzsche*, Paris 1898 auf und nennt u.a. als einen wichtigen »Vor-

läufer« von Nietzsches Theorie der ewigen Wiederkehr das Werk von A. Blanqui: *L'éternité par les astres*, das 1872 erschienen war. Aus Nietzsches Notizen aber geht hervor, das er es erst 1883 las, als er die Idee der Wiederkehr bereits entwickelt hatte.

18 Ich habe sie zu kommentieren versucht in: *Il soggetto e la maschera*, a.a.O., S. 195ff.

19 Nietzsche schreibt dem Nihilismus eine doppelte Bedeutung zu: Er ist zum einen passiv oder reaktiv insofern, als er die Sinnlosigkeit des Werdens durchschaut und mithin bereit ist, sich für das verlorene Leben zu rächen und es zu hassen. Er ist zum anderen aktiv insofern, als er ein Kennzeichen des Übermenschen ist, welcher sich ausdrücklich in der Sinnlosigkeit der Welt einrichtet, um in ihr neue Werte zu schaffen. Vgl. hierzu mein Buch: *Il soggetto e la maschera*, a.a.o., sowie beispielsweise ein Fragment aus dem Herbst 1887 (NF Herbst 1887 – März 1888, VIII, 2, 9 [35], 14–16).

20 Auf den Gegensatz »aktiv – reaktiv« gründet sich in erster Linie die Nietzsche-Deutung von G. Deleuze: *Nietzsche et la philosophie*, Paris 1962; dt.: *Nietzsche und die Philosophie*, München 1976. Das Problem der »Kriterien« wurde formuliert in Begriffen, denen auch wir hier folgen, von D.C. Hoy in einem Vortrag vor dem Internationalen Colloquium über »Nietzsche als affirmativer Denker« am S. H. Bergman Center for Philosophical Studies in Jerusalem im April 1983. Der Vortrag von Hoy »Is Nietzsche's Geneology a Feasible Philosophical Method Today?« wird in den Unterlagen des Colloquiums veröffentlicht.

21 Diese Position scheint D. C. Hoy in dem bereits zitierten Vortrag einzunehmen.

22 Vgl. die aufschlußreiche Arbeit von M. Cacciari »L'impolitico nietzscheano« im Anhang zu: M. Beer und M. Ciampa (hg.): *F. Nietzsche. Il libro del filosofo*, Roma 1978 (mit Beiträgen von M. Cacciari, F. Masini, S. Moravia und G. Vattimo).

23 An anderer Stelle habe ich die Bedeutung der Kunst für ein Verständnis des Willens zur Macht dargestellt und die Aporien einer »technizistischen« wie »neorationalistischen« Lesart dieses Begriffs zu vermeiden gesucht, die Heideggers Nietzsche-Interpretation in Extreme treibt: vgl. G. Vattimo: *Le avventure della differenza*, Milano 1980, Kap. IV.

24 Über das Problem des großen Stils bei Nietzsche sowie über seine Reflexe in Kultur und Literatur des 20. Jahrhunderts vgl. die aufsehenerregenden Bemerkungen bei C. Magris: *L'anello di Clarisse*, Torino 1984, Kap. I.

Rezeptionsgeschichte

1 Krummel, R. F.: *Nietzsche und der deutsche Geist. Ausbreitung und Wirkung des Nietzscheschen Werkes im deutschen Sprachraum bis zum Todesjahr des Philosophen. Ein Schrifttumsverzeichnis der Jahre 1867–1900*, Berlin–New York 1974; ein zweiter Band, der die Wirkungsgeschichte Nietzsches von 1901 bis 1918 untersucht, erschien ebda. 1983.

2 Falkenberg, R.: *Geschichte der neueren Philosophie von Nikolaus von Kues bis zur Gegenwart*, Leipzig 1886.

3 vgl. Hillebrand, B. (hg.): *Nietzsche und die deutsche Literatur*, 2 Bde., Tübingen bzw. München 1978.

4 Möbius, J.: *Nietzsche*, Leipzig 1902.

5 vgl. vor allem F. Overbeck »Erinnerungen an F. Nietzsche«, in: *Die neue Rundschau*, 17 (1906) S. 209–31 und 320–30 sowie J. Kaftan »Aus der Werkstatt des Übermenschen«, in: *Deutsche Rundschau*, 31 (1905) S. 90–110 und 237–60; ders.: *Das Christentum und Nietzsches Herrenmoral*, Berlin 1897. Über Nietzsche und Kaftan vgl. C. P. Janz: *Nietzsche. Biographie*, Bd. II, München–Wien 1978, S. 617–22.

6 vgl. Janz, a.a.O., Bd. III, S. 122.

7 Zum positiven Einfluß Nietzsches auf die Theologie vgl. P. Köster »Nietzsche-Kritik und Nietzsche-Rezeption in der Theologie des 20. Jahrhunderts«, in: *Nietzsche-Studien*, n. 10–11 (1981–82) S. 615–85.

8 Karl Löwith bezeichnet im Anhang seines Buches über die ewige Wiederkehr die Schrift von Lou Salomé als die erste bedeutsame Darstellung zu Nietzsche; K. Löwith: *Nietzsches Philosophie der ewigen Wiederkunft des Gleichen*, Berlin 1935. Neugedr. als: *Nietzsches Philosophie der ewigen Wiederkehr des Gleichen*, in: *Sämtliche Schriften*, Bd. 6, Stuttgart 1987.

9 Brandes, G.: »Aristokratischer Radikalismus. Eine Abhandlung über F. Nietzsche«, in: *Deutsche Rundschau*, 63 (1890) S. 52–99 (Diese Abhandlung war ein Jahr zuvor auf dänisch erschienen.)

10 Langbehn, J.: *Rembrandt als Erzieher. Von einem Deutschen*, Leipzig 1890. Über die Rolle Langbehns nach Nietzsches psychischem Zusammenbruch vgl. Janz, a.a.O., Bd. III, S. 91–113. Allgemeiner zum Einfluß Nietzsches auf die bildende Kunst: D. Schubert »Nietzsche-Konkretionsformen in der bildenden Kunst 1890–1933. Ein Überblick«, in: *Nietzsche-Studien*, 10–11 (1981–82) S. 278–317.

11 Schellwien, R.: *Max Stirner und Nietzsche. Erscheinungen des modernen Geistes und das Wesen des Menschen*, Leipzig 1892.

12 vgl. Janz, a.a.O., Bd. III, S. 212ff.

13 Drews, A.: *Nietzsches Philosophie*, Heidelberg 1904.

14 Riehl, A.: *F. Nietzsche. Der Künstler und der Denker*, Stuttgart 1897.

15 Horneffer, E.: *Nietzsches Lehre von der ewigen Wiederkunft und deren bisherige Veröffentlichungen*, Leipzig 1900.
16 Ewald, O.: *Nietzsches Lehre in ihren Grundbegriffen. Die ewige Wiederkunft des Gleichen und der Sinn des Übermenschen*, Berlin 1903.
17 Simmel, G.: *Schopenhauer und Nietzsche*, Leipzig 1907.
18 Vaihinger, H.: *Nietzsche als Philosoph*, Berlin 1902.
19 Joel, K.: *Nietzsche und die Romantik*, Jena 1905.
20 Die Beziehung Nietzsches zur Frühromantik ist besonders eingehend untersucht worden von E. Behler »Die Kunst der Reflexion. Das frühromantische Denken im Hinblick auf Nietzsche«, in: Fs. B. von Wiese, *Untersuchungen zur Literatur als Geschichte*, Berlin 1973, S. 219–48; ders.: »Nietzsches Auffassung der Ironie«, in: *Nietzsche-Studien*, 4 (1975) S. 1–35; ders.: »F. Schlegels ›Rede über die Mythologie‹ im Hinblick auf Nietzsche«, in: *Nietzsche-Studien*, 8 (1979) S. 182–209.
21 Bertram, E.: *Nietzsche. Versuch einer Mythologie*, Berlin 1918. Die Interpretation Bertrams gewann besondere Bedeutung für Thomas Manns Nietzsche-Verständnis; vgl. B. Boeschenstein »E. Bertrams ›Nietzsche‹ – eine Quelle für Th. Manns ›Doktor Faustus‹«, in: *Euphorion*, 72 (1978) n.1, S. 68–83; zum Nietzschebild des Georgekreises vgl. H. Raschel: *Das Nietzsche-Bild im George-Kreis. Ein Beitrag zur Geschichte der deutschen Mythologeme*, Berlin–New York 1983.
22 Klages, L.: *Die psychologischen Errungenschaften F. Nietzsches*, Leipzig 1926.
23 Baeumler, A.: *Nietzsche, der Philosoph und Politiker*, 3. Aufl., Leipzig 1937 (zuerst: Leipzig 1931).
24 Jaspers, K.: *Nietzsche. Einführung in das Verständnis seines Philosophierens*, Berlin 1936, 3. Aufl. Berlin 1950.
25 Löwith, K.: *Nietzsches Philosophie der ewigen Wiederkunft des Gleichen*, Berlin 1935. Neugedr. als: *Nietzsches Philosophie der ewigen Wiederkehr des Gleichen*, in: *Sämtliche Schriften*, Bd. 6, Stuttgart 1987.
26 Heidegger, M.: *Nietzsche*, 2 Bde., Pfullingen 1961. (Es handelt sich bei diesem Buch um Vorlesungen, die Heidegger in Freiburg zwischen 1935 und 1940 gehalten hat, sowie um Aufsätze aus den Jahren 1940 bis 1946.)
27 Zur Frage der Verantwortung Nietzsches für die Entstehung und Entwicklung des Nationalsozialismus vgl. E. Sandvoss: *Hitler und Nietzsche*, Göttingen 1969.
28 Jünger, F. G.: *Nietzsche*, Frankfurt 1949.
29 Löwith, K.: »Kierkegaard und Nietzsche oder philosphische und theologische Überwindung des Nihilismus«, in: *Deutsche Vierteljahresschrift für Literaturwissenschaft und Geistesgeschichte*, 11 (1933) S. 43–66 sowie ders.: *Kierkegaard und Nietzsche oder philo-*

sophische und theologische Überwindung des Nihilismus, Frankfurt a.M. 1933. Beides neugedr. in: *Sämtliche Schriften,* Bd. 6, Stuttgart 1987. Eine umfassende Darstellung der Nietzsche-Forschung seit den dreißiger Jahren, insbesondere zum Zusammenhang von Nietzsches Denken mit dem Kierkegaards findet sich bei W. Ries: *Grundzüge des Nietzsche-Verständnisses in der Deutung seiner Philosophie. Zur Geschichte der Nietzsche-Literatur in Deutschland (1932–1963),* Diss. Heidelberg 1967.

30 Struve, W.: *Die neuzeitliche Philosophie als Metaphysik der Subjektivität. Kierkegaard und Nietzsche,* Freiburg i.B. 1949.

31 Giesz, L.: *Nietzsches Existenzialismus und Wille zur Macht,* Stuttgart 1950.

32 Rehm, W.: *Kierkegaard und der Verführer,* München 1949 (Kap. XX ist der Gegenüberstellung von Nietzsche und Kierkegaard gewidmet, S. 513–22).

33 Lavrin, J.: *Nietzsche. An Approach,* London 1948.

34 Schoeck, H.: *Nietzsches Philosophie des ›Menschlich-Allzumenschlichen‹. Kritische Darstellung der Aphorismen-Welt der mittleren Schaffenszeit als Versuch einer Neuorientierung des Gesamtbildes,* Tübingen 1948.

35 Flake, O.: *Nietzsche. Rückblick auf eine Philosophie,* Baden-Baden 1946.

36 Weymann-Weye, W.: *Die Entscheidung des Menschen. Nietzsche als geschichtliche Wirklichkeit,* Freiburg i.B. 1948.

37 Benz, E.: »Nietzsches Ideen zur Gechichte des Christentums und der Kirche«, in: *Zeitschrift für Kirchengeschichte,* 56 (1937) S. 169–313; 2. erw. Ausg., Leiden 1956.

38 Volkmann-Schluck, K.-H.: »Zur Gottesfrage bei Nietzsche«, in: ders.: *Leben und Denken. Interpretationen zur Philosophie Nietzsches,* Frankfurt 1968, S. 25–47, hier: S. 40. Dieser Aufsatz erschien zuerst in: *Anteile,* Fs. Heidegger, Frankfurt 1950.

39 Jaspers, K.: *Nietzsche und das Christentum,* Hameln 1946; 2. Aufl., München 1952.

40 Nigg, W.: *Religiöse Denker,* Zürich 1948 (über Nietzsche S. 217–312); ders.: *Prophetische Denker,* Zürich-Stuttgart 1957 (über Nietzsche S. 437–538).

41 Tillich, P.: *Sein und Sinn,* Ges. Werke, Bd. XI, Stuttgart 1969, S. 132–39.

42 Welte, B.: *Nietzsches Atheismus und das Christentum,* Darmstadt 1958.

43 Grau, G.-G.: *Christlicher Glaube und intellektuelle Redlichkeit. Eine religionsphilosophische Studie über Nietzsche,* Frankfurt a.M. 1958.

44 Wein, H.: *Positives Antichristentum. Nietzsches Christusbild im Brennpunkt nachchristlicher Anthropologie,* Den Haag 1962.

45 Ulrich, F.: »Die Macht des Menschen bei F. Nietzsche« in: AA.VV.: *Potere e responsibilità,* Brescia 1963, S. 154–98.

143

46 Valadier, P.: *Nietzsche et la critique du christianisme*, Paris 1974.
47 Biser, E.: ›Gott ist tot‹. *Nietzsches Destruktion des christlichen Bewußtseins*, München 1962.
48 Blumenberg, H.: *Die Legitimität der Neuzeit*, Frankfurt 1966.
49 zit. nach Blumenberg, a.a.O., S. 95; diese Notiz Nietzsches geht zurück auf das Jahr 1872 und ist Teil der Vorarbeiten zu einer Schrift über den Philosophen.
50 F. Nietzsche: *Werke in drei Bänden*, München 1956; das Nachwort von Schlechta steht in Bd. III, S. 1433–52.
51 Kaufmann, W. A.: *Nietzsche: Philosopher, Psychologist, Antichrist*, Princeton 1950; Neuausg. New York 1968.
52 Schlechta, K.: *Nietsches großere Mittag*, Frankfurt a.M. 1954.
53 Wolff, H. M.: *F. Nietzsche. Der Weg zum Nichts*, Bern 1956.
54 Lukács, G.: *Die Zerstörung der Vernunft*, Berlin 1954 (auch in: *Werke*, Bd. IX, Neuwied–Berlin 1962, S. 270–350).
55 Über Nietzsche und die Frankfurter Schule vgl. Röttges, H.: *Nietzsche und die Dialektik der Aufklärung*, Berlin–New York 1972; Pütz, P.: »Nietzsche im Lichte der kritischen Theorie«, in: *Nietzsche-Studien*, 3 (1974) S. 175–91; Maurer, R.: »Nietzsche und die kritische Theorie«, in: *Nietzsche-Studien*, 10/11 (1981–82) S. 34–58.
56 vgl. etwa Pütz, P.: *Nietzsche*, Stuttgart, 2. Aufl., 1978, S. 106.
57 Fink, E.: *Nietzsches Philosophie*, Stuttgart 1960.
58 Andler, Ch.: *Nietzsche. Sa vie et sa pensée*, 6 Bde., Paris 1920–31; Neuausg. in 3 Bdn., Paris 1958.
59 Bataille, G.: *Somme athéologique. III: Sur Nietzsche*, Paris 1945.
60 A. Gide hat dem Denken Nietzsches einen der »Lettres à Angèle« gewidmet in dem Band: *Prétextes*, Paris 1923, S. 166–82 (zuerst 1903).
61 Camus, A.: »Nietzsche et le nihilisme« in: *L'homme revolté*, Paris 1951, S. 88–105; dt. in: *Der Mensch in der Revolte*, Reinbek 1971.
62 Deleuze, G.: *Nietzsche et la philosophie*, Paris 1962; dt.: *Nietzsche und die Philosophie*, München 1976.
63 Klossowski, P.: *Nietzsche et le cercle vicieux*, Paris 1969; dt.: *Nietzsche und der Circulus vitiosus*, München 1976.
64 Granier, J.: *Le problème de la vérité dans la philosophie de Nietzsche*, Paris 1966.
65 Pautrat, B.: *Versions du soleil*, Paris 1971. Zu den »französischen« Interpretationen Nietzsches vgl. Vattimo, G.: »Nietzsche e il testo della metafisica«, in: *Riscoprire Nietzsche*, Palermo 1980, S. 99–128.
66 Lacoue-Labarthe, P. in: *Nietzsche aujourd'hui?*, Bd. II, Paris 1973, S. 21. Die neueren Interpretationen Nietzsches in Frankreich, so die bereits zitierte von Pautrat und die von S. Kofman, sind stark beeinflußt von Derrida. Dieser hat in seinen Schriften oft auf Nietzsche Bezug genommen, insbesondere in *Éperons. Les styles de Nietzsche*, Venezia 1976; dt. als *Sporen. Die Stile Nietzsches*, in: Hamacher, W. (hg.): *Nietzsche aus Frankreich*, Frankfurt–Berlin 1986.

67 Grlic, D.: »L'antiesthétisme de F. Nietzsche«, in: *Praxis*, 2 (1966) S. 338–342.

68 Djuric, M.: »Die geschichtliche Erfahrung des Nihilismus«, in: *Wiener Jahrbuch für Philosophie*, 8 (1975) S. 212–49. Weitere Schriften von Djuric sind in den *Nietzsche-Studien* erschienen. Sie behandeln die antiken Quellen des Gedankens der ewigen Wiederkehr (1979) und noch einmal den Nihilismus (1980).

69 vgl. Djuric, a.a.O., S. 234.

70 Jähnig, D.: »Nietzsches Kunstbegriff (erläutert an der ›Geburt der Tragödie‹)« , in: *Beiträge zur Theorie der Künste im 19. Jahrhundert*, Bd. II, Frankfurt 1972, S. 29–68; ders.: *Welt-Geschichte: Kunst-Geschichte. Zum Verhältnis von Vergangenheitserkenntnis und Veränderung*, Köln 1975 (In diesem Band hat Jähnig seine Arbeiten über Nietzsche versammelt (S. 68–196). Es handelt sich um Aufsätze über die Konzeption der Geschichte, über den Begriff des »Klassischen« sowie über Nietzsche und Wagner.)

71 Giusso, L.: *Leopardi, Stendhal e Nietzsche*, Napoli 1933; ders.: *Nietzsche*, Napoli 1936, 2. Aufl. Milano 1942.

72 Banfi, A.: *Nietzsche*, Milano 1924. D. Formaggio hat die Vorlesungen von Banfi über Nietzsche aus den Jahren 1933–34 herausgegeben: *Introduzione a Nietzsche*, Milano 1974.

73 Della Volpe, G.: *Nietzsche e i problemi di un'estetica antiromantica*, Messina 1941.

74 Paci, E.: *F. Nietzsche*, Milano 1940.

75 De Feo, N. M.: *Analitica e dialettica in Nietzsche*, Bari 1965. Über die neueren Interpretationen Nietzsches in Italien vgl. Maggiore A.: »Alcune recenti riletture di Nietzsche in Italia«, in: *Rivista di storia della filosofia*, 39 (1984) n. 2, S. 303–22.

76 Masini, F.: *Lo scriba del caos. Interpretazione di Nietzsche*, Bologna 1978 (enthält die Arbeiten Masinis über Nietzsche seit 1967).

77 Vattimo, G.: *Il soggetto e la maschera. Nietzsche e il problema della liberazione*, Milano 1974; ders.: *Ipotesi su Nietzsche*, Torino 1967 sowie einzelne Arbeiten in ders.: *Le avventure della differenza*, Milano 1979 und ders.: *Al di là del soggetto. Nietzsche, Heidegger e l'ermeneutica*, Milano 1981; dt.: *Jenseits vom Subjekt. Nietzsche, Heidegger und die Hermeneutik*, Graz–Wien 1986.

78 Cacciari, M.: *Krisis. Saggio sulla crisi del pensiero negativo da Nietzsche a Wittgenstein*, Milano 1976: ders.: *Pensiero negativo e razionalizzazione*, Venezia 1977; Cacciari, Masini, Moravia und Vattimo haben im übrigen vier Aufsätze über Nietzsche veröffentlicht in: F. Nietzsche: *Il libro del filosofo*, Roma 1978.

79 Müller-Lauter, W.: *Nietzsche. Seine Philosophie der Gegensätze und die Gegensätze seiner Philosophie*, Berlin–New York 1971.

80 Kaulbach. F.: *Nietzsches Idee einer Experimentalphilosophie*, Köln–Wien 1980.

81 Figl, J.: *Interpretation als philosophisches Prinzip. F. Nietzsches universale Theorie der Auslegung im späten Nachlaß*, Berlin–New York 1982.

82 Picht, G.: *Nietzsche*, hg. C. Eisenbart und E. Rudolph, Stuttgart 1988; Volkmann-Schluck, K.-H.: *Die Philosophie Nietzsches. Der Untergang der abendländischen Metaphysik*, hg. B. Heimbüchel, Würzburg 1991.

83 Alfieri, L.: *Apollo tra gli schiavi. La filosofia sociale e politica di Nietzsche (1869–1876)*, Milano 1984; Taurek, B. H. F.: *Nietzsche und der Faschismus. Eine Studie über Nietzsches politische Philosophie und ihre Folgen*, Hamburg 1989; Brose, K.: *Sklavenmoral. Nietzsches Sozialphilophie*, Bonn 1990.

84 Türcke, C.: *Der tolle Mensch. Nietzsche und der Wahnsinn der Vernunft*, Frankfurt a.M. 1989.

85 Kreß, H.: *Ethische Werte und der Gottesgedanke. Probleme und Perspektiven des neuzeitlichen Wertbegriffs*, Köln 1990.

86 Warren, M.: *Nietzsche and Political Thought*, Cambridge (Mass.), London 1988.

87 Mazzarella, E.: *Nietzsche e la storia. Storicità e ontologia della vita*, Napoli 1983.

88 Vitiello, V.: *Utopia del nichilismo. Tra Nietzsche e Heidegger*, Napoli 1983.

89 Velt, Th.: *Die Bedeutung des Leidens für den Menschen. Nietzsches Leidenskonzept einer tragischen Moderne*, Bern, Frankfurt a.M., New York 1988.

90 Steinde, W.: *Friedrich Nietzsche und der moderne Atheismus*, Stuttgart 1981; Newell, W. L.: *The Secular Magi. Marx, Freud and Nietzsche on Religion*, New York 1986; *Bruder Nietzsche? Wie soll ein marxistisches Nietzschebild heute aussehen?*, Düsseldorf 1988; Stauth, G. und B. Turner: *Nietzsche's Dance. Resentment, Reciprocity and Resistance in Social Life*, Oxford, New York 1988.

91 Littek, C.: *Versöhnungs-Ontologie. Zum Liebesbegriff Hölderlins und Nietzsches*, Düsseldorf 1985.

92 Huchzermeyer, W.: *Der Übermensch bei Friedrich Nietzsche und Sri Aurobindo*, Gladbach 1986.

93 Gekle, H.: *Die Tränen des Apoll. Zur Bedeutung des Dionysos in der Philosophie Ernst Blochs*, Tübingen 1990.

94 Tejera, V.: *Nietzsche and Greek Thought*, Dordrecht, Boston, Lancaster 1987; Schmid, H.: *Nietzsches Gedanke der tragischen Erkenntnis*, Würzburg 1984; *Nietzsche und die Philosophische Tradition*, 2 Bde., Würzburg 1985.

95 Schmidt, B.: *Der ethische Aspekt der Musik. Nietzsches »Geburt der Tragödie« und die Wiener klassische Musik*, Würzburg 1981.

96 Böning, Th.: *Metaphysik, Kunst und Sprache beim frühen Nietzsche*, Berlin, New York 1988; Meijers, A. und H. Stingelin »Konkordanz zu den wörtlichen Abschriften und Übernahmen von Bei-

spielen und Zitaten aus Gustav Gerber: Die Sprache als Kunst«, in: *Nietzsche-Studien*, n. 17 (1988) S. 350ff.; Meijers, A. »Gustav Gerber und Friedrich Nietzsche. Zum historischen Hintergrund der sprachphilosophischen Auffassungen des frühen Nietzsche«, in: *Nietzsche-Studien*, n. 17 (1988) S. 369ff.; Crawford, C.: *The Beginnings of Nietzsches Theory of Language*, Berlin, New York 1988.

Bibliographie

1. Bibliographische Werke

Eine bibliographische Zusammenstellung der Werke Nietzsches findet sich im »Verzeichnis der bis 1939 erschienenen Ausgaben der Werke, Kompositionen und Briefe Nietzsches«, das im *Jahresheft für 1939 der Stiftung Nietzsche-Archiv*, Weimar 1939 publiziert wurde. Grundlegend für die Sekundärliteratur ist H. W. Reichert und K. Schlechta (hg.): *International Nietzsche Bibliography*, Chapel Hill 1960; 2. verm. Aufl., ebda. 1968; für den Zeitraum 1968–72 wurde eine Neuausg. vorbereitet von H. W. Reichert und publiziert in Bd. II der *Nietzsche-Studien*. Dieses Periodikum erscheint seit 1972 im Verlag de Gruyter in Berlin, hg. von M. Montinari, W. Müller-Lauter und H. Wenzel. Es berichtet regelmäßig über die neuesten Arbeiten zu Nietzsche.

Ausführliche Literaturhinweise finden sich zudem in den Büchern von K. Löwith: *Nietzsches Philosophie der ewigen Wiederkunft des Gleichen*, Berlin 1935 (Neugedr. als: *Nietzsches Philosophie der ewigen Wiederkehr des Gleichen*, in: *Sämtliche Schriften*, Bd. 6, Stuttgart 1987) (über den Zeitraum 1894–1954); W. A. Kaufmann: *Nietzsche: Philosopher, Psychologist, Antichrist*, Princeton 1950; Neuausg. New York 1968; G. Vattimo: *Ipotesi su Nietzsche*, Torino 1967, S. 159–93 (über den Zeitraum 1945–1966).

Die neueste Literatur findet man, außer natürlich über die Rezensionen in den *Nietzsche-Studien*, in dem seit 1971 unregelmäßig erscheinenden und von P. Valadier herausgegebenen »Bulletin Nietzschéen«, das in den *Archives de Philosophie* publiziert wird. Schließlich hat B. Lypp 1981 und 1982 in der *Philosophischen Rundschau* einen zweiteiligen Überblick über die jüngsten Veröffentlichungen zu Nietzsche gegeben.

2. Ausgaben der Werke und Briefe

Die erste umfassende Ausgabe der Werke Nietzsches wurde veröffentlicht vom Nietzsche-Archiv Weimar (dessen Leiterin Frau Elisabeth Förster-Nietzsche war). Sie wird im allgemeinen als die Großoktavausgabe bezeichnet und erschien bei Naumann in Leipzig 1895ff. Sie existiert auch als Kleinoktavausgabe mit derselben Band- und Seitenzählung (wobei allerdings in dieser Ausgabe die Bände XVII–XIX fehlen).

Eingeteilt ist sie in drei Sektionen: Die Bände I-VIII enthalten die veröffentlichten oder von Nietzsche selbst definitiv für den Druck vorbereiteten Schriften: die Bände IX–XVI enthalten die postumen Schriften (die »definitive« Ausgabe des *Willens zur Macht* erschien jedoch im Kleinoktav 1906 mit 1067 Aphorismen); die Bände XVII–XIX enthalten die philologischen Schriften. 1926 wurde die Ausgabe mit einem Register versehen. Eine weitere häufig benutzte Edition ist die Musarion Ausgabe in 23 Bänden, die, herausgegeben von R. und M. Oehler sowie F. Würzbach, München 1920–29 erschienen ist. (Die beiden letzten Bände enthalten ein Register.)

1933 begann das Nietzsche-Archiv mit der Veröffentlichung einer *Historisch-Kritischen Gesamtausgabe* der Werke und Briefe Nietzsches, die in der Beckschen Verlagsbuchhandlung in München erschien. Die Ausgabe gelangte bei den Werken bis zum Bd. V und bei den Briefen bis zum Bd. IV. Die einzelnen Bände enthalten: I Jugendschriften 1854–1861; II Jugendschriften 1861–1864; III Schriften der Studenten- und Militärzeit 1864–1868; IV Schriften der Studenten- und Militärzeit 1866–1868. Schriften der letzten Leipziger Zeit 1868; V Schriften der letzten Leipziger und ersten Basler Zeit 1868–1869. Die Briefbände der Historisch-Kritischen Gesamtausgabe enthalten: I Briefe der Schüler- und Bonner Studentenzeit 1850–1865; II Briefe der Leipziger und ersten Basler Zeit 1865–1869; III Briefe der Basler Zeit 1869-1873; IV Briefe der Basler Zeit, Sorrent 1873–1877. Zu den Herausgebern dieser Ausgabe zählte unter anderem Karl Schlechta, der nach dem Zweiten Weltkrieg eine neue dreibändige Ausgabe aller Werke und einer Briefauswahl vorlegte. (Friedrich Nietzsche: *Werke in drei Bänden*, München [Hanser] 1956; ein Registerband erschien 1965.) Die Bedeutung der Ausgabe von Schlechta bestand darin, daß sie neben allen von Nietzsche selbst veröffentlichten Schriften das gesamte Material, das Elisabeth Förster-Nietzsche und Peter Gast 1906 als *Wille zur Macht* willkürlich in eine systematische Ordnung gebracht hatten (wobei sie sich an nur einen der vielen von Nietzsche hinterlassenen Pläne hielten), in einer chronologischen Ordnung präsentierte. Bei der Konzeption seiner Ausgabe, die zu einer heftigen Polemik führte (vgl. *Merkur*, November 1957 und August 1958), ging Schlechta von der (richtigen) These aus, daß Nietzsche in der letzten Zeit seines bewußten Lebens auf die Erstellung eines Hauptwerks aus der Vielzahl von Notizen verzichtet hatte, die er sich machte, und daß mithin die Idee dieses systematischen Werks eine Fälschung seiner Schwester und Peter Gasts war. (Vgl. zu diesem Problem die Notiz von G. Colli und M. Montinari Abt. VI, Bd. III, S. 461 der italienischen Ausgabe; der entsprechende Nachbericht zur deutschen Ausgabe ist noch nicht erschienen.) Schlechta vertrat darüber hinaus die These, die vor allem Anlaß zu Polemiken und Diskussionen bot, daß die unveröffentlichten Notizen der letzten Lebensjahre nichts substantiell Neues im Vergleich mit den veröffentlichten Werken Nietzsches enthielten (vgl. »Philologischer Nachbericht«, Bd. III, München 1958, S. 1402).

In der von G. Colli und M. Montinari besorgten Ausgabe wurden alle Schriften und Notizen Nietzsches in chronologischer Ordnung publiziert. Diese Ausgabe, die in Deutschland seit 1967 bei de Gruyter in Berlin (und fast zeitgleich in Italien bei Adelphi in Mailand) erscheint, ist eingeteilt in acht Abteilungen, die ihrerseits chronologisch angeordnet sind (wobei die Gliederung in Abteilungen und Bände bei der italienischen Ausgabe nicht durchweg mit der deutschen übereinstimmt).

Plan der Ausgabe von Colli und Montinari
Abt. I Jugendschriften und philologische Schriften bis 1868
Abt. II, Bd. 1 Philologische Schriften 1867–1873
Abt. III, Bd. 1 Die Geburt der Tragödie; Unzeitgemäße Betrachtungen I–III (1872–1874)
Abt. III, Bd. 2 Nachgelassene Schriften 1870–1873
Abt. III, Bd. 3 Nachgelassene Fragmente, Herbst 1869 – Herbst 1872
Abt. III, Bd. 4 Nachgelassene Fragmente, Sommer 1872 – Ende 1874
Abt. IV, Bd. 1 Richard Wagner in Bayreuth (Unzeitgemäße Betrachtungen IV); Nachgelassene Fragmente Anfang 1875 – Frühling 1876
Abt. IV, Bd. 2 Menschliches, Allzumenschliches. Erster Band; Nachgelassene Fragmente 1876 – Winter 1877–1878
Abt. IV, Bd. 3 Menschliches, Allzumenschliches. Zweiter Band; Nachgelassene Fragmente Frühling 1878 bis November 1879
Abt. IV, Bd. 4 Nachbericht zur vierten Abteilung: Richard Wagner in Bayreuth; Menschliches, Allzumenschliches I und II; Nachgelassene Fragmente (1875–1879)
Abt. V, Bd. 1 Morgenröthe; Nachgelassene Fragmente Anfang 1880 bis Frühjahr 1881
Abt. V, Bd. 2 Idyllen aus Messina; Die fröhliche Wissenschaft; Nachgelassene Fragmente Frühjahr 1881 bis Sommer 1882 Abt. VI, Bd. 1 Also sprach Zarathustra. Ein Buch für Alle und Keinen (1883–1885)
Abt. VI, Bd. 2 Jenseits von Gut und Böse; Zur Genealogie der Moral (1886–1887)
Abt. VI, Bd. 3 Der Fall Wagner; Götzen-Dämmerung; Nachgelassene Schriften (August 1888 – Anfang Januar 1889): Der Antichrist; Ecce homo; Dionysos-Dithyramben; Nietzsche contra Wagner
Abt. VII, Bd. 1 Nachgelassene Fragmente Juli 1882 bis Winter 1883–1884
Abt. VII, Bd. 2 Nachgelassene Fragmente Frühjahr bis Herbst 1884
Abt. VII, Bd. 3 Nachgelassene Fragmente Herbst 1884 bis Herbst 1885
Abt. VII, Bd. 4/1 Nachbericht zur siebenten Abteilung. Erster Halbband: Nachgelassene Fragmente Juli 1882 – Winter 1883–1884
Abt. VII, Bd. 4/2 Nachbericht zur siebenten Abteilung. Zweiter Halbband: Nachgelassene Fragmente Frühjahr 1884 – Herbst 1885
Abt. VIII, Bd. 1 Nachgelassene Fragmente Herbst 1885 bis Herbst 1887
Abt. VIII, Bd. 2 Nachgelassene Fragmente Herbst 1887 bis März 1888
Abt. VIII, Bd. 3 Nachgelassene Fragmente Anfang 1888 bis Anfang 1889

Aus den ersten beiden Abteilungen ist bisher nur ein Band erschienen: Abt. II, Bd. 1 enthält die philologischen Schriften aus den Jahren 1867–1873. Während die Abteilungen IV und VII vollständig vorliegen, fehlt bei den Abteilungen III, V, VI und VIII der abschließende, den Nachberichten gewidmete Band. (Er wird jeweils Anmerkungen zur Textentstehung, zu Nietzsches Leben im betreffenden Zeitraum sowie einen philologischen Kommentar enthalten.)

1980 ist eine verbilligte Sonderausgabe der Werke in 15 Bänden erschienen (von denen der letzte ein Register enthält). In ihr fehlen die unveröffentlichten Jugendschriften, die philologischen Schriften und die Basler Vorlesungen (also die ersten beiden Abteilungen der großen Werkausgabe). 1975 wurde mit der Publikation der Briefe von und an Nietzsche begonnen. Auch diese Ausgabe wurde von G. Colli und M. Montinari bei de Gruyter und Adelphi betreut. Sie umfaßt drei Abteilungen: von 1844 bis 1869 die erste, von 1869 bis 1879 die zweite und von 1880 bis 1889 die dritte. Alle drei Abteilungen liegen vollständig vor; es fehlen lediglich die drei Bände der Nachberichte sowie der achte Band der dritten Abteilung, der ein Register enthalten soll. (Die kritische Studienausgabe der Sämtlichen Briefe in 8 Bänden, betreut von de Gruyter, erschien 1986 bei dtv im Taschenbuch.) Im übrigen ist eine vierte Abteilung mit fünf Bänden geplant, von denen der letzte wiederum einen Nachbericht enthalten soll. In ihr sollen die Briefe veröffentlicht werden, in denen von Nietzsche die Rede ist, sowie andere Zeugnisse seines Lebens (1844–1900). In der italienischen Ausgabe der Werke und der Briefe sind die Bände mit den Nachberichten nicht veröffentlicht worden. Statt dessen ist jedem Band ein Anhang »Notizie e note« beigegeben.

Vor dieser großen Ausgabe der Briefe und neben den vier bereits erwähnten Bänden der *Historisch-Kritischen Gesamtausgabe*, die nur bis zum Jahr 1877 reichen, war die einzige umfassende Ausgabe die des Nietzsche Archivs: *F. Nietzsches Gesammelte Briefe*. Sie besteht aus fünf Bänden (deren letzter in zwei Teile gegliedert ist). Nietzsches Korrespondenz wurde hier eingeteilt nach den Empfängern seiner Briefe. Die Bände I bis III erschienen bei Schuster und Loeffler in Berlin und Leipzig 1900–1904, die beiden anderen Bände bei Insel in Leipzig 1907–1909. Nicht enthalten war in dieser Sammlung der Briefwechsel mit Franz Overbeck, der gesondert publiziert wurde durch R. Oehler und C. A. Bernoulli: Friedrich Nietzsche: *Briefwechsel mit Franz Overbeck*, Leipzig (Insel) 1916. Ausführlich dargestellt werden die Editionsprobleme bei der Veröffentlichung von Nietzsches Briefen durch: C. P. Janz: *Die Briefe F. Nietzsches. Textprobleme und ihre Bedeutung für Biographie und Doxographie*, Zürich 1972. C. P. Janz hat darüber hinaus alle Kompositionen Nietzsches veröffentlicht: F. Nietzsche: *Der musikalische Nachlaß*, Basel 1976.

3. Sekundärliteratur

a) Biographische Untersuchungen

Neben den umfangreichen und detaillierten Anmerkungen zu den einzelnen Bänden der Ausgabe von Colli und Montinari sind die wichtigsten Arbeiten zu Nietzsches Biographie:

Andreas-Salomé, L.: *F. Nietzsche in seinen Werken*, Wien 1894; 2. Aufl., Dresden 1924; Neuausg. Frankfurt 1983.

Förster-Nietzsche E.: *Das Leben F. Nietzsches*, 3 Bde., Leipzig 1895; 2. Aufl., Leipzig 1904.

Deussen, P.: *Erinnerungen an F. Nietzsche*, Leipzig 1901.

Bernoulli, C. A.: *Nietzsche und Overbeck*, 2 Bde., Jena 1908.

Halévy, D.: *La vie de Nietzsche*, Paris 1909, erw. Neuausg. 1944.

Stroux, J.: *Nietzsches Professur in Basel*, Jena 1925.

Schever, F.: *Nietzsche als Student*, Bonn 1933.

Andler, Ch.: *Nietzsche. Sa vie et sa pensée*, 6 Bde., Paris 1920–31; Neuausg. in 3 Bdn., Paris 1958. (Ein Standardwerk.)

Podach, E.: *Nietzsches Zusammenbruch. Beiträge zu einer Biographie auf Grund unveröffentlichter Dokumente*, Heidelberg 1930.

ders.: *Gestalten um Nietzsche. Mit unveröffentlichten Dokumenten zur Geschichte seines Lebens und seines Werkes*, Weimar 1932.

Förster-Nietzsche, E.: *Nietzsche und die Frauen seiner Zeit*, mit Anmerkungen von K. Schlechta, München 1935.

Podach, E.: *Der kranke Nietzsche. Briefe seiner Mutter an F. Overbeck*, Wien 1937. (Briefe 1889–97)

Würzbach, F.: *Nietzsche. Sein Leben in Selbstzeugnissen, Briefen und Berichten*, Berlin 1942.

Zahn, L.: *F. Nietzsche. Eine Lebenschronik*, Darmstadt 1950.

Blunck, R.: *F. Nietzsche. Kindheit und Jugend*, München-Basel 1953.

Frenzel, I.: *F. Nietzsche in Selbstzeugnissen und Bilddokumenten*, Hamburg 1966.

Schlechta, K.: *Nietzsche-Chronik. Daten zu Leben und Werk*, München-Wien 1975.

Peters, H.F.: *Zarathustra's Sister. The Case of Elisabeth and F. Nietzsche*, New York 1977.

Janz, C. P.: *Nietzsche. Biographie*, München-Wien 1978–79 (Der erste Teil des ersten Bandes besteht aus dem zitierten Buch von Blunck.)

Verrecchia, A.: *La catastrofe di Nietzsche a Torino*, Torino 1978.

Ross W.: *Der ängstliche Adler. F. Nietzsches Leben*, Stuttgart 1980.

Biographische Detailfragen. Zur Krankheit Nietzsches:

Steiner, R.: »Die Philosophie Nietzsches als psychopathologisches Problem«, in: *Wiener klinische Rundschau* 1900 (nachgedruckt in: *F. Nietzsche. Ein Kämpfer gegen seine Zeit*, Dornach 1926).

Ireland, W.: »F. Nietzsche, a Study in Mental Pathology«, in: *Journal of Mental Science*, 47 (1901) S. 1–28.

Moebius, P. J.: *Über das Pathologische bei Nietzsche*, Wiesbaden 1902.

Gould, G.: »The Origins of the Ill Health of Nietzsche«, in: *Biographic Clincis*, Bd. 2, Philadelphia 1903, S. 285–322.

Hildebrandt, K.: »Der Beginn von Nietzsches Geisteskrankheit«, in: *Zeitschrift für die gesamte Neurologie und Psychiatrie*, 89 (1924) S. 283–309.

Benda, E.: »Nietzsches Krankheit«, in: *Monatsschrift für Psychiatrie und Neurologie*, 60 (1925) S. 65–80.

Hildebrandt, K.: *Gesundheit und Krankheit in Nietzsches Leben und Werk*, Berlin 1926.

Lange-Eichbaum, W.: *Nietzsche: Krankheit und Wirkung*, Hamburg 1946.

Podach, E. F.: *F. Nietzsches Werke des Zusammenbruchs*, Heidelberg 1961 (Neuausgabe der letzten vier Werke Nietzsches: *Nietzsche contra Wagner, Der Antichrist, Dionysos-Dithyramben, Ecce homo*, wobei dieser letzte Text vollständig umgestellt wurde. Podach wollte mit seiner Neuausgabe die These beweisen, daß das Spätwerk Nietzsches auf seine Geisteskrankheit zurückzuführen sei. Vgl. auch den folgenden Titel.)

ders.: *Ein Blick in Notizbücher Nietzsches*, Heidelberg 1963 (Zu den zwei Arbeiten von Podach vgl. die beiden folgenden Titel.)

Heftrich E.: »Die Grenzen der psychologischen Nietzsche-Erklärung«, in: *Revue internationale de Philosophie*, 1, Nr. 67 (1964) S. 74–90.

Champromis, P.: »Nietzsches Werke des Zusammenbruchs oder Zusammenbruch der editorischen Werke Podachs«, in: *Philosophische Rundschau*, 1964–65, S. 246–63.

Über die Beziehungen zu Wagner

Kulke, E.: *R. Wagner und F. Nietzsche*, Leipzig 1890.

Bellaigue, C.: »L'évolution musicale de Nietzsche«, in: *Revue des deux mondes*, 1905, S. 898–923.

Glasenapp, C. F.: *Das Leben Richard Wagners*, Bd. 4,5,6, Leipzig 1905–11.

Bélart, H.: *Nietzsches Freundschaftstragödie mit R. Wagner und Cosima Wagner-Liszt*, Dresden 1912.

Foerster-Nietzsche, E.: *Wagner und Nietzsche zur Zeit ihrer Freundschaft*, München 1915.

Stefan, P.: *Die Feindschaft gegen Wagner. Eine geschichtliche und psychologische Untersuchung*, Regensburg 1919 (zu Nietzsche vgl. S. 24–60).

Griesser, L.: *Nietzsche und Wagner. Neue Beiträge zur Geschichte und Psychologie ihrer Freundschaft*, Wien 1923.

153

Verweyen, J. M.: *Wagner und Nietzsche*, Stuttgart 1926.

Abraham, G.: »F. Nietzsche's Attitude toward R. Wagner«, in: *Music and Letters*, London 13 (1932) S. 64–74.

Dippel, P.: *Nietzsche und Wagner. Eine Untersuchung über die Grundlagen und Motive ihrer Trennung*, Bern 1934.

Fehr, M.: *R. Wagners Schweizer Zeit*, Bd. 2 (1855–72), Frankfurt a. M. 1953.

Love F. R.: *Young Nietzsche and the Wagnerian Experience*, Chapel Hill 1963.

Hollinrake, R.: »Nietzsche and Wagner's Parsifal«, in: *Oxford German Studies*, 4 (1969) S. 118–41.

Fubini, E. (hg.): *R. Wagner e F. Nietzsche*, Milano 1984 (Quaderni di »Musica e realtà«, 4).

Weitere Teilaspekte der Biographie und der Bildungsgeschichte Nietzsches

Fouillée, A.: »Les jugements de Nietzsche sur Guyau d'après des documents inédits«, in: *Revue de philosophie de la France et de l'étranger*, 52 (1901) S. 569–99.

Crusius, O.: *E. Rhode. Ein biographischer Versuch*, Tübingen 1902.

Joel, C.: *Nietzsche und die Romantik*, Jena 1905.

Faguet, E.: »Nietzsche et les femmes«, in: *Revue des deux mondes*, 1912, S. 81–95.

Binder, E.: *Malwida von Meysenbug und F. Nietzsche*, Berlin 1917.

Hirsch, E.: »Nietzsche und Luther«, in: *Jahrbuch der Gesellschaft*, 1921, S. 61–106.

Strecker, K.: *Nietzsche und Strindberg. Mit ihrem Briefwechsel*, München 1921.

Clisson, E.: »Nietzsche et Bizet«, in: *Revue musicale*, 1922 (Mai) S. 147–54.

Klein, J.: »Nietzsche and Bizet«, in: *Musical Quarterly*, 1925 (Oktober) S. 482–505.

Bouillier, V.: »Baltasar Graciàn et Nietzsche«, in: *Revue de la littérature comparée*, 6 (1926) S. 381–401.

Wahnes, G. H.: *H. von Stein und sein Verhältnis zu R. Wagner und F. Nietzsche*, Leipzig 1926.

Adam, M.: »Nietzsches Stellung zur Frau«, in: *Die Frau*, Berlin 1929, S. 329–35.

Baeumler, A.: *Bachofen und Nietzsche*, Zürich 1929, (nachgedruckt in: *A. B.: Studien zur deutschen Geistesgeschichte*, Berlin 1937).

Brann, H. W.: *Nietzsche und die Frauen*, Leipzig 1931; 2. erw. Ausg., Bonn 1978.

Gaby, V.: *Malwida de Meysenbug, sa vie et ses amis*, Paris 1932.

Giusso, L.: *Leopardi, Stendhal e Nietzsche*, Napoli 1932.

Kolpaktschy, G. und De La Herverie, B.: »Le mot d'une énigme; la source maçonnique de 'Ainsi parlait Zarathustra'«, in: *Mercure de France*, 1934, S. 498–510.

Podach, E.: *F. Nietzsche und Lou Salomé. Ihre Begegnung 1882*, Zürich 1938.

Salin, E.: *Jacob Burckhardt und Nietzsche*, Basel 1938.

Martin, A. von: *Nietzsche und Burckhardt*, München 1941.

Oehler, M.: *Nietzsches Bibliothek*, Weimar 1942.

Bluhm, H.: »Das Lutherbild des jungen Nietzsche«, in: *Publications of the Modern Language Association of America*, 58 (1943) S. 264–88.

Williams, W. D.: *Nietzsche and the French*, Oxford 1952 (Die Bedeutung der Schriften französischer Autoren für die Entwicklung Nietzsches).

Gerber, H. E.: *Nietzsche und Goethe*, Bern 1954.

Baumgartner, E.: *Das Vorbild Emersons in Werk und Leben Nietzsches*, Heidelberg 1957.

Champromis, P.: »Nietzsche devant la culture francaise«, in: *Romanische Forschungen*, 68 (1957) Nr. 1–2, S. 74–115.

Binion, R.: *Frau Lou: Nietzsche's Wayward Discipline*, Princeton 1968.

Dickopp, K. H.: »Zum Wandel von Nietzsches Selbstverständnis«, in: *Zeitschrift für philosophische Forschung*, 24 (1970) S. 50–71.

Bludau, B.: *Frankreich im Werk Nietzsches. Geschichte und Kritik der Einflußthese*, Bonn 1979.

Böning, B.: *Metaphysik, Kunst und Sprache beim frühen Nietzsche*, Berlin, New York 1988.

Meijers, A. und H. Stingelin: »Konkordanz zu den wörtlichen Abschriften und Übernahmen von Beispielen und Zitaten aus Gustav Berber: Die Sprache als Kunst, in: *Nietzsche-Studien*, Nr. 17 (1988) S. 350 ff.

b) Monographien zur Philosophie Nietzsches

Dieser Teil der Bibliographie ist in drei Sektionen eingeteilt: die erste (A) enthält eine Aufstellung der grundlegenden Werke zur Philosophie Nietzsches. (Sie führt auch stark theoretisch geprägte Arbeiten auf wie etwa die Bücher von Jaspers und Heidegger); die zweite (B) enthält Untersuchungen, die repräsentativ sind für die philosophische Auseinandersetzung mit Nietzsches Schriften, die also weniger »historisch« als vielmehr theoretisch ausgerichtet sind; die dritte (C) schließlich führt Arbeiten auf, die zwar eine weniger spezielle philosophische Bedeutung haben, die aber unerläßlich sind zum Verständnis der Wirkungsgeschichte Nietzsches in diesem Jahrhundert.

A

Neben den bereits angeführten Arbeiten von Ch. Andler, L. Salomé und C. P. Janz sind hier zu erwähnen:

Eisler, R.: *Nietzsches Erkenntnistheorie und Metaphysik*, Leipzig 1902.

Ewald, O.: *Nietzsches Lehre in ihren Grundbegriffen. Die ewige Wiederkehr des Gleichen und der Sinn des Übermenschen*, Berlin 1903.

Drews, A.: *Nietzsches Philosophie*, Heidelberg 1904.

Hofmiller, J.: *Versuche*, München 1909, erw. Neuaufl.: *Letzte Versuche*, München 1952.

Scheler, M.: *Abhandlungen und Aufsätze*, 2 Bde., Leipzig 1915 (seit der 2. Aufl. unter dem Titel *Vom Umsturz der Werte*. Von Nietzsche ist die Rede in den Teilen »Das Ressentiment im Aufbau der Moralen« und »Versuche einer Philosophie des Lebens«).

Bertram E.: *Nietzsche. Versuch einer Mythologie*, Berlin 1918; 8. erw. Aufl. unter Hinzuziehung unveröff. Manuskripte, hg. H. Buchner, Bonn 1965.

Römer, H.: *Nietzsche*, 2 Bde., Leipzig 1921.

Heckel, K.: *Nietzsche. Sein Leben und seine Lehre*, Leipzig 1922.

Banfi, A.: *Nietzsche*, Milano 1924.

Klages, L.: *Die psychologischen Errungenschaften F. Nietzsches*, Leipzig 1926.

Baeumler, A.: *Nietzsche, der Philosoph und Politiker*, 3. Aufl., Leipzig 1937.

Hofmiller, J.: *F. Nietzsche*, Lübeck 1933 (Neudr. Hamburg 1947).

Löwith, K.: *Nietzsches Philosophie der ewigen Wiederkunft des Gleichen*, Berlin 1935 (Neuausg. als *Nietzsches Philosophie der ewigen Wiederkehr des Gleichen*, in: Sämtliche Schriften, Bd. 6, Stuttgart 1987).

Giusso, L.: *Nietzsche*, Napoli 1936, 2. Aufl. Milano 1942.

Jaspers, K.: *Nietzsche. Einführung in das Verständnis seines Philosophierens*, Berlin 1936, 3. Aufl. Berlin 1950.

Heintel, E.: *Nietzsches »System« in seinen Grundbegriffen*, Leipzig 1939.

Paci, E.: *F. Nietzsche*, Milano 1940 (Eine Anthologie mit einer längeren Einleitung).

Brinton, C.: *Nietzsche*, Cambridge (Mass.) 1941; Neuausg. New York 1965.

Morgan, G. A.: *What Nietzsche Means*, New York 1941; Neuausg. New York 1965.

Copleston, F.: *F. Nietzsche Philosopher of Culture*, London 1942.

Kaufmann, W. A.: *Nietzsche: Philosopher, Psychologist, Antichrist*, Princeton 1950; Neuausg. New York und Princeton 1968.

Heimsoeth, H.: *Metaphysische Voraussetzungen und Antriebe in Nietzsches Immoralismus*, Wiesbaden 1955.

Schlechta, K.: *Der Fall Nietzsche*, München 1958.

Wolff, H. M.: *F. Nietzsche. Der Weg zum Nichts*, Bern 1956.

Fink, E.: *Nietzsches Philosophie*, Stuttgart 1960.

Heidegger, M.: *Nietzsche*, 2 Bde., Pfullingen 1961.

Heftrich, E.: *Nietzsches Philosophie. Identität von Welt und Nichts*, Frankfurt 1962.

Ulmer, K.: *Nietzsche. Einheit und Sinn seines Werks*, Bern 1962.

Schlechta, K. und Anders, A.: *Nietzsche*, Stuttgart 1962.

Deleuze, G.: *Nietzsche et la philosophie*, Paris 1962; dt.: *Nietzsche und die Philosophie*, München 1976.

Danto, A. C.: *Nietzsche as Philosopher*, New York 1965.

Morel, G.: *Nietzsche. Introduction à une première lexture*, 3 Bde., Paris 1971.

Hollingdale, R. J.: *Nietzsche*, London 1973.

Baroni, C.: *Ce que Nietzsche a vraiment dit*, Paris 1975.

Montinari, M.: *Che cosa ha veramente detto Nietzsche*, Roma 1975.

Chaix-Ruy, J.: *Pour connaitre la pensée de Nietzsche*, Paris 1977.

Picht, G.: *Nietzsche*, hg. C. Eisenbart und E. Rudolph, Stuttgart 1988;

Volkmann-Schluck, K.-H.: *Die Philosophie Nietzsches. Der Untergang der abendländischen Metapysik*, hg. B. Heimbüchel, Würzburg 1991.

Ferner sei verwiesen auf die folgenden Zeitschriftenbände und Sammelwerke:

Revue internationale de Philosophie, N. 67 (1964, 1).

Nietzsche, Actes du VII colloque international de philosophie, (Juillet 1964) Paris 1967.

Revue philosophique de la France et de l'Etranger, N. 96 (1971, 3).

Nietzsche aujourd'hui?, Actes du colloque international de Cérisy-La-Salle (Juillet 1972) Paris 1973.

Il caso Nietzsche, Cremona 1973.

Nuova Corrente, n. 68–69 (1979).

J. Salaquarda (hg.): *Nietzsche*, Darmstadt 1980.

A. Marini (hg.): *Amicizie stellari*, Milano 1982.

Nietzsche: verità-interpretazione, Atti del convegno di Rapallo (dicembre 1982) Genova 1983.

B

Riehl, A.: *F. Nietzsche. Der Künstler und der Denker*, Stuttgart 1897.

Ziegler, Th.: *F. Nietzsche*, Berlin 1900.

Lasserre, P.: *La morale de Nietzsche*, Paris 1902.

Vaihinger, H.: *Nietzsche als Philosoph*, Berlin 1902.

Rensi, G.: *Studi e note*, Milano 1903.

ders.: »L'immoralismo di F. Nietzsche«, in: *Rivista ligure*, 1906, n. 5, S. 287–322.

Sestov, L.: *Tolstoi und Nietzsche* (russ. Ausg. St. Petersburg 1907) Köln 1923.

ders.: *La filosofia della tragedia: Dostoevskij e Nietzsche* (russ. Ausg. St. Petersburg 1909) ital. Übers. Napoli 1950.

Grützmacher, R. H.: *Nietzsche*, Leipzig 1910 (Neuausg. ebda. 1939).

De Pallarès, V.: *Le crépuscule d'un idole: Nietzsche, nietzschéisme, nietzschéens*, Paris 1910.

Croce, B.: *Saggio sullo Hegel, seguito da altri scritti di storia della filosofia*, Bari 1913.

Rickert, H.: *Die Philosophie des Lebens. Darstellung und Kritik der philosophischen Modeströmungen unserer Zeit*, Tübingen 1920.

Del Negro, W.: *Die Rolle der Fiktionen in der Erkenntnistheorie Nietzsches*, München 1923.

Hirsch, M.: *F. Nietzsche, der Philosoph der abendländischen Kultur*, Stuttgart 1924.

von Balthasar, H. U.: *Apokalypse der deutschen Seele*, 3 Bde., Leipzig 1936–39 (Bd. 2 trägt den Titel Im Zeichen Nietzsches).

Della Volpe, G.: *Crisi critica dell'estetica romantica e altri saggi*. Messina 1941; 2. Ausg. Roma 1963.

Bataille, G.: *Somme athéologique. III: Sur Nietzsche*, Paris 1945.

Weber, A.: *Abschied von der bisherigen Geschichte. Überwindung des Nihilismus*, Bern 1946 (zu Nietzsche vgl. S. 144–208).

Giesz, L.: *Nietzsches Existenzialismus und Wille zur Macht*, Stuttgart 1950.

Landmann, M.: *Geist und Leben. Varia nietzscheana*, Bonn 1951.

Lukács, G.: *Die Zerstörung der Vernunft*, Berlin 1954.

Mirri, E.: *La metafisica nel Nietzsche*, Bologna 1961.

Bartuschat, W.: *Nietzsche. Selbstsein und Negativität*, Diss. Heidelberg 1964.

De Feo, N. M.: *Analitica e dialettica in Nietzsche*, Bari 1965.

Granier, J.: *Le problème de la vérité dans la philosophie de Nietzsche*, Paris 1966.

Pütz, P.: *Nietzsche*, Stuttgart 1967.

Purkhart, W.: *Metaphysische Perspektiven im Denken F. Nietzsches*, Wien 1967.

Vattimo, G.: *Ipotesi su Nietzsche*, Torino 1967.

Habermas, J.: »Nachwort« zu: F. Nietzsche: *Erkenntnistheoretische Schriften*, Frankfurt 1968.

Volkmann-Schluck, K.-H.: *Leben und Denken. Interpretationen zur Philosophie Nietzsches*, Frankfurt 1968.

Klossowski, P.: *Nietzsche et le cercle vicieux*, Paris 1969; dt.: *Nietzsche und der Circulus vitiosus*, München 1986.

Rey, J. M.: *L'enjeu des signes. Lecture de Nietzsche*, Paris 1971.

Foucault, M.: »Nietzsche, la généalogie, l'histoire«, in: *Hommage à J. Hyppolite*, Paris 1971; dt.: Seitter, W. (hg.): *Von der Subversion des Wissens*, München 1974.

Rohrmoser, G.: *Nietzsche und das Ende der Emanzipation*, Freiburg i. B. 1971.

Müller-Lauter, W.: *Nietzsche. Seine Philosophie der Gegensätze und die Gegensätze seiner Philosophie*, Berlin – New York 1971.

Pautrat, B.: *Versions du soleil*, Paris 1971.

Kofman, S.: *Nietzsche et la métaphore*, Paris 1972.

Greiner, B.: *F. Nietzsche: Versuch und Versuchung in seinen Aphorismen*, München 1972.

Kremer-Marietti, A.: *L'homme et ses labyrinthes. Essai sur F. Nietzsche*, Paris 1972.

Vattimo, G.: *Il soggetto e la maschera. Nietzsche e il problema della liberazione*, Milano 1974.

Colli, G.: *Dopo Nietzsche*, Milano 1974.

Guerin, M.: *Nietzsche, Socrate héroique*, Paris 1975.

Djuric, M.: »Die geschichtliche Erfahrung des Nihilismus«, in: *Wiener Jahrbuch für Philosophie*, 8 (1975) S. 212–49.

Jähnig, D.: *Welt-Geschichte: Kunst-Geschichte. Zum Verhältnis von Vergangenheitserkenntnis und Veränderung*, Köln 1975 (Aufsätze über Nietzsche auf den S. 68–196).

Derrida, J.: *Éperons. Les styles de Nietzsche*, Venezia 1976; dt.: *Sporen. Die Stile Nietzsches*, in: Hamacher, W. (hg.): *Nietzsche aus Frankreich*, Frankfurt 1986.

Rupp, G.: *Rhetorische Strukturen und kommunikative Determinanz. Studien zur Textkonstitution des philosophischen Diskurses im Werk F. Nietzsches*, Bern-Frankfurt 1976.

Magnus, B.: *Nietzsche's Existential Imperative*, Bloomington (Ind.) 1978.

Masini, F.: *Lo scriba del caos. Interpretazione di Nietzsche*, Bologna 1978.

Margreiter, R.: *Ontologie und Gottesfrage bei Nietzsche*, Meisenheim/ Glan 1978.

Bouda, R.: *Kulturkritik und Utopie beim frühen Nietzsche*, Frankfurt-Bern 1980.

Kaulbach. F.: *Nietzsches Idee einer Experimentalphilosophie*, Köln-Wien 1980.

Vattimo, G.: *Al di là del soggetto. Nietzsche, Heidegger e l'ermeneutica*, Milano 1981; dt.: *Jenseits vom Subjekt. Nietzsche, Heidegger und die Hermeneutik*, Graz-Wien 1986.

Figl, J.: *Interpretation als philosophisches Prinzip. F. Nietzsches universale Theorie der Auslegung im späten Nachlass*, Berlin-New York 1982.

Mazzarella, E.: *Nietzsche e la storia. Storicità e ontologia della vita*, Napoli 1983.

Vitiello, V.: *Utopia del nichilismo. Tra Nietzsche e Heidegger*, Napoli 1983.

Türcke, C.: *Der tolle Mensch. Nietzsche und der Wahnsinn der Vernunft*, Frankfurt a. M. 1989.

C

Zur Wirkungsgeschichte Nietzsches in den verschiedenen Sprachgebieten und Zeiten:

Bianquis, G.: *Nietzsche en France*, Paris 1929.

von Petzold, G.: »Nietzsche in englisch-amerikanischer Beurteilung bis zum Ausgang des Weltkrieges«, in: *Anglia* (Halle), 53 (1929) S. 134–218.

Deesz, G.: *Die Entwicklung des Nietzsche-Bildes in Deutschland*, Diss. Bonn 1933.

Lengyel, B.: »Nietzsches ungarische Nachwelt«, in: *Jahrbuch des deutschen Instituts der Universität Budapest*, 5 (1939) S. 457–541.

Marcuse, L.: »Nietzsche in America«, in: *South Atlantic Quarterly*, 50 (1951) S. 330–39.

Rusker, U.: *Nietzsche in der Hispania*, München-Bern 1962.

Sobejano, G.: *Nietzsche en España*, Madrid 1967.

Ries, W.: *Grundzüge des Nietzsche-Verständnisses in der Deutung seiner Philosophie. Zur Geschichte der Nietzsche-Literatur in Deutschland (1932–1963)*, Diss. Heidelberg 1967.

Boudot, P.: *Nietzsche et l'au-delà de la crise. Nietzsche et les écrivains francais de 1930 à 1960*, Paris 1970.

Trachter, D. S.: *Nietzsche in England 1890–1914. The Growth of a Reputation*, Toronto 1970.

Strong, B.: »Images of Nietzsche in America 1900–1970«, in: *South Atlantic Quarterly*, Autumn 1971, S. 575–94.

Krummel, R. F.: *Nietzsche und der deutsche Geist. Ausbreitung und Wirkung des Nietzscheschen Werkes im deutschen Sprachraum bis zum Todesjahr des Philosophen. Ein Schrifttumsverzeichnis der Jahre 1867–1900*, Berlin-New York 1974; ein zweiter Band, der die Wirkungsgeschichte Nietzsches von 1901 bis 1918 untersucht, erschien ebda. 1983.

Stefani, M. A.: *Nietzsche in Italia. Rassegna bibliografica 1893–1970*, Assisi-Roma 1975.

Brandl, H.: *Persönlichkeitsidealismus und Willenskult. Aspekte der Nietzsche-Rezeption in Schweden*, Heidelberg 1977.

Michelini, G.: *Nietzsche nell'Italia di D'Annunzio*, Palermo 1978.

Davis, R. D.: »Nietzsche in Russia. A preliminary bibliography«, in: *Germano-slavica* (Waterloo, Canada), 2 (1977), n. 3, S. 201–20.

Kiss, E.: »Über die ungarische Wirkung F. Nietzsches bis 1918–19«, in: *Annales Universitatis Scientiarum Budapestinensis de Rolando Eötvös nominatae*, 2 (1978) S. 137–51.

Gabel, G.: *F. Nietzsche. Leben und Werk im Spiegel westeuropäischer Hochschulschriften. Eine Bibliographie*, Hamburg 1978.

Zu nennen sind außerdem:

Lichtenberger, H.: *La philosophie de Nietzsche*, Paris 1898.

Zoccoli, E.: *F. Nietzsche, la filosofia religiosa – la morale, l'estetica*, Modena 1898.

Brandes, G.: *En Afhandling em aristokratisk radikalisme*, Kopenhagen 1899.

De Gaultier, J.: *De Kant à Nietzsche*, Paris 1900.

Richter, R.: *F. Nietzsche. Sein Leben und sein Werk. 15 Vorlesungen gehalten an der Universität Leipzig*. Leipzig 1903.

Orestano, F.: *Le idee fondamentali di F. Nietzsche nel loro progessivo svolgimento. Esposizione e critica*, Palermo 1903.

Willy, R.: *Nietzsche. Eine Gesamtschilderung*, Zürich 1904.

Seillière, E.: *La philosopohie de l'impérialisme*, Bd. 2: *Apollon ou Dionysos. Étude critique sur F. Nietzsche et l'utilitarisme impérialiste*, Paris 1905.

Papini, G.: *Il crepusculo dei filosofi*, Milano 1906.

Mencken, H. L.: *The Philosophy of Nietzsche*, Boston 1908, Neuausg. Port Washington (N.Y.) 1967.

Mussolini, B. »La filosofia della forza«, in: *Pensiero romagnolo*, autunno 1908.

Borgese, G. A.: *G. d'Annunzio*, Napoli 1909.

Meyer, R. M.: *Nietzsche. Sein Leben und seine Werke*, München 1910.

Chatterton-Hill, G.: *The Philosophy of Nietzsche*, London 1913.

Hammer, W.: *Nietzsches Metaphysik*, Leipzig 1914.

Salter, W.: *Nietzsche. The Thinker*, New York 1917.

Muckle, F.: *F. Nietzsche und der Zusammenbruch der Kultur*, München 1921.

Gundolf, E. und Hildebrandt, K.: *Nietzsche als Richter unserer Zeit*, Breslau 1923.

Buhnoff, N.: *Nietzsches Kulturphilosophie und Umwertungslehre*, Leipzig 1924.

Castiglioni, M.: *Il poema eroico di F. Nietzsche*, Torino 1924.

Hildebrandt, K.: *Wagner und Nietzsche. Ihr Kampf gegen das 19. Jahrhundert*, Breslau 1924.

Zweig, S.: *Die Baumeister der Welt*, Bd. 2: *Der Kampf mit dem Dämon. Hölderlin, Kleist, Nietzsche*, Leipzig 1925.

Lessing, Th.: *Nietzsche*, Berlin 1925.

De Gaultier, J.: *Les maîtres de la pensée antichrétienne: Nietzsche*, Paris 1926.

Vetter, A.: *Nietzsche*, München 1926.

Landry, H.: *F. Nietzsche*, Berlin 1931.

Maulnier, T.: *Nietzsche*, Paris 1933.

Hildebrandt, K.: »Über Deutung und Einordnung von Nietzsches 'System'«, in: *Kant-Studien*, 1936, S. 221–93.

Lefebvre, H.: *Nietzsche*, Paris 1939 (eine Anthologie mit einer längeren Einleitung).

Cresson, A.: *Nietzsche, sa vie, son oeuvre, avec un exposé de sa philosophie*, Paris 1942.

Engelke, K.: *Die metaphysischen Grundlagen in Nietzsches Werk*, Würzburg 1942.

Barth, H.: *Wahrheit und Ideologie*, Zürich 1945 (darin S. 207–83: »Nietzsches Philosophie als Kunst des Mißtrauens«).

Flake, O.: *Nietzsche. Rückblick auf eine Philosophie*, Baden-Baden 1946.

Weymann-Weye, W.: *Die Entscheidung des Menschen. Nietzsche als geschichtliche Wirklichkeit*, Freiburg i. B. 1948.

Mann, Th.: *Nietzsches Philosophie im Lichte unserer Erfahrung*, Berlin 1948.

Lavrin, J.: *Nietzsche. An Approach*, London 1948.

Jünger, F. G.: *Nietzsche*, Frankfurt 1949.

Camus, A.: *L'homme revolté*, Paris 1951; dt.: *Der Mensch in der Revolte*, Reinbek 1971.

Heller, E.: *The Disinherited Mind*, London 1952.

Holz, H. H.: *Die abenteuerliche Rebellion. Bürgerliche Protestbewegungen in der Philosophie. Stirner, Nietzsche, Sartre, Marcuse*, Darmstadt-Neuwied 1976.

Heller, P.: *Probleme der Zivilisation. Versuche über Goethe, Th. Mann, Nietzsche und Freud*, Bonn 1978.

Sini, C.: *Semiotica e filosofia. Segno e linguaggio in Peirce, Nietzsche, Heidegger, Foucault*, Milano 1978.

Stelzer, S.: *Der Zug der Zeit. Nietzsches Versuch der Philosophie*, Meisenheim (Glan) 1979.

Marcel, G.: »Nietzsche, l'homme devant la mort de Dieu« (unveröff.), in: *G. Marcel et la pensée allemande*, Paris 1979, S. 9–24.

Thiel, M.: *Nietzsche: ein analytischer Aufbau seiner Denkstruktur*, Heidelberg 1908.

Colli, G.: *Scritti su Nietzsche*, Milano 1980.

Cacciari, M. (hg.): *Crucialità del tempo. Saggi sulla concezione nietzscheana del tempo*, Napoli 1980.

Montinari, M.: *Su Nietzsche*, Roma 1982.

Velt, Th.: *Die Bedeutung des Leidens für den Menschen. Nietzsches Leidenskonzept einer tragischen Moderne*, Bern, Frankfurt a. M., New York 1988.

c) Beziehungen, Einflüsse, Gegenüberstellungen

Schellwien, R.: *Max Stirner und Nietzsche. Erscheinungen des modernen Geistes und das Wesen des Menschen*, Leipzig 1892.

Kreibig (Laurentius), J. C.: *Kropotkins Morallehre und deren Beziehung zu Nietzsche*, Dresden 1896.

Falkenfeld, M.: *Marx und Nietzsche*, Leipzig 1899.

Oudinot, G.: »Carlyle et F. Nietzsche«, in: *Mercure de France*, (1899) n. 31, S. 622–46.

Selle, C. F.: *Die Philosophie der Weltmacht*, Leipzig 1902 (über Spencer und Nietzsche).

Fouillée, A.: *Nietzsche et l'immoralisme*, Paris 1902.

Dernoschek, G. A.: *Das Problem des egoistischen Perfektionismus in der Ethik Spinozas und Nietzsches*, Leipzig 1905.

Caussy, F.: »La théorie des sacrifices d'après Nietzsche et J. de Maistre«, in: *Mercure de France*, 1906, n. 59, S. 344–66.

Simmel, G.: *Schopenhauer und Nietzsche*, Leipzig 1907.

Berthelot, R.: *Évolutionnisme et platonisme*, Paris 1908 (darin S. 88–138: über die Idee des Lebens bei Guyau, Nietzsche und Bergson).

Schiedt, R. C.: »E. Haeckel und F. Nietzsche«, in: *Reformed Church Review*, 12 (1908) S. 29–47 und 213–33.

Ewald, O.: »Darwin und Nietzsche«, in: *Zeitschrift für Philosophie und philosophische Kritik*, 1909, Supplement 1, S. 159–79.

Jackh, E.: »F. Nietzsche und D. F. Strauss«, in: *Patria*, Berlin 1909, S. 210–47.

Allen, G.: »Self-Assertion in Nietzsche and Self-Surrender in Boehme: a Contrast and an Identity«, in: *Hibbert Journal*, 1909/10, S. 411–27.

Baumgartner, O.: »Hölderlin und Nietzsches Zarathustra«, in: *Wissen und Leben*, Zürich 1911, S. 853–63.

Berthelot, R.: *Un romantisme utilitaire. Étude sur le mouvement pragmatiste*, Paris 1911 (mit Ausführungen über Nietzsche und Peirce sowie über Nietzsche und Poincaré).

Fischer, O.: »Nietzsche und Kleist«, in: *Neue Jahrbücher für das klassische Altertum, Geschichte und deutsche Literatur*, 1911, S. 506–19.

Müller-Freienfels, R.: »Nietzsche und der Pragmatismus«, in: *Archiv für Geschichte der Philosophie*, 1913, S. 339–58.

Bauer, H.: »Pascal et Nietzsche«, in: *La revue germanique*, 10 (1914) S. 1–51.

Sodeur, G.: *Kierkegaard und Nietzsche*, Tübingen 1914.

Ziegler, Th.: *Menschen und Probleme*, Berlin 1914 (enthält Aufsätze über Nietzsche und Hölderlin sowie über Nietzsche und Sokrates).

Bauch, B.: »Nietzsche und der deutsche Idealismus«, in: *Der Panther*, 5 (1917) S. 496–519.

Bertram, E.: »Nietzsches Goethebild«, in: *Festschrift B. Litzmann*, Bonn 1920, S. 318–61.

Ludwig, A.: »Nietzsche und Shakespeare«, in: *Jahrbuch der deutschen Shakespeare-Gesellschaft*, 1920, S. 24–57.

Caffi, E.: *Nietzsches Stellung zu Macchiavellis Lehre*, Wien 1921.

Dietrich, A.: »Marx' und Nietzsches Bedeutung für die deutsche Philosophie der Gegenwart«, in: *Die Dioskuren*, 1920, S. S. 338–80.

Gabetti, G.: »Nietzsche e Leopardi«, in: *Il convegno*, 1923, S. 441–61 und 513–31 sowie 1924, S. 5–30.

Liebmann, W.: *Nietzsche für und gegen Vaihinger – Die Rolle der Fiktionen in der Erkenntnistheorie Nietzsches*, München 1923.

Jacob, G.: *Th. Mann und Nietzsche. Zum Problem der Decadence*, München 1926.

Löwith, K.: »Nietzsche im Lichte der Philosophie von L. Klages«, in: *Reichls philosophischer Almanach*, Darmstadt 1927, S. 285–348; Neudruck in: *Sämtliche Schriften*, Bd. 6, Stuttgart 1987

Hasse, H.: »Vorstufen der Lehre Nietzsches von der ewigen Wiederkunft bei Schopenhauer«, in: *Jahrbuch der Schopenhauer-Gesellschaft*, 16 (1929) S. 45–56.

Langer, N.: *Das Problem der Romantik bei Nietzsche*, Münster 1929.

Depenheuer, K.: *Nietzsche – Maeterlinck. Ein Beitrag zum Problem des Individualismus*, Krefeld 1930.

Rehm, W.: *J. Burckhardt*, Leipzig 1930 (über das Verhältnis Nietzsches zu Burckhardt vgl. S. 172–200).

Jankelevitch, S.: »L'unique et le surhomme, le problème de la personnalité chez Stirner et chez Nietzsche«, in: *Revue d'Allemagne*, 1931, S. 27–40 und 216–43.

Litt, Th.: »Nietzsche und die Philosophie des Lebens«, in: *Handbuch der Philosophie*, München 1931.

Spencer, M.: »Spinoza and Nietzsche: a Comparison«, in: *Monist*, 1931, S. 67–90.

Berning, A. H.: »Ringen um die Idee. Nietzsche, Hölderlin und Karoline von Günderrode«, in: *Das Wort in der Zeit*, 1 (1933) n. 5, S. 1–12.

Drain, H.: *Nietzsche et Gide*, Paris 1933.

Löwith, K.: *Kierkegaard und Nietzsche oder philosophische und theologische Überwindung des Nihilismus*, Frankfurt a. M. 1933; Neudruck in: *Sämtliche Schriften*, Bd. 6, Stuttgart 1987.

Brodersen, A. und Jablonski, W.: »Herder und Nietzsche oder die philosophische Einheit des Goethejahrhunderts«, in: *Skrifter. Norske videnskabers selskab*, Trondhjem 1934, n. 10, S. 1–45.

Fairly, B.: »Nietzsche and Goethe«, in: *Bulletin of the John Rylands Library*, 18 (1934) S. 298–314.

Gurlitt, W.: »Von Nietzsche zu R. Steiner«, in: *Anthroposophie*, Stuttgart 16 (1934) S. 237–48.

Rosengarten, W.: *Nietzsche und George, ihre Sendung und ihr Menschtum*, Leipzig 1934.

Bernhart, J.: *Meister Eckhart und Nietzsche. Ein Vergleich für die Gegenwart*, Berlin 1935.

Kein, O.: *Das Apollinische und das Dionysische bei Nietzsche und Schelling*, Berlin 1935.

Dehn, F.: »Rilke und Nietzsche«, in: *Dichtung und Volkstum*, 37 (1936) S. 1–22.

Löwith, K.: *J. Burckhardt*, Luzern 1936 (das Verhältnis Nietzsches zu Burckhardt wird behandelt S. 11–61); Neudruck in: *Sämtliche Schriften*, Bd. 6, Suttgart 1987.

Przywara, E.: »T. von Aquin, I. von Loyola und F. Nietzsche«, in: *Zeitschrift für Askese und Mystik*, 11 (1936) Innsbruck, S. 257–95.

Platz, H.: »Nietzsche und Bourget«, in: *Neuphilologische Monatsschrift, 8 (1937) S. 177–86*.

Ackermann, O.: *Kant im Urteil Nietzsches*, Tübingen 1939.

Jolivet, H.: »Strindberg et Nietzsche«, in: *Revue de la littérature comparée*, 19 (1939) S. 390–406.

Schubart, W.: *Dostojewski und Nietzsche. Symbolik ihres Lebens*, Luzern 1939.

Hultsch, G.: *Nietzsche und Luther*, Gütersloh 1940.

Kuehnemund, R.: »Faust and Zarathustra in our Time«, in: *Germanic Review*, New York 15 (1940) S. 116–36.

Weber-Colonius, E.: *Nietzsche und Plotin. Versuch eines Vergleichs*, Kassel 1941.

Heyse, H.: »Kant und Nietzsche«, in: *Kant-Studien*, 42 (1942/3) S. 3–27.

Bentley, E. R.: *A Century of Hero-Worship: a Study of the Idea of Heroism in Carlyle and Nietzsche with Notes on other Hero-Worshippers of modern Times*, Philadelphia-New York 1944.

Abegg, E.: »Nietzsches Zarathustra und der Prophet des alten Iran« (Teil einer Vortragsreihe in Genf aus Anlaß des 100. Geburtstags Nietzsches am 14. und 15. Oktober 1944), Zürich 1945, S. 64–82.

Aler, J. M.: *Im Siegel der Form. S. George und Nietzsche*, Amsterdam 1947.

Struve, W.: *Die neuzeitliche Philosophie als Metaphysik der Subjektivität. Kierkegaard und Nietzsche*, Freiburg i.B. 1949.

Kamerbeek, J.: »Dilthey versus Nietzsche«, in: *Studia philosophica*, Basel 10 (1950) S. 52–84.

Maillet, A. und Roeschl, H.: »Blake et Nietzsche«, in: *Nietzsche (1844–1900): études et témoinages du cinquantenaire*, Paris 1950, S. 143–71.

Bonifazi, C.: *Christendom attacked: a Comparison of Kierkegaard and Nietzsche*, London 1953.

Steinacker, E.: »Nietzsche und Péguy«, in: *Der Brenner*, Innsbruck 18 (1954) S. 169–76.

Brandt, R.: »Freud and Nietzsche: a Comparison«, in: *Revue de l'Université d'Ottawa*, 25 (1955) S. 225–34.

Kaufmann, W. A.: »Nietzsche and Rilke«, in: *Kenyon Review*, 17 (1955) S. 1–22.

Virtanen, R.: »Nietzsche and Corneille«, in: *Symposium*, 1957, S. 225–39.

Hubbard, S.: *Nietzsche und Emerson*, Basel 1958.

Cordle, T.: »Malraux and Nietzsche's ›Geburt der Tragödie‹«, in: *Bucknell Review*, 8 (1959) S. 89–104.

Beerlin, R. F.: »Hegel und Nietzsche«, in: *Hegel-Studien*, I (1961) S. 229–46.

Gaede, E.: *Nietzsche et Valéry*, Paris 1962.

Moeller, J.: »Nietzsche und die Metaphysik. Zu Heideggers Nietzscheinterpretation«, in: *Tübinger theologische Quartalschrift*, 142 (1962) S. 283–310.

Puetz, H. P.: *Kunst und Künstlerexistenz bei Nietzsche und Thomas Mann*, Bonn 1963.

Boasson, Ch.: »On the Social and Legal Philosopher's Encounter with Nietzsche«, in: *Archiv für Rechts- und Sozialphilosophie*, 1963, S. 447–79.

Stavrou, C. N.: *Whitman and Nietzsche. A Comparative Study of their Thought*, Chapel Hill 1964.

Heller, E.: *The Artist's Journey into the Interior and Other Essays*, New York 1965 (darin: »The Importance of Nietzsche« sowie »Wittgenstein and Nietzsche«).

Seidler, I.: »Das Nietzschebild R. Musils«, in: *Deutsche Vierteljahresschrift für Literaturwissenschaft und Geistesgeschichte*, 39 (1965) n. 3, S. 329–49.

Hillebrand, B.: *Artistik und Auftrag. Zur Kunsttheorie von Benn und Nietzsche*, München 1966.

Abenheimer, K. M.: »Rilke and Nietzsche«, in: *Philosophical Journal*, 4 (1967) S. 95–106.

Aspel, P.: »René Char et Nietzsche«, in: *Liberté*, Montréal 10 (1968) S. 166–82.

Boehm, R.: »Husserl und Nietzsche«, in: *Vom Gesichtspunkt der Phänomenologie*, Den Haag 1968.

Dyck, J. W.: »Kleist und Nietzsche: Lebensplan und Lust-Motiv«, in: *German Life and Letters*, 21 (1968) S. 189–203.

La Valley, A. J.: *Carlyle and the Idea of the Modern: Studies in Carlyle's Prophetic Literature and its Relation to Blake, Nietzsche, Marx and Others*, New Haven-London 1968.

Toernqvist, E.: »Nietzsche and O'Neill: a Study in Affinity«, in: *Orbis Litterarum*, 23 (1968) S. 97–126.

Van de Viele, J.: »Heidegger et Nietzsche«, in: *Revue philosophique de Louvain*, 66 (1968) S. 435–86.

White, J.: »Ulysses: the Metaphysical Foundations and Grand Design«, in: *Modern Fiction Studies*, 15 (1969) S. 27–34 (über den Einfluß von Nietzsche auf Joyce).

Boudot, P.: *Nietzsche et l'au-delà de la liberté*, Paris 1970 (über Nietzsche und die französischen Schriftsteller zwischen 1930 und 1960).

Dickopp, K. H.: »Aspekte zum Verhältnis Nietzsche-Kant und ihre Bedeutung für die Interpretation des ›Willens zur Macht‹«, in: *Kant-Studien*, 61 (1970) S. 97–111.

Heftrich, E.: »Nietzsche im Denken Heideggers«, in: *Durchblicke. Martin Heidegger zum 80. Geburtstag*, Frankfurt a. M. 1970, S. 331–49.

Seitter, W.: »F. Grillparzer und F. Nietzsche«, in: *Jahrbuch der Grillparzer-Gesellschaft*, 3 (1970) S. 87–107.

Sondag, Y.: »Nietzsche, Schopenhauer, l'ascétisme et la psychanalyse«, in: *Revue de philosophie de la France et de l'étranger*, 96 (1971) S. 348–59.

Geller, P.: »Nietzsche, Peirce et le désaveu du sujet«, in: *Annales publiés trimestriellement par l'Université de Toulouse-Le Mirail*, 8 (1972) S. 95–110.

Meyer-Wendt, H. J.: *Der frühe Hofmannsthal und die Gedankenwelt Nietzsches*, Heidelberg 1973.

Howey, R. L.: *Heidegger and Jaspers on Nietzsche*, Den Haag 1973.

Susini-Constantini, H.: »Gérard de Nerval, Frédéric Nietzsche. Une prophétie du Retour Éternel«, in: *Cahiers internationaux de symbolisme*, Genève 1973, n. 24–5, S. 119–31.

Masao, A.: »Zen and Nietzsche«, in: *The Eastern Buddhist*, Kyoto 6 (1973), n. 2, S. 14–32.

Reboul, O.: *Nietzsche critique de Kant*, Paris 1974.

Dionne, J. R.: *Pacsal et Nietzsche. Étude historique et comparée*, New York 1974.

Green, E. H.: »Blueprints for Utopia. The Political Ideas of Nietzsche and D.H. Lawrence«, in: *Renaissance and Modern Studies*, Nottingham 18 (1974) S. 141–61.

Wurzer, W. S.: *Nietzsche und Spinoza*, Meisenheim 1975.

Penzo, G.: *F. Nietzsche nell'interpretazione heideggeriana*, Bologna 1976.

Madera, R.: *Identità e feticismo. Forma di valore e critica del soggetto, Marx e Nietzsche*, Milano 1977.

Vattimo, G.: »Nietzsche heute?«, in: *Philosophische Rundschau*, 24 (1977) S. 67–91.

Weyembergh, M.: *F. Nietzsche und E. von Hartmann*, Bruxelles 1977.

Clair, A.: »Énigme nietzschéenne et paradoxe kierkegaardien«, in: *Revue de théologie et de philosophie*, Lausanne 1977, n. 3, S. 196–221.

Rosenthal, B.: *Die Idee des Absurden. F. Nietzsche und A. Camus*, Bonn 1977.

Hillebrand, B. (hg.): *Nietzsche und die deutsche Literatur*, 2 Bde., Tübingen 1978.

Donadio, S.: *Nietzsche, H. James and the Artistic Will*, London-New York-Oxford 1978.

Behler, E.: »Nietzsche's Challenge to Romantic Humanism«, in: *Canadian Review of Comparative Literature*, Edmonton 6 (1978) n. 1, S. 30–52.

Piga, F.: *Il mito del superuomo in Nietzsche e D'Annunzio*, Firenze 1979.

Blondel, E.: »›Wohin?‹, ›Wozu?‹: ein Kulturproblem. Wahrheit und Leben bei Hume und Nietzsche«, in: *Perspektiven der Philosophie*, Amsterdam 6 (1980) S. 78–89.

Assoun, P. L.: *Nietzsche et Freud*, Paris 1980.

Market, O.: »Fichte und Nietzsche«, in: *Perspektiven der Philosophie*, 7 (1981) S. 119–31.

Mistry, F.: *Nietzsche and Buddhism. Prolegomena in a Comparative Study*, Berlin-New York 1981.

Stack, G. J.: »Nietzsche and Boscovich's Natural Philosophy«, in: *Pacific Philosophical Quarterly*, 62 (1981) S. 69–87.

Schmidt, B.: *Der ethische Aspekt der Musik. Nietzsches »Geburt der Tragödie« und die Wiener klassische Musik*, Würzburg 1981.

167

Reckermann, A.: »Nietzsche und Pascal«, in: *Philosophisches Jahrbuch*, 89 (1982) S. 325–46.

Bohlmann, O.: *Yeates and Nietzsche. An Exploration of Major Nietzschean Echoes in the Writings of W. B. Yeates*, Tatowa (N.J.) 1982.

Bolz, N. W.: »Tod des Subjekts. Die neuere französische Philosophie im Zeichen Nietzsches«, in: *Zeitschrift für philosophische Forschung*, 36 (1982) n. 3, S. 444–52.

Raschel, H.: *Das Nietzsche-Bild im George-Kreis. Ein Beitrag zur Geschichte der deutschen Mythologeme*, Berlin-New York 1983.

Vitello, V.: *Utopia del nichilismo. Tra Nietzsche e heidegger*, Napoli 1983.

Littek, C.: *Versöhnungs-Ontologie. Zum Liebesbegriff Hölderlins und Nietzsches*, Düsseldorf 1985.

Huchzermeyer, W.: *Der Übermensch bei Friedrich Nitzsche und Sri Aurobindo*, Gladbach 1986.

Gekle, H.: *Die Tränen des Apoll. Zur Bedeutung des Dionysos in der Philosophie Ernst Blochs*, Tübingen 1990.

d) Studien zu besonderen Aspekten und Problemen

Nietzsche und die Griechen

Wiesenthal, M.: *F. Nietzsche und die griechische Sophistik*, Heidelberg 1904.

Oehler, R.: *F. Nietzsche und die Vorsokratiker*, Leipzig 1904.

Bauer, H.: »La conception de l'hellénisme dans Goethe et dans F. Nietzsche«, in: *La revue germanique*, 1908, S. 365–413.

Cipriani, C.: *Le dottrine amoraliste di F. Nietzsche e quelle dei sofisti*, Sassari 1910.

Nestle, W. von: »Nietzsche und die griechische Philosophie«, in: *Neue Jahrbücher für das klassische Altertum, Geschichte und deutsche Literatur*, 29 (1912) S. 554–84.

Klugmann, N. und Latzarus B.: *F. Nietzsche et la pensée grecque*, Paris 1920.

Howald, E.: *F. Nietzsche und die klassische Philologie*, Gotha 1920.

Gurlitt, L.: »Die Erkenntnis des klassischen Altertums aus dem Geist F. Nietzsches«, in: M. Oehler (hg.): *Den Manen F. Nietzsches*, Zum 75. Geburtstag von Elisabeth Förster-Nietzsche, München 1921, S. 57–80.

Haiser, F.: *Im Anfang war der Streit. Nietzsches Zarathustra und die Weltanschauung des Altertums*, München 1921.

Nuesch, E.: *Nietzsche et l'antiquité. Essai sur un idéal de civilisation*, Paris 1925.

Knight, A. H.: *Some Aspects of the Life and Work of Nietzsche and particularly of his Connection with Greek Literature and Thought*, New York 1933.

ders.: »Nietzsche and Epicurean Philosophy«, in: *Philosophy*, 8 (1933) S. 431–45.

Reinhardt, K.: »Nietzsches Klage der Ariadne«, in: *Die Antike*, 11 (1935) S. 85–109.

Mis, L.: »De Nietzsche à H. von Hofmannsthal«, in: *La revue germanique*, 1938, S. 337–61 (Nietzsches Interpretation der griechischen Tragödie aus der Sicht von H. von Hofmannsthal und H. Bahr).

Kerényi, K.: »Nietzsche und Ariadne«, in: *Neue Schweizer Rundschau*, 12 (1944) S. 402–12.

Schlechta, K.: *Der junge Nietzsche und das klassische Altertum*, Mainz 1948.

Coulter, J. A.: »Nietzsche and Greek Studies«, in: *Greek, Roman and Byzantine Studies*, 3 (1960) S. 46–51.

Vogt, E.: »Nietzsche und der Wettkampf Homers«, in: *Antike und Abendland*, 11 (1962) S. 103–13.

Duval, R.: »Le point de départ de la pensée de Nietzsche: Nietzsche et le platonisme«, in: *Revue des sciences philosophiques et théologiques*, 53 (1969) S. 601–37.

K. Gründer (hg.): *Der Streit um Nietzsches ›Geburt der Tragödie‹*, Hildesheim 1969 (Stellungnahmen von E. Rohde, R. Wagner und U. von Wilamowitz-Moellendorff).

Schmidt, H. J.: *Nietzsche und Sokrates. Philosophische Untersuchungen zu Nietzsches Sokratesbild*, Meisenheim-Glan 1969.

Goth, J.: *Nietzsche und die Rhetorik*, Tübingen 1970.

Ramnoux, C.: *Études présocratiques*, Paris 1970.

Dannhauser, W. J.: *Nietzsche's View of Socrates*, Ithaca (N. Y.) 1974.

O'Flaherty, J. C.: *Studies in Nietzsche and the Classical Tradition*, Chapel Hill (N. C.) 1976.

Hoelscher, U.: »Die Wiedergewinnung des antiken Bodens, Nietzsches Rückgriff auf Heraklit«, in: *Neue Hefte für Philosophie*, 1979, n. 15–16, S. 156–82.

Grant, G. P.: »Nietzsche and the Ancient: Philosophy and Scholarship«, in: *Dionysius*, 3 (1979) S. 5–16.

Escobar, R.: *Nietzsche e la filologia*, Milano 1980.

Silk, M. S. und Stern, J. P.: *Nietzsche on Tragedy*, Cambridge 1981.

Schmid, H.: *Nietzsches Gedanke der tragischen Erkenntnis*, Würzburg 1984.

Tejera, V.: *Nietzsche and Greek Thought*, Dordrecht, Boston, Lancaster 1987.

Nietzsche und das Christentum

Kaftan, J.: *Das Christentum und Nietzsches Herrenmoral*, Berlin 1897.

ders.: »Aus der Werkstatt des Übermenschen«, in: *Deutsche Rundschau*, 32 (1905) S. 90–110 und 237–60.

Jacobi, J.: »The Nietzschean Ideal and the Christian Ideal. Superman and Saint«, in: *American Catholic Quarterly*, (July 1916) S. 463–91.

Figgis, J. N.: *The Will to Freedom, or the Gospel of Nietzsche and the Gospel of Christ*, New York 1917.

De Lubac, H.: *Le drame de l'humanisme athée*, Paris 1933.

Koehler, G.: *Nietzsche und der Katholizismus*, Fulda 1937.

Wenzel, F.: *Das Paulus-Bild bei Nietzsche*, Breslau 1937.

Hauff, R. von: *Nietzsches Stellung zur christlichen Demut*, Tübingen 1939.

Dibelius, M.: »Der 'psychologische Typus des Erlösers' bei Nietzsche«, in: *Deutsche Vierteljahresschrift für Literaturwissenschaft und Geistesgeschichte*, 22 (1944) S. 61–91.

Jaspers, K.: *Nietzsche und das Christentum*, Hameln 1946; 2. Aufl., München 1952.

Buri, F.: *Kreuz und Ring. Die Kreuzestheologie des jungen Luther und die Lehre von der ewigen Wiederkunft in Nietzsches 'Zarathustra'*, Bern 1947.

Thompson, R.: *Nietzsche and Christian Ethics*, New York 1952.

Lotz, J.B.: *Zwischen Seligkeit und Verdammnis*, Frankfurt a.M. 1953.

Benz, E.: *Nietzsches Ideen zur Geschichte des Christentums*, Leiden 1956.

Grau, G.-G.: *Christlicher Glaube und intellektuelle Redlichkeit. Eine religionsphilosophische Studie über Nietzsche*, Frankfurt a.M. 1958.

Welte, B.: *Nietzsches Atheismus und das Christentum*, Darmstadt 1958.

Biser, E.: *'Gott ist tot'. Nietzsches Destruktion des christlichen Bewußtseins*, München 1962.

Wein, H.: *Positives Antichristentum. Nietzsches Christusbild im Brennpunkt nachchristlicher Anthropologie*, Den Haag 1962 (Sehr wichtig in der Darstellung von Nietzsches Denken auch unter allgemeineren Gesichtspunkten).

Vollmer, H.: *Nietzsches Zarathustra und die Bibel*, Hamburg 1963.

Picht, G.: *Schuld und religiöse Erfahrung*, Freiburg i. B. 1968 (enthält: »Zum Problem der ›Genealogie der Moral‹ bei Nietzsche«, S. 39–60).

Gilson, E.: »The Idea of God and the Difficulties of Atheism«, in: *Philosophy Today*, 13 (1969) S. 174–205.

Kaempfert, M.: *Säkularisation und neue Heiligkeit. Religiöse und religionsbezogene Sprache bei Nietzsche*, Berlin 1971.

Valadier, P.: *Nietzsche et la critique du christianisme*, Paris 1974.

Pfeil, H.: *Von Christus zu Dionysos. Nietzsches religiöse Entwicklung*, Meisenheim 1975.

Lauret, B.: *Schulderfahrung und Gottesfrage bei Nietzsche und Freud*, München 1977.

Goedert, G.: *Nietzsche critique des valeurs chrétiennes: souffrance et compassion*, Paris 1977.

Valadier, P.: *Jésus-Christ ou Dionysos. La loi chrétienne en confrontation avec Nietzsche*, Paris 1979.

Nietzsche e l'umanesimo cristiano, Sonderheft der Zeitschrift *Aquinas*, 22 (1979) n. 3.

Blondel, E.: *Nietzsche le cinquième Évangile?*, Paris 1980.

ders.: »›Götzen aushorchen‹. Versuch einer Genealogie der Genealogie. Nietzsches philosophisches Apriori und die christliche Kritik des Christentums«, in: *Perspektiven der Philosophie*, 7 (1981) S. 51–72.

Steinde, W.: *Friedrich Nietzsche und der moderne Atheismus*, Stuttgart 1981.

Kreß, H.: *Ethische Werte und der Gottesgedanke. Probleme und Perspektiven des neuzeitlichen Wertbegriffs*, Köln 1990.

Zur Ästhetik

Zeitler, J.: *Nietzsches Ästhetik*, Leipzig 1900.

Lasserre, P.: *Les idées de Nietzsche sur la musique: la période wagnerienne 1871–1876*, Paris 1905.

Seillière, E.: *Les idées de Nietzsche sur la musique*, Paris 1910.

Filser, B.: *Die Ästhetik Nietzsches in der ›Geburt der Tragödie‹*, Passau 1917.

Stein, W.: *Nietzsche und die bildende Kunst*, Berlin 1925.

Baugh, H.: »Nietzsche and the Music«, in: *Musical Quarterly*, 12 (1926) S. 238–47.

Cysarz, H.: *Von Schiller zu Nietzsche*, Halle 1928.

Guerster, E.: *Nietzsche und die Musik*, München 1929.

Toepfer, H.: *Deutung und Wertung der Kunst bei Schopenhauer und Nietzsche*, Dresden 1933.

Besser, K.: *Die Problematik der aphoristischen Form bei Lichtenberg, Fr. Schlegel, Novalis und Nietzsche. Ein Beitrag zur Psychologie des geistigen Schaffens*, Berlin 1935.

Diem, G.: *Das Wesen der Kunst im Denken Nietzsches*, Schorndorf bei Stuttgart 1954.

Gonzales y Reyero, A.: »L'arte nel pensiero di F. Nietzsche«, in: *Annali della Facoltà di Lettere e Filosofia dell'Università di Napoli*, 5 (1955) S. 233–59.

Grlic, D.: »L'antiesthétisme de F. Nietzsche«, in: *Praxis*, 2 (1966) S. 338–420.

Sojcher, J.: *La question et le sens. Esthétique de Nietzsche*, Paris 1972 (eine Anthologie mit einer längeren Einleitung).

Lambert, B.: »Les grandes théories. Nietzsche et le théâtre«, in: *Littérature*, Paris 1973, N. 9, S. 3–30.

Vattimo, G.: »Arte e identità. Sull'attualità dell'estetica di Nietzsche«, in: *Revue internationale de philosophie*, Bruxelles 28 (1974) S. 353–90.

Bennholdt-Thomsen, A.: *Nietzsches ›Also sprach Zarathustra‹ als literarisches Phänomen. Eine Revision*, Frankfurt a. M. 1974.

Bräutigam, B.: *Reflexion des Schönen, schöne Reflexion. Überlegungen zur Prosa ästhetische Theorie: Hamann, Nietzsche, Adorno*, Bonn 1975.

Remmert, G.: *Leiberleben als Ursprung der Kunst. Zur Ästhetik F. Nietzsches*, Bonn 1978.

Stern, J. P.: *A Study of Nietzsche*, Cambridge 1979.
Del Caro, A.: *Dionysian Aesthetics. The Role of Destruction in Creation as reflected in the Life and Works of F. Nietzsche*, Frankfurt a. M.-Bern-Cirencester 1981.

Weitere Spezialuntersuchungen

Gaede, U.: *Schiller und Nietzsche als Verkünder der tragischen Kultur*, Berlin 1908.
Riedman, M.: *Nietzsche als Psychologe*, Leipzig 1911.
Rogers, A.: »Nietzsche and Democracy«, in: *Philosophical Review*, 21 (1912) S. 32–50.
Bertrand, L.: »Nietzsche et la guerre«, in: *Revue des deux mondes*, 1914, S. 727–45.
Levenstein, A.: *Nietzsche im Urteil der Arbeiterklasse*, Leipzig 1914.
Groeper, R.: »Nietzsche und der Krieg«, in: *Die Tat*, 8 (1916), Bd. I, S. 25–38.
Brunst, G.: »Une énigme: Nietzsche et la guerre«, in: *Mercure de France*, 1919, S. 385–406.
Cunningham, G.: »Nietzsche on Democracy«, in: *Texas Review*, 4 (1919) S. 185–97.
Spindler, J.: »Die Figur des Teufels in Nietzsches ›Zarathustra‹ und in seinem ›Ecce homo‹. Nietzsches Umkehr«, in: *Preussische Jahrbücher*, 177 (1919) S. 54–77.
Foster, G.: »Nietzsche and the Great War«, in: *Sewanee Review*, 28 (1920) S. 139–51.
Foerster, G.: *Machtwille und Maschinenwelt*, Potsdam 1930.
Becker, O.: »Nietzsches Beweis für seine Lehre von der ewigen Wiederkunft«, in: *Blätter für deutsche Philosophie*, 9 (1936) S. 368–87.
Haeuptner, G.: *Die Geschichtsansicht des jungen Nietzsche*, Stuttgart 1936.
Eggert-Schroeder, H.: »Nietzsches Erlebnis des großen Mittags«, in: *Deutscher Almanach*, 8 (1937) S. 153–73.
Fuerstehal, A.: *Maske und Scham bei Nietzsche. Ein Beitrag zur Psychologie seines Schaffens*, Basel 1940.
Bollnow, O. F.: *Das Wesen der Stimmungen*, Frankfurt a. M. 1941 (darin die Aufsätze: »Rausch und Seligkeit« sowie »Nietzsches Lehre vom großen Mittag«).
Hildebrandt, K.: »Die Idee des Krieges bei Goethe, Hölderlin, Nietzsche«, in: A. Faust (hg.): *Das Bild des Krieges im deutschen Denken*, Bd. 1, Stuttgart 1941, S. 373–409.
Spenlé, J. E.: *Nietzsche et le problème européen*, Paris 1943.
Norburn, R.: »Strange Prophet: Nietzsche and the Meaning of History«, in: *Church Quarterly Review*, London 139 (1945) S. 177–203.
Reverdin, H.: »Nietzsche psychologue«, in: Vorträge zur Feier von Nietzsches hundertstem Geburtstag, Zürich 1945, S. 83–105.

Brunngraber, R.: *Was zu kommen hat. Von Nietzsche zur Technokratie*, Wien 1947.

Rudensky-Brin, S. G.: *Kollektivistisches in der Philosophie Nietzsches*, Basel 1948.

Schöck, H.: *Nietzsches Philosophie des ›Menschlich-Allzumenschlichen‹. Kritische Darstellung der Aphorismen-Welt der mittleren Schaffenszeit als Versuch einer Neuorientierung des Gesamtbildes*, Tübingen 1948.

Cantoni, R.: »La figura del ›Freigeist‹ nella filosofia di Nietzsche«, in: *Archivio di filosofia*, 1953, n. 2, S. 209–40.

Schlechta, K.: *Nietzsches großer Mittag*, Frankfurt a. M. 1954.

Sonns, S.: *Das Gewissen in der Philosophie Nietzsches*, Winthertur 1955.

Allemann, B.: *Ironie und Dichtung*, Pfullingen 1956 (ein Kapitel über Nietzsche S. 98–118).

Stambaugh, J.: *Untersuchungen zum Problem der Zeit bei Nietzsche*, Den Haag 1959.

Vogel, M.: *Apollinisch und Dionysisch. Geschichte eines genialen Irrtums*, Regensburg 1966.

Arendt, D.: »Der Nihilismus: Ursprung und Geschichte im Spiegel der Forschungsliteratur seit 1945«, in: *Deutsche Vierteljahresschrift für Literaturwissenschaft und Geistesgeschichte*, 43 (1969) S. 344–66.

Bulhof, I. N.: *Apollos Wiederkehr. Eine Untersuchung der Rolle des Kreises in Nietzsches Denken über Geschichte und Zeit*, Den Haag 1969.

Dupuy, R. J.: *Politique de Nietzsche*, Paris 1969 (Eine Textauswahl mit einer Einleitung).

Raub, M.: »Die Einsamkeit Zarathustras. Eine Untersuchung des 4. Teils von F. Nietzsches ›Zarathustra‹«, in: *Zeitschrift für Religions- und Geistesgeschichte*, 21 (1969) n. 2, S. 55–72.

Sandvoss, E.: *Hitler und Nietzsche*, Göttingen 1969.

Bueb, B.: *Nietzsches Kritik der praktischen Vernunft*, Stuttgart 1970.

O'Flaherty, G.C.: »Eros and Creativity in Nietzsche's ›Birth of Tragedy‹«, in: *Studies in German Literature of the 19th and 20th Centuries*, Chapel Hill 1970.

Philonenko, A.: »Mélancholie et consolation chez Nietzsche«, in: *Revue de métaphysique et de morale*, 70 (1971) S. 77–98.

Stambaugh, J.: *Nietzsche's Thought of Eternal Return*, Baltimore 1972.

Röttges, H.: *Nietzsche und die Dialektik der Aufklärung*, Berlin-New York 1972.

Brose, K.: *Geschichtsphilosophische Strukturen im Werk Nietzsches*, Bern-Frankfurt a. M. 1973.

Funke, M.: *Ideologiekritik und ihre Ideologie bei Nietzsche*, Stuttgart-Bad Canstatt 1974.

Hammer, F.: *Leib und Geschlecht. Philosophische Perspektiven von Nietzsche bis Merleau-Ponty und phänomenologisch-systematischer Aufriß*, Bonn 1974.

Dauer, D. W.: »Nietzsche and the Concept of Time«, in: *The Study of Time* (Akten der 2. Konferenz der Internationalen Gesellschaft für die Erforschung der Zeit) Berlin-New York 1975, S. 81–97.

Rodingen, H.: *Aussage und Anweisung. Zwei Auslegungs- und Verständigungsmuster dargestellt an Texten von Leibniz und Nietzsche*, Meisenheim 1975.

Schipperges, H.: *Am Leitfaden des Leibes. Zur Anthropologik und Therapeutik F. Nietzsches*, Stuttgart 1975.

Paronis, M.: ›*Also sprach Zarathustra‹: die Ironie Nietzsches als Gestaltungsprinzip*, Bonn 1976.

Grimm, R. H.: *Nietzsche's Theory of Knowledge*, Berlin-New York 1977.

Bertin, G. M.: *Nietzsche, l'inattuale idea pedagogica*, Firenze 1977.

Goyard-Fabre, S.: *Nietzsche et la question politique*, Paris 1977.

Malet, N.: »L'homme et la femme dans la philosophie de Nietzsche«, in: *Revue de métaphysique et de morale*, 82 (1977) S. 38–63.

Chassard, P.: *Nietzsche. Finalisme et histoire*, Paris 1977.

Balmer, H. P.: *Freiheit statt Theologie. Ein Grundgedanke von Nietzsche*, Freiburg i. B. 1977.

Gianarolo, P.: »Le rêve dans la pensée de Nietzsche«, in: *Revue de l'Enseignement Philosophique*, 28 (1977–78), n. 5, S. 11–32.

Escobar, R.: *Nietzsche e la filosofia politica del XIX secolo*, Milano 1978.

Pütz, P.: »Der Mythos bei Nietzsche«, in: H. Koopmann (hg.): *Mythos und Mythologie in der Literatur des 19. Jahrhunderts*, Frankfurt a. M. 1979, S. 251–62.

Henke, D.: *Gott und Grammatik. Nietzsches Kritik der Religion*, Pfullingen 1981.

Gerhardt, W.: »Zum Begriff der Macht bei Nietzsche«, in: *Perspektiven der Philosophie*, Amsterdam 7 (1981) S. 73–101.

Masini, F.: »Il divino come ›seconda innocenza‹ in F. Nietzsche«, in: *Paradigmi*, 1 (1983), n. 1, S. 57–74.

Alfieri, L.: *Apollo tra gli schiavi. La filosofia sociale e politica di Nietzsche (1869–1876)*, Milano 1984.

Warren, M.: *Nietzsche and Political Thought* Cambridge (Mass.), London 1988.

Stauth, G. und B. Turner: *Nietzsche's Dance. Resentment, Reciprocity and Resistance in Social Life*, Oxford, New York 1988.

Taurek, B. H. F.: *Nietzsche und der Faschismus. Eine Studie über Nietzsches politische Philosophie und ihre Folgen*, Hamburg 1989.

Brose, K.: *Sklavenmoral. Nietzsches Sozialphilosophie*, Bonn 1990.

Kommentare

Naumann, G.: *Zarathustra-Kommentar*, 4 Bde., Leipzig 1899–1901.

Gramzow, O.: *Kurzer Kommentar zum Zarathustra*, Charlottenburg 1907.

Weichelt, H.: *F. Nietzsche: 'Also sprach Zarathustra', erklärt und gewürdigt*, Leipzig 1910.

Messer, A.: *Erläuterungen zu Nietzsches ›Zarathustra‹*, Stuttgart 1922.

Heller, P.: *›Von den ersten und letzten Dingen‹. Studien und Kommentar zu einer Aphorismenreihe von F. Nietzsche*, Berlin 1972 (über die Aphorismen 1–34 von *Menschliches, Allzumenschliches*).

Namenregister

177

178

Angaben zum Autor

Gianni Vattimo, geb. 1936 in Turin ist Professor für theoretische Philosophie an der Universität Turin; zahlreiche Veröffentlichungen zu deutschen Philosophen des 19. und 20. Jahrhunderts, u. a. über Schleiermacher und Heidegger; Herausge-
ber der Zeitschrift »Revista di estetica«; Sein jüngstes Werk galt
dem »Ende der Moderne«, 1985.

Sammlung Metzler

J. B. Metzler

Printed in the United States
By Bookmasters